W0390766

wespennest Nr. 182
Mai 2022

EDITORIAL

Der Zufall ist ein Monster, und ehrlich gesagt haben wir uns mit dem Thema dieses Heftes ziemlich übernommen, denn an dem Begriff hängt die ganze abendländische Tradition unversöhnlicher Debatten über Kontingenz und Notwendigkeit. Zugleich impliziert er Annahmen über Schicksal, Fügung und Gerechtigkeit, über den Zusammenhang von Ursache und Wirkung, über Emergenz und die Entstehung des Neuen, über die Entscheidungsgewalt des Augenblicks und die Berechenbarkeit der Zukunft. Der Zufall rührt ans Wesentlichste, die kosmologische, ontologische, existenzielle Frage nämlich, ob etwas einen Grund hat oder nicht.

Magisch glitzert der Zufall in manchen Alltagssituationen, als sei er mehr als eine bloß simple Koinzidenz. Gerald Schmickl dokumentiert in diesem Heft solch erstaunliche Begebenheiten, wie etwa, dass er im Flugzeug neben einer Dame sitzt, die genau das Buch liest, dessen Titel in genau der Passage des Buches, das er, Schmickl, gerade liest, erwähnt ist. Ist das bloßer Zufall, die Wirkung eines «psychomagnetischen Feldes» oder eher, wie Elfie Semotan vermutet, die am Zufall zweifelt, «gesteigerte Aufmerksamkeit»?

«Niemand kann den Zufall beherrschen oder steuern, daher sind Größenwahn und Spielsucht Schwestern», schreibt Gerhard Strejcek, und in seinem Text ist einiges über die historischen Ursprünge des Lotteriespiels zu erfahren, über die staatlichen Interessen am Glücksspielmonopol und über das Agnesbründl im Wienerwald, wo nicht wenige Menschen glaubten, die Lottozahlen vorab im Quellwasser lesen zu können.

Wer bei diesem Aberglauben den Kopf schüttelt, sollte sich die Rituale von Börsianern anschauen, wie Stefan Laube es mit ethnologischem Blick getan hat. Die Trader begleiten steigende und fallende Kurse auf den Bildschirmen mit langgezogenen Vokalrufen wie «Daaaaaax» und «Hoooooi», als könnten sie den Verlauf der Kurven beeinflussen, obwohl sie vorher doch schon alles berechnet hatten. Um Vorhersehen, Berechnen, aber auch um Beeinflussung des Zufalls geht es in vielen Techniken zwischen Orakellesen und Modellierung; Thomas Raab und Sören Altstaedt zeigen, was der Umgang mit dem Zufall über Gesellschaften aussagt und was Probabilistik mit Demokratie zu tun hat. Stefan Gosepath macht einen philosophisch orientierten Vorschlag zum gerechten Umgang mit dem Zufall, unter anderem im Fall von Erbschaften.

Etliche Texte dieses Schwerpunkts beschäftigen sich mit der künstlerischen Inanspruchnahme des Zufalls, der mal dazu dient, Romane auf ein Irrsinnstempo zu beschleunigen (Peter Jungwirth), abgründige Radiosounds zu liefern (Michael Lissek) oder der selbst zum Schöpfer wird, wie in Beatrice Maritz' Arbeiten, die mithilfe eines Pendels entstehen (Andreas Grosz). In vielerlei Hinsicht dient der Zufall auch dazu, den Künstler/die Künstlerin als kontrollierendes Subjekt endlich auszuschalten, was sich an Beispielen von Duchamp bis John Cage demonstrieren lässt, mit einem kleinen Rückgriff auf Mozart (Elfie Miklautz). Für den Bildteil haben wir sechs Fotograf:innen gebeten, uns jeweils ein kommentiertes Foto zur Verfügung zu stellen, in dem der Zufall eine Rolle spielt.

«Dem Zufall ist letztendlich nicht beizukommen», schreibt Anton Holzer in seinem Text, und das stimmt. Vielleicht ist gerade deshalb auf erstaunlich leichte Weise ein wunderschöner, vielfältiger und auch einer der umfangreichsten Themenschwerpunkte der *wespennest*-Geschichte entstanden, mit – Sie werden es sehen – einigen textlichen Binnenzufällen, die nicht geplant waren und nicht vorhergesehen werden konnten. Womit dieses Heft selbst zum Beispiel dessen wird, worum es geht: nämlich den Umgang mit dem Zufall in alltäglicher, wissenschaftlicher und künstlerischer Hinsicht.

Der Zufall ist ein Monster, weil er die Seiten wechselt, schneller als der Wind, weil er gründet und zerstört, weil er gütig ist und grausam, weil er Glück verheißt – vielleicht. Er ist ein Monster, weil er – wenn auch nicht allein – das ist, was beim Spielen süchtig macht. Lesen Sie von vorne nach hinten oder umgekehrt oder pendeln Sie die Reihenfolge der Texte aus. Wir haben zwar nicht alles dem Zufall überlassen, aber vermutlich spielt genau das ihm wieder in die Hände.

Andrea Roedig

Abbildung gegenüberliegende Seite:
Beatrice Maritz: *alles tut gehen*,
130 × 100 cm, Leimfarbe und Farbstift auf MDF, 2020.

Andreas F. Kelletat
Wie Rentierpisse im Schnee

Obwohl sich Sottkowski mit den Jahren seine Überzeugung einer ausschließlich kulturellen Konstruktion jeder Identität ganz hübsch zurechtgelegt hatte, konnte er der Versuchung nicht widerstehen. Er folgte also der Aufforderung eines entfernten Verwandten, suchte an seinem Laptop im Internet die entsprechenden Informationen zusammen, überwies die 120 Euro an die *Gentest GmbH Zürich*, bekam einen Brief aus der Schweiz und stellte sich am 2. März, kaum dass er aus dem Urlaub in Finnland zurück war, vor den großen Spiegel in ihrem Badezimmer, um seinem Mund die Probe für seine Herkunftsanalyse zu entnehmen. Er öffnete die Plastikverpackung mit der Abstrichbürste, führte das winzige Bürstchen mehrmals und kräftig an der Innenseite seiner linken Wange entlang, nahm den Sammelbehälter mit seiner Labornummer, schraubte den Deckel ab, hielt das Bürstchen in den Sammelbehälter und drückte dann auf das obere Ende des Bürstengriffs, so dass das Bürstchen in das Röhrchen glitt. Dann verschloss er den Behälter und wiederholte die Prozedur acht Stunden später mit dem zweiten Bürstchen und dem zweiten Sammelbehälter.

Beide Proben samt seiner Labornummer legte er mit der unterschriebenen Analysevereinbarung und einem Freigabeformular in den Rückumschlag, trug diesen zum Postschalter im Schreibwarenladen, bezahlte das Porto und wartete auf das Ergebnis. Zwei Wochen später wurde Sottkowski per E-Mail auf Englisch mitgeteilt, dass sein *sample kit, number E2483*, im Labor angekommen sei und dass er sofort benachrichtigt werde, sobald Ergebnisse vorlägen. 85 Prozent der Proben könnten schon im ersten Durchgang hinreichend genau analysiert werden, bei 15 Prozent müsste die Untersuchung wiederholt werden, aber normalerweise lägen die Daten in Monatsfrist vor.

Seine Herkunft wurde Sotter Sottkowski am 20. April per E-Mail mitgeteilt. Er zögerte bereits, ob er dieses Datum noch als Zufall verbuchen dürfte. Insgeheim hatte er natürlich gehofft, dass der Y-Chromosom-Test für die Sottkowski-Linie ebenfalls das erbringen würde, was sich zuvor für den anderen Zweig seiner Familie herausgestellt hatte, also eine Herkunft aus einer aschkenasisch-khazarisch-levitischen, sprich jüdischen Population. Das hätte ihm gut in seine Opfer- und Blickobsessionen gepasst, mit denen er seine Umgebung seit Jahren schon behelligte. Dabei handelte es sich zwar noch nicht um eine Erinnerungsfälschung à la Binjamin Wilkomirski, aber auch dieser Autor des Hauses Suhrkamp war ja am Ende erst durch einen DNA-Test überführt worden. Sottkowskis Gene sahen dann freilich völlig anders aus, wie er beim Stieren auf den Bildschirm seines Laptop entsetzt bemerkte. Über einen Direktlink hatte er sich von der E-Mail aus dorthin durchgeklickt, hatte seine Labornummer und sein Kennwort eingeben müssen und dann die Resultate erfahren.

Untersucht wurden bei ihm zwölf Marker auf dem Y-Chromosom, das nicht-rekombinativ, also unverändert immer vom Vater auf den Sohn übertragen wird. So dass jeder Mann noch das Y-Chromosom von jenem Adam in sich trägt, der vor sechzig- bis neunzigtausend Jahren in Afrika gelebt haben soll. Allerdings sind im Laufe der Jahrtausende an bestimmten Orten und den dort jeweils lebenden Menschengruppen je spezifische Veränderungen im Aufbau der genetischen Substanz dieser Y-Chromosomen aufgetreten, an einem bestimmten Punkt auf einem bestimmten Abschnitt der berühmten DNA-Doppelhelix. Das genetische Alphabet, die endlose Wiederholung und Variation der aus vier verschiedenen Basen beziehungsweise Laugen, nämlich Adenin, Cytosin, Guanin und Thymin, gebildeten Seitenketten der Doppelhelix, gerät um ein Winziges durcheinander, und dank dieser nur äußerst selten auftretenden Punktmutationen lässt sich bestimmen, aus welcher vor eintausend oder sogar zwanzigtausend Jahren bereits existierenden Menschengroßgruppe ein einzelner Mensch abstammt. Von Haplogruppen spricht die Genetik in diesem Zusammenhang, und von denen scheint es knapp so viele zu geben, wie der Mensch Zähne hat.

Aus Sottkowskis Genstruktur wurden vier Mutationen berücksichtigt, die ihn auf patrilinearer Spur immer dichter an seinen Stammvater und an sein Urvolk heranführen. Schon ein erster Blick auf die lange Liste mit den Ländern und den dort nachgewiesenen vergleichbaren Y-DNA-Markern ernüchterte ihn, nicht nur, weil Israel oder New York dort kein einziges Mal auftauchten. Für die erste Mutationsstufe wurden zwei Treffer in Deutschland ermittelt und je einer in Litauen und Polen. Auf der zweiten Stufe gab es zwei in Russland, je einen in Deutschland, Lettland, Litauen, Polen und Ostpreußen, dann je einen bei den Komi und Udmurten, sieben unter der Rubrik *Native Siberian* und fünf in *Finland*. In der Spalte mit den *3-Step-Mutations* stieg der finnische Anteil auf zehn Treffer, der der sibirischen Urbevölkerung sogar auf 19 plus zwei Komi und ein Mordvine, fünf Litauer und 17 Mongolen. Alle anderen Regionen hatten jeweils nur einen Treffer, und das waren zusammengenommen weniger als zehn. Bei den *4-Step-Mutations* kamen nun zwar auch Werte aus Dänemark, Irland, Italien, Portugal und Norwegen in den Blick, aber immer nur mit der Zahl 1, die überwältigende Masse der Treffer zielte immer weiter ins Nördliche und Nordöstliche, ins Sibirische und Asiatische. Litauen, Lettland und Russland kamen jetzt auf je 5 Treffer, die Mongolei auf 10, die Region Komi auf 12, Finnland auf 13 und stolze 54 entfielen auf die Sammelkategorie *Native Siberian*.

Sottkowski gehört zur Haplogruppe N, wurde ihm aus dem Gen-Labor in Zürich mitgeteilt, und es gebe in der Datenbank bisher sieben weitere Personen mit denselben Markern. Auch deren Familiennamen und E-Mail-Adressen fand er auf der Internetseite mit seinen Testresultaten, es sind lettische, estnische und finnische Namen. Die Haplogruppe N werde durch den Marker *LIY22G* definiert, und diese Gruppe sei von Sibirien aus vor etwa zehntausend Jahren nach Norden gewandert. Die Herkunft der zur Haplogruppe N gehörenden Personen lasse sich mühelos rekonstruieren und die zu dieser Gruppe gehörenden Völker im Norden Skandinaviens und in Nordeurasien zeigten noch heute in Sprache und Kultur deutliche Gemeinsamkeiten. Als typische Population dieser *uralischen* Kultur, der sich Sottkowski nun zuzurechnen hat, werden ihm am 20. April die Lappen genannt beziehungsweise die *Saami*, die sich – wie vor Jahrtausenden schon – *immer noch vom Jagen, Fischen und dem Halten von Rentieren* ernähren.

Nachdem er sich von seiner Enttäuschung ein wenig erholt hatte, fuhr er den Laptop herunter, klappte den Bildschirm auf die Tastatur, lehnte sich in seinem Schreibtischstuhl zurück, schloss die Augen, atmete mehrmals tief durch und ließ dann die durch Jahrzehnte gespeicherten Bildsequenzen abspulen, in voller Länge und ohne Pause. Er sah den kleinen Sotter mit einem Rohrstock in der Hand vor der großen Hapag-Lloyd-Weltkarte in ihrem Kinderzimmer in Hamburg, und wie er mit diesem Stock auf die Kola-Halbinsel zeigt, auf Petsamo und den Ladogasee. Und dann sah er sich als vierzehnjährigen Pfadfinder beim Aufbau ihrer Kohte, in den Pfingstferien muss das gewesen sein, ihres viereckigen, pyramidenförmigen Lappenzeltes, auf einer Wiese an einem Waldsee. Er sah ganz deutlich, wie sie gerade die beiden dünnen Birken fällen, und wie sie die schwarzen Kohtenbahnen an den scherenartig verbundenen Baumstämmen und dem Mittelkreuz mit ihren Tampen hochziehen, bis das Zelt endlich steht. Dort hocken sie in froher Runde und singen, singen ihr Lied von den Wildgänsen, die Nacht durchrauschend, mit schrillem Schrei gen Norden: *unstäte Fahrt, habt acht, habt acht, die Welt ist voller Morden.* In der Mitte baumelt über dem Feuer der Hordentopf und oben gibt es das Rauchabzugsloch, durch das es in der Nacht hereinregnen wird. Nass war alles geworden und nach Erde hatte es gerochen, weil die Kohte ja keine Bodenplane hat, aber richtig zu Hause hatte sich Sotter dort und damals gefühlt, wahrhaftig in seinem Element, in dieser Lappenkohte voll feuchtkaltem Rauch. Er sieht sich in seinem Schlafsack, er wacht auf und blinzelt jetzt noch einmal durch das Abzugsloch oben in dem Lappenzelt, in den am Morgen ihn und seine sechs Kameraden so freundlich weckenden Sonnenschein. Den fangen wir uns heute, hatte er damals gedacht. Aber es wurde nichts mit *Im Frühtau zu Berge wir ziehn, fallera!* Elf Uhr war es bereits und alle hatten sie einen Kater von ihrem literweise und mit irre viel Zucker und kiloweise Obst angereicherten Hordentopf-Gebräu aus Stierblut-Rotwein, aus billigstem Egri Bikavér, Strohrum und schwarzem Tee. Die zermatschten Teebeutel lagen noch neben ihren Schlafsäcken, wie er angewidert bemerkte, als er sich mit den Händen aufstützte, um endlich aufzustehen. Keiner von ihnen mochte den Eltern berichten, was sie in dieser verregneten Nacht in ihrem Lappenzelt eigentlich getrieben hatten.

Er sah die Tänzer der Cullberg-Truppe wieder vor sich im Warschauer Herbst mit ihren Rentier-Geweihen. Er sah die Französin im Paris-Moskau-Express und ihr Lachen über den Lappland-Forscher, den *Docteur Akakia*. Er sah sich mit Freund Klaus auf seiner ersten Finnlandreise, all die Frühsommertage auf den Fjells in Lappland rauschten an ihm vorüber. Er sah sich den Hang hinunterkullern mit seinem Geliebten von damals. Und er sah sich über Büchern hocken, immer wieder, nun schon ganz der Kopfmensch mit Kapuzenpullover: am Polarkreis in der *Lapponica*-Bibliothek von Rovaniemi, in Helsinki in der Deutschen Bibliothek, am verödeten Potsdamer Platz in Scharouns mächtigem Bücherschiff, der neuen Staatsbibliothek, in Köln in den Seminarbibliotheken der Skandinavisten und der Osteuropahistoriker. Stets hatte er jetzt lappische Texte und Texte über Lappland vor sich liegen: die krakelige Handschrift des noch heidnisch angehauchten kemileppischen Theologiestudenten Olaus Sirma, Scheffers stockgelehrte *Lapponica* von 1673, das Buch über Kreuz und Zaubertrommel, die Schamanismus- und Ekstasetexte, die Autografen mit den beiden lappischen Brautliedern aus Herders Nachlass, Carl von Linnés *Lappländische Reise* in Artmanns Übersetzung und dessen *Mein Erbteil von Vater und Mutter.* Und plötzlich hat Sottkowski sogar dessen Stimme im Ohr, als würde er gerade jetzt, an diesem 20. April, mit Salzburg telefonieren, und sie würden sich noch einmal kabbeln, ob seine *Überlieferungen und Mythen aus Lappland* nicht doch schlichtweg Plagiate seien, und der Dichter aus Ottakring weicht aus und erzählt ihm in seiner dunkel dröhnenden Stimme etwas von Kastelli, ganz im Westen von Kreta, wo er eben war, und er sagt, dass das Kretische eigentlich keltisch sei, verwandt mit dem Bretonischen und Gälischen und Walisischen, und dass sie mit *Egypt Airlines* zurückgeflogen seien, aber dann habe es eine Bombendrohung gegeben und sechzehn Stunden hätte er mit Rosa und dem kleinen Kind in Athen gehockt, an diesem Scheißflughafen in Athen mit den unverschämten Preisen für eine simple Tasse Kaffee, und Sottkowski fragt, warum sie nicht von Piräus aus den Dampfer genommen hätten nach Venedig, und Artmann lacht, er sei doch nicht Thomas Mann und auch nicht scharf auf polnische Milchbartknaben, aber im Ernst sagt er, dass es da auf dem Dampfer nach Venedig keine erste Klasse mehr gebe, und er wolle nur noch viktorianisch reisen, aber jetzt, wo er sich das endlich leisten könnte, gebe es das nicht mehr, diese erste Klasse, und dann fragt Sottkowski ihn noch einmal, ob ihm der Name *Poestion* wirklich nichts sage, bei dem er seine lappischen Geschichten doch wortwörtlich abgekupfert habe, aus der Ausgabe von 1886, so viel könne er doch gar nicht gesoffen haben, dass ihm das alles entglitten sein soll. Aber der wortgewaltige Schlawiner erzählt am anderen Ende der Leitung jetzt etwas von einem Wehrmachts-Strafbataillon, in das sie ihn gesteckt hatten, und dass er Lappland besser als seine Westentasche kenne, bis Jukkasjärvi, Utsjoki und Karasjok hinauf, überall dort sei er gewesen. Dann ruft er ihm von Salzburg her noch Olavis Lieblingsgedicht durch die Telefonleitung nach Köln, das von *batman und robin / die liegen im bett, / batman ist garstig / und robin ist nett* – und mit einem ohrenbetäubenden *Tatüütataa, raus aus den federn, / der artmann ist da!* verschwindet seine Stimme an diesem 20. April und sein Lachen auch mitsamt der sámischen Juoik-Musik, die die ganze Zeit im Hintergrund in seinem bäuerlichen Atelier in Salzburg gedudelt hatte.

Vor seinen noch immer geschlossenen Augen erschienen ihm immer weitere lappisch-sámische Dinge: Johan Turis Zeichnungen, *Wanderung zur Winterzeit* etwa und *Wölfe in der Rentierherde*, seine wunderschöne Beschreibung des Juoikens, noch einmal Herders lappische Brautgesänge aus den *Stimmen der Völker in Liedern*, die Juoik-Übersetzungen seines Freundes Georg Adomait, dessen mit Samuli Aikio erarbeiteten Nachdichtungen auch der neueren lappischen Poesie, Bobrowskis Erzählung über die Kreuze, die Gedenk- und Warnzeichen in Pjatiza an der Südküste von Russisch-Lappland, das *Rovaniemi*-Gedicht des Thomas K. und dazwischen immer wieder Details aus dem Lappland-Bild des Andreas Alariesto, *Zelte hinter dem Strom.* Im Ohr dröhnen ihm die Verse von Charles Simic, die er seit Jahren schon auswendig kann, die Verse vom Norden als dem Ort der Strafe, der unwirtlichen Kälte, der mürrischen Barbaren, wo dann aber doch die blaugeäderten Bäume sich gegen den rosafarbenen Morgenhimmel abheben, so dass für einen kurzen Moment der Schmerz in der Brust des auf immer dorthin Verbannten vor so viel Schönheit vergeht. Er sieht sich noch einmal an einem Winterfrühlingsabend in der Holzhütte jener Skoltlappin am Inarisee, wie sie die kleinen Fische, ohne sie vorher auszunehmen, in den verrußten Topf gibt und zu etwas verkocht, das er dann auslöffeln musste, dieses gesottene Zeug, mit viel Salz und ohne Schnaps, und wie die alte Frau mit ihrer brüchigen Stimme in ihrer schon dunklen Hütte jenes fast nur aus Wiederholungen bestehende Lied singt, juoikt eben, den Klagegesang ihrer Leute über die Vertreibung, den Weggang aus dem geliebten Suenjel, aus Kindheit und Jugend, als das Petsamogebiet im Waffenstillstand von Moskau endgültig an Russland fiel, an Stalins Sowjetunion. Er sieht auch seine eigenen Verse vor sich, getippt auf einer Erika-Schreibmaschine in Helsinki, das verschollene *Nellimö*-Gedicht über einen Sonnentag im April, als er mit dem Rennwolf über den noch zugefrorenen See glitt, in den Zweigen der Kiefern aber der Sommer schon nistete, als er herumrannte im knochentrockenen staubigen Schnee und als er im Heulen der Motorschlitten über dem Inarisee ihr gepfeffertes Lachen hörte, ihr dreimal wiederholtes *Troll dich hier fort!*

Zu einer einzigen Kette fügte sich ihm das alles an diesem 20. April. Er fühlte sich wie nach einer frugalen Mahlzeit, fühlte sich satt und gefunden, angekommen und eigentlich erlöst erst jetzt. Dann öffnete er die Augen, rieb sich über Stirn und Schläfen, ging zum Bücherregal und suchte nach dem großformatigen Band über die *Völker und Kulturen Nordeurasiens*, erschienen 1973 in der Wissenschaftlichen Buchgesellschaft. Er fand das Buch neben der Prachtausgabe des *Kalevala*, las ein paar Seiten und warf es dann wütend auf den Boden. Denn als infam, ja als gezielte Kränkung empfand er die Behauptung des Verfassers, dass die Bevölkerung Nordeurasiens *auf Grund der rauhen klimatischen Verhältnisse bis zum heutigen Tage auf der Stufe von Naturmenschen zurückgeblieben* sei. So ein Knallkopp - was heißt hier zurückgeblieben?, schimpfte Sottkowski vor sich hin.

Nur die Poesie vermochte jetzt noch zu helfen, Gunnar Ekelöfs *Non serviam*, das er sich einst in Suomi/Finland, in *Sotterland*, in sein Tagebuch abgeschrieben hatte, kurz vor der Rückfahrt von Helsinki nach Travemünde, mit der neuen *Finnjet*. Er kramte das Heft aus einer Schreibtischschublade hervor, blätterte hin und her und stieß bei den Helsinkier Einträgen zunächst auf eine seitenlange Vokabelliste. Um die Herkunft seines ihm von seinem Vater verpassten Spottnamens *Sotter* musste es ihm gegangen sein, um die Verwandtschaft des niederdeutsch/hamburgischen *Sotter* und *Sottje* mit dem finnischen Substantiv *sottapytty* oder den Verben *sotata* und *sutata*. Das ganze Konjugationsschema von *sotata* hatte er sich notiert, erst die Präsensformen *sottaan, sottaat, sottaa, sottaamme, sottaatte, sottaavat*, dann das Imperfekt *sottasin, sottasit, sottasi, sottasimme, sottasitte, sottasivat*, dann Perfekt und Plusquamperfekt, dazu die Negationsformen durch alle Zeitstufen (*en sottaa, en sotannut, en ole sotannut, en ollut sotannut* und so weiter), sodann die nochmals denselben Umfang einnehmenden Konditionalformen (*sottaisin, olisin sotannut*) und schließlich sogar noch die Nominalisierungen in sämtlichen Kasusformen (sottaamassa, sottaamasta, sottaamaan, sottaamalla und so weiter). Als bedeutungsähnliche Verben hatte Sottkowski zwei sogar ähnlich klingende Wörter (*sotkea* und *sutata*) aufgeschrieben und als Beispielsätze für den Gebrauch von *sotata*: *Kyllä lapset osaavat sotata* beziehungsweise *Missä olet sotannut pukusi?*

Wer zieht mich je raus aus all dem Dreck, den er mit seinem «Sotter» mir angepappt hat?, steht unter diesen bizarren Endlos-Listen. Nach vier unbeschrieben gelassenen Seiten, die vielleicht für weitere sprachhistorische und onomastische Notizen vorgesehen waren, hat sich Sottkowski unter demselben Datum jenes Ekelöf-Gedicht in deutscher Übersetzung und schwedischem Original abgeschrieben, das er jetzt, an diesem Gen-Test-Tag unbedingt neu lesen wollte.

Dass er ein Fremdling sei in diesem Land, so hat Nelly Sachs den ersten Vers in ihr ins Stockholmer Exil mitgenommenes Deutsch gebracht, dass dieses Land sich aber benehme, als sei es zu Hause in ihm. Dann spricht auch der schwedische Dichter vom Blut, dem unverdünnbaren Blut in seinen Adern, von der Blutsverwandtschaft, vom lappisch-sámischen Opferstein und vom Juoiken, dem Gesang der Sámen. In welchem all die Stimmen sich vereinen, in ihm: die Stimmen des Juden, des Lappen, des Künstlers, des *Negers*. Und er, der *Jude*, der *Lappe*, der *Neger*, der *Künstler* - er juoikt gegen den eisigen Wind: *Så har jag blivit en främling i detta landet / men detta landet har gjort sig bekvämt i mig!* Bequem habe es sich gemacht, in ihm, dieses ihm so fremde Land.

In was schleichst du dich da hin?, fragte Sottkowski, als er Nelly Sachs' Übersetzung von *Non serviam* mit einer anderen verglichen hatte, und mit beiden einmal mehr nicht vollständig zufrieden sein wollte. Sottkowskis Poesie rieche nach geborgtem Milieu, hatte ihm Georg Adomait einst zum Geburtstag geschrieben, und er hatte das Dichten drangegeben und hatte jetzt, so viele Jahre später, das mulmige Gefühl, dass sein ganzes Leben nur aus geborgtem Milieu bestanden habe.

Aber er griff dann doch nach dem Telefon, rief in Brüssel an und sprach mit Olavi, seinem finnischen Geliebten seit je. Mit dem er jedoch in all ihren Jahren nach Lappland nie gekommen war. Obwohl Olavi sogar seine Magisterarbeit am Finnougrischen Seminar der Universität Helsinki über ein lappologisches Thema geschrieben hatte, über einen ungarisch-jüdischen Erforscher des Sámischen. Sich immer wieder verhaspelnd erzählte Sotter von seinem in Zürich neu entdeckten Urvolk, seinen uralisch-lappischen Vorvätern, von dieser sonderbaren Kette seiner Gene, der ihr offenkundig innewohnenden lebensgeschichtlichen Isotopie. *Ein Roman ist das! Ein richtiger Roman!*, rief Sottkowski völlig euphorisch ins Telefon. Aber Olavi wollte an diesem 20. April von Artmann, Bobrowski, Ekelöf, Herder und Adomait nichts hören, sondern ließ sich nur die Ergebnisse aus dem Schweizer Gen-Labor vorlesen, zweimal sogar, und fragte Sottkowski anschließend nach der Technik der Probeentnahme. Als der ihm die genau geschildert hatte, lachte Olavi schallend los und fragte, ob Sotter vor dem Abstrich in ihrem Badezimmer in der Burgstraße zufällig die falsche Zahnbürste benutzt habe.

Sottkowski fand das gar nicht zum Lachen. Aber verwundert registriert er, Tage nach seinem Anruf in Brüssel, wie unbesorgt er über den Rest ihrer Tage wieder sein darf. Er fühlt erneut, dass es gut so ist, das Frühstücken und das Leben in dieser offiziell eingetragenen Lebenspartnerschaft. Ihm ist es in diesem Augenblick und beim letzten Überdenken der Lebensgeschichten des Sotter Sottkowski herzlich egal, dass mit ihm die Sottkowskische patrilineare Abfolge zum Stillstand gekommen und nach ihnen alles versickert sein wird, wie Rentierpisse im Schnee.

Hugo Kurt
Gegenbewegungen
Zweite Ausschnitte

(folgt auf «Gegenbewegungen. Erste Ausschnitte», *wespennest* 181)

Solche unsichtbaren Zusammenhänge endlich aufzuspüren, sollte seine neue Aufgabe werden, umso mehr, als er zu alt war, um in gemeinsam geglückte Lebenspraxis übersetzen zu können, was ihm zu schreiben nun aufgegeben schien. Es ist nicht so, dass ihm in seinem Leben seither gar nichts geglückt wäre, doch auch später hatte seine naive Selbsteinschätzung noch zu vielen Missverständnissen und Kränkungen beigetragen. Mit dem im Wort Selbstaufgabe verborgenen Twist, sich selbst der Aufgabe zur Einsicht in die Beschaffenheit eigener Hemmnisse und Beschränkungen zu stellen, wollte er sich in seiner letzten Lebensphase vor der endgültigen Resignation retten. Niemand anderer konnte ihm diesen Rettungsversuch abnehmen, er musste von innen in Gang gesetzt werden.

Bevor aber sein Schreibvorhaben überhaupt Substanz und Fahrt gewinnen konnte, musste er endlich noch weiteren Mut aufbringen und sich abverlangen, sich seinen eigenen Tagebuchnotizen zu stellen und damit auch unangenehme Selbsteinsichten zu riskieren. Er wusste, dass dies große Anstrengungen erfordern werde. Denn immer, wenn er bisher, und das selten, in den paar dicken Kladden aus vergangenen Jahrzehnten zu lesen versucht hatte, war er bei der Lektüre der meist buchhalterisch und inspirationslos verfassten Aufzeichnungen von einer wütenden Ungeduld und einem Widerwillen gegen sich selbst befallen worden. Durch diese Wand der Selbstablehnung musste er sich wohl kämpfen, um zu mehr Klarheit gelangen zu können.

Hatte er also befürchtet, dass eine neuerliche Lektüre der Briefe der angehenden Schriftstellerin ihm ähnlich unangenehme Wahrheiten über sich und seine Selbsttäuschungen eröffnen würde, und sie deshalb vernichtet? Sie teilte damals doch, zumindest für Momente, seine Hoffnungen, des war er sich auch noch heute gewiss. Durften ihre Briefe ihm denn nichts anderes als «Komm, komm, werden wir eins» sagen? Vielleicht hatte er sich damals über alles andere, was sie darin geschrieben hatte, einfach hinweggesetzt. Damals hatte er sich mit all seinen Mitteln dagegen gestemmt, ihren ersten Brief, jetzt kann er zumindest in Andeutungen die Wahrheit aus seinem Tagebuch erfahren, schon als Abschiedsbrief, als Absage an den ungestillten Sehnsuchtshunger lesen zu müssen, der Stunden nach ihrer Lesung, es war, wie er seinen Notaten nun entnahm, tatsächlich ihr allererster öffentlicher Auftritt, in ihnen glücklich aufgebrandet war, den sie sich gegenseitig offenbarten.

Nach diesem von der Redaktion einer Literaturzeitschrift zusammengestellten Lesungsabend saß man, wie üblich, zusammen in einem Lokal. Dann, das war schon weniger üblich und für ihn ganz neu, begleitete er sie zu ihrer Unterkunft in der Hauptstadt. Sie erwehrte sich seiner Begleitung nicht, sie schien ihr willkommen. Im Innenhof einer bürgerlichen Wohnanlage aus der Gründerzeit standen sie da eine erste Nachtstunde, begannen einander von sich zu erzählen, standen eine zweite Stunde, die Nächte waren nicht mehr sehr warm im Herbst, erzählten einander mehr und begannen einander zu küssen, standen eine dritte Stunde im Freien, küssten einander noch mehr, sie erzählte, Mutter eines zehnjährigen Jungen zu sein, was ihn, wie er sagte, wie er meinte, keineswegs störe, und brachen noch eine vierte Nachtstunde an mit einer Liebesverhandlung, in der sie schließlich Entschiedenheit bewahrte, während er schon in den Morgennebeln des Begehrens zu versinken begann.

Es war ihr gelungen, ihn mit dem vagen Versprechen eines Besuches am Vormittag, wenn sich dies noch vor ihrer Rückreise einrichten ließ, zu verabschieden und nicht in die Wohnung, in der sie übernachten konnte, mitzunehmen.

Erinnerungskorrektur durch das Tagebuch: Er war es, der am Nachmittag abreisen würde, sie konnte das Wochenende noch in der Stadt verbringen.

Das Glück, ihr Gesicht, ihre Augen zu sehen, ihren Mund zu küssen, von diesem Mund geküsst, von den blaugrauen Augen betrachtet zu werden, überrauschte auf dem nächtlichen Rückweg zu seiner Wohnung den kleinen schmerzlichen Stich, sie habe ihm in diesen Stunden der bedingungslosen Öffnung die wahren Hindernisse einer noch innigeren Berührung doch verschwiegen. Oder hatte sie ihm Gründe vielleicht angedeutet, und er im frischen Sturm des Glücks hatte dies überhört. Das hätte eigentlich ihr damals schon wie ein erstes Warnsignal erscheinen können, ohne dass sie es ihn bemerken ließ.

Heute, in seinem Versuch des Rückblickes, versetzte es ihm einen Stich der Beschämung. Was wollte er denn verlangt haben? Dass sie ihm, den sie eben erst kennenlernte, in den wenigen Stunden, die sie sich nun kannten, ihr gesamtes Leben auf einen Schlag vorbehaltlos hätte aufdecken sollen?

Das hatte sie ihm doch mit ihren Küssen für eine gemeinsame Zukunft aufgegeben, und damit eine innigste Bitte um Geduld verbunden, diese vielleicht in ihrem ersten Brief mit Worten wiederholt, wie er jetzt wegen seiner noch immer selbstzerstörerischen Unbändigkeit nur mehr annehmen konnte. Also nicht nur schwerhörig, sondern auch noch blindwütig? Ja, aus einer Familie geeichter Schwerhörigkeit stammte er, und ob die äußerlich manifeste Schwerhörigkeit auch einer inneren Schwerhörigkeit entsprach, sollte ihn bei seiner Selbsterforschung wohl noch beschäftigen.

Die Beschämung wurde nicht geringer, als er sich erinnerte, wie sie später ihrem Sohn sehr vorsichtig seine Bekanntschaft zugemutet hatte. Ihn, der gar nicht kapierte, dass ihr Leben nur über das Leben ihres Sohnes erreicht, ohne dieses gar nicht verstanden werden konnte. Er war weit davon entfernt, einsehen zu können, dass er jedenfalls noch im Vorhof dieses Lebens warten müsse, bis sie sich sicher wäre, ihn in dessen innerste Bezirke tatsächlich ohne Schaden vorlassen zu dürfen. Denn dorthin bereits vorgedrungen zu sein, wähnte er schon mit dem ersten Kusse im Vorhof des gründerzeitlichen Wohnbaus. Ihr Ausbleiben wenige Stunden später, am Vormittag, begriff er nicht als stillschweigende Aufforderung, sich nicht weiter in einer falschen Einschätzung ihrer Begegnung zu verlieren.

Hier zeigte er sich also, dieser ganz urtümliche kindliche Drang, auf einen anderen Menschen ohne Vorbehalt und Bedingung loszustürmen, dem hoffte er endlich einmal in seinem Leben nachgeben zu dürfen. Ihre Küsse, ihr lange auf ihm ruhender Blick schienen ihm dies zu versprechen.

Aus Erfahrung zu lernen war ihm damals offenbar noch nicht gegeben, er schien ganz einfach blind zu sein für Situationen, die für sein Leben entscheidend sein konnten. Ein reiner Tor? Ein Ignorant? Immerhin kam ihm heute jede Art von Selbstmitleid nicht nur lächerlich vor, sondern er sah ein, dass damit jede Möglichkeit der Einsicht blockiert wäre.

Gleich blitzte wieder die Erinnerung an eine innige Begegnung mit einer anderen jungen Frau auf, ein, zwei Jahre davor, die ihm noch vor der ersten Umarmung eröffnet hatte, Mutter eines Jungen zu sein, eines Sechsjährigen. Ist gut, hatte er gesagt, ohne zu wissen, was er damit tatsächlich meinte.

Mehrmals im Lauf der Jahrzehnte war diese Begegnung wie aus dem Nichts wieder im Treiben seiner Gedanken aufgetaucht, in diesen Momenten erfieberte er sich den illusionären und verspäteten Wunsch, jener Frau, deren Vornamen er dabei in einer Art verfälschter Dankbarkeit und zärtlich in sich hineinflüsterte, seine Unfähigkeit damals erklären zu dürfen. Allein die Annahme, das könnte für sie, die ihn wahrscheinlich schon völlig vergessen hatte, noch von Belang sein, war eine weitere peinigende Fehleinschätzung. Bei einem nächsten, unverabredeten Zusammentreffen mit jener jungen Mutter damals, wenig später bei einer Party, hatte sich diese Unzulänglichkeit erwiesen. Sie saß von einigen Männern umringt an einem Tisch, und er sah sich nicht in der Lage, ihr zu zeigen, wie sehr er auf ein Wiedersehen gehofft hatte.

Er stellte offenbar Ansprüche an das Schicksal, das zu nichts anderem bestimmt sei, als die Defizite seines Verhaltens auszugleichen. Immerhin, etwas wie Reue über das eigene Versagen war dabei zum Vorschein gekommen.

Das Schicksal hatte ihm jetzt also doch geantwortet, spät und völlig unerwartet, ihm die Begegnung mit der jungen Frau im Zug beschert, die der anderen so ähnlich schien. Damit kam er nun wieder nicht zurecht.

Seine im Geheimen abgelagerten Schmerzen waren während der Zugfahrt wieder aufgebrochen und hatten ihn dazu gebracht, einer Unbekannten ohne jede weitere Überlegung die von ihr allein durch ihr So- und Dasein ausgelöste Vergegenwärtigung früherer Ereignisse, die ihre Spuren tief durch ihn hindurch gezogen hatten, anzudeuten, ihr ein Geständnis seiner Erschütterung aufzudrängen.

Die Nachricht, die sie ihm zwei Tage später zukommen ließ, entzündete erst recht die Flammen, die ihm Literatur und Leben noch einmal verschmelzen lassen sollten, vor ihrem Verglühen.

Er beantwortete ihre Nachricht sofort mit einer neuerlichen Aufdringlichkeit, indem er bekannte, sich ihr gegenüber nun verpflichtet zu fühlen.

Worin sollte denn dieses eingebildete Verpflichtet-Sein bestehen? Warum benötigte er immer andere, um seine Probleme zu lösen? Das wäre doch nicht verwerflich, die meisten Menschen benötigen in verzweifelten Situationen den Zuspruch und Beistand von anderen. Aber nicht alle in Form einer melodramatischen Selbstinszenierung.

Gewiss, er empfand diese Bahnreise, die sie ihrer Zukunft, ihn aber seiner Vergangenheit zuführte, wie ein Wunder. Genauso hatte er die Begegnung mit der jungen Schriftstellerin damals wie ein Wunder erlebt. Aber offenbar hatte er vom Schicksal erwartet, dass sich diese Wunder wie von selbst in ein wunderbares Leben verwandeln müssten. Dass er dafür etwas einsetzen müsse, war ihm nicht bekannt.

Wenn er tatsächlich wissen wollte, warum ihm dieses Service vom Leben nicht geboten wurde, musste er noch einmal versuchen, herauszufinden, weshalb die junge Schriftstellerin ihn knappe zwei Monate nach ihrem Kennenlernen vor einer für sie so wichtigen vorweihnachtlichen Lesung in ihrer Heimatstadt am Telefon anfauchen musste: Verschwinde endlich, lästiger Kerl.

Er war dazu eigens aus der Großstadt von jenseits der Grenze angereist, in der sie sich zum ersten Mal nach ihrer allerersten Lesung wiedergesehen hatten.

Da er sie nicht an Ort und Stelle ihrer Lesung mit seiner Anwesenheit überrumpeln wollte, rief er sie Stunden davor noch an ihrem Arbeitsplatz an. Lästiger Kerl, der Tonfall des Vorwurfs in ihrer Stimme ist in ihm ohne Verzerrung gespeichert.

Damals war es ihm wie ein tiefer Schnitt mit einem scharfen Messer eingefahren, als wäre diese Zurückweisung völlig unerwartet aufgekommen, als ginge es irgendwie ans Leben. Doch eigentlich war es schon das zweite Ende ihrer Beziehung. Seine Erinnerung aber wollte im Nachklang dieser von ihr hervorgestoßenen vier Silben, nachdem sich die Schärfe der peinigenden Situation im Lauf der Jahre gemildert hatte, einen anderen Unterton wahrgenommen haben. Rätselhaft war ihm, weshalb er dafür eine Kinderbuchszene imaginierte, in der sich eine Spätzin über die Zudringlichkeiten eines in seinem Vögelhirn beschränkten Sperlings empört, an dessen Gefieder sie einmal Gefallen gefunden und sich zu manch unbestimmter Hoffnung hatte verleiten lassen. Die Flügelchen hatte sie dabei resolut in die Hüften gestemmt, verschwinde aus meinem Revier! Lästiger Kerl – in dieser

Art des erbosten Zwitscherns aber meinte er später auch das Echo einer Trauer, der Enttäuschung und des düpierten Liebesangebotes zu vernehmen.

Es war für ihn unfassbar geblieben, für jemand, den er über alle Maßen und wie niemanden zuvor zu lieben glaubte, so rasch zu einem lästigen Kerl geworden zu sein.

Damit war er wieder auf den Nullpunkt seiner Existenz zurückgeworfen. Schon im Kreissaal lästig, dem Menschen, der ihn gegen seinen Willen hatte gebären, dem Geburtshelfer lästig, der die Gebärende, weil sich alles gegen dieses Zur-Welt-Bringen sperrte, über das übliche Maß hinaus hatte aufschneiden müssen.

Auch wenn ihm jetzt sein Tagebuch verriet, dass er sich sofort nach diesem Telefonat wieder auf den Rückweg gemacht hatte, verfolgte ihn das Bild einer Säulenhalle, durch den sich die Schriftstellerin an ihm vorbei und abgeschirmt von einem Tross von Männern verschiedensten Alters hin zum Eingang des Lesungsraumes bewegt hatte, um ihr junges Talent heimatlich feiern zu lassen. Als diese Lesung begann, hatte er aber die Heimfahrt in die Großstadt jenseits der Grenze schon hinter sich. Wohl ein wortloses Traumbild, das noch immer, von einer Deutung unerlöst, in ihm lagerte.

Warum aber Heimfahrt? Richtig, in jener Stadt hatte seine Großmutter bis zu ihrem Tode gelebt, dort war er mit seiner Anhänglichkeit, seinem Bedürfnis nach Nähe, seinem Vater wieder einmal lästig gefallen. Dieser hatte seinen Sohn, als er schließlich um Stunden verspätet von seinen geschäftlichen Gesprächen in den aufgeheizten Buden der Aussteller zum vereinbarten Treffpunkt beim Ausgang der größten Baumaschinenausstellung der Welt kam, als einen vom Warten im strengen Winterfrost halb erstarrten Vorwurf des Da-Seins vorgefunden, der nicht wusste, wohin mit seiner kindlichen Verzweiflung. Ja, er war eine nur mit Mühen zu duldende Existenz, die nicht lange zimperlich zu sein brauchte, und dieses ihm eingebrannte Wissen hatte ihm die geliebte junge Frau nun aus den mittlerweile angelagerten Vernarbungen wieder herausgerissen. Damit aber hatte sich ihm der Resonanzraum, in dem sich ihre Literatur bewegen wollte, fest verschlossen.

Noch in der Gegenrichtung, eben wenige Wochen zuvor, hatte sie ein anderes Bild in ihrer Tasche mitgeführt, die Postkarte eines Gemäldes, das er ihr, als sie sich in jener Stadt getroffen hatten, unbedingt hatte zeigen wollen.

Das Bild hing in der Kunstsammlung, die ihm damals die liebste war, die er kannte. Dort war die Kunst nicht repräsentativ zur Schau gestellt, sondern hatte eine intime und zugleich großzügige Behausung erhalten. Wohl, weil sie sich in der Villa eines berühmten Malers befand.

Das 1925 gemalte Bild war aufgeladen von den seit zehn Jahren sich rasant vollziehenden thematischen Entwicklungen dieses Malers, die sich von expressiven Porträts über mystische und spirituelle Motivationen auf eine Art rein beseelter Abstraktion zubewegt hatten. Aber nur dieses eine einzige Bild aus einer riesigen Serie von abstrakten Köpfen konnte den Titel Liebe tragen.

Dessen Reproduktion trug die junge Schriftstellerin in der Tasche, als sie ihrem neuen Liebhaber gestattete, sie zum ersten Mal in ihre Heimatstadt zu begleiten. Sie saßen in einem überfüllten Zug, sie noch befangen von dem Eindruck der Bilder, die sie zum ersten Mal gesehen hatte, befangen wohl auch von der ungewissen Erwartung der ersten Begegnung ihres Sohnes mit einem Mann, von dem sie sich bislang nur in Form von Briefen und Telefonaten, erst am Vortag aber in der unverstellten Wahrheit ihrer Leiber hatte berühren lassen. Und er übersetzte die feinen Linien auf dem Bild des russischen Malers in die feinen Gesichtszüge der jungen Frau, deren Pulsschlag er spürte, und die feinen Konturen ihres Gesichts spiegelten sich zurück in die gemalte Verallgemeinerung des Einzigartigen, während sie nicht viel sprachen, während der Zug über die Trennfugen der Schienen ihrer Zukunft entgegenratterte, in der ihr Versuch, einander zu erkennen, in ihr vielleicht eine kleine Narbe, in ihm aber eine immer wieder noch aufbrechende Wunde hinterlassen würde.

Glück, ja, diese Begegnung empfand er wie eine unverdiente Gunst des Schicksals. Ihm war damit der Weg zu einem letzten Versuch gewiesen, mit sich ins Reine zu kommen. Ohne Vorbehalt konnte er dem Vermächtnis des Philosophen zustimmen, der nach dem Tod seiner Frau jeden Lebensgrund verloren hatte, da für ihn feststand, dass die heutige Welt mit ihrem ohne jeden Verstand blutig rivalisierenden Raubtiergetue auf die Art von Verstehen, um das er ein Leben lang gerungen hatte, höhnisch pfiff. Der Philosoph hatte, von einem Gesprächspartner in vorwegnehmender Imagination an die Pforte des Todes gestellt, mit klarem Sinn und nüchterner Schärfe festgestellt, dass er in seinen letzten wachen Lebensmomenten sich nicht vor sich selbst schämen müssen wolle.

Die Zufallsbegegnung im Zug hatte ihm die Dringlichkeit, sich noch einmal Rechenschaft über seine Unterlassungen und Beschränkungen abzufordern, enthüllt, und diese Rechenschaft sollte ihn vor den wilden Attacken der Beschämung retten, bevor er in endgültige Ohnmacht versank. Darin sah er seine neue Aufgabe und Bestimmung.

Im sicheren Abstand des Internets, in dem sich, wohl nicht zu viele, aber doch einige Fotografien dieser Zufallsbekannten zeigten, konnte er erkennen, dass sich auch zwischen ihrem Gesicht und dem Bild des Malers solche Einzeichnungen gut hätten bewerkstelligen lassen, und er wünschte dieser jungen Frau einen gescheiten, bescheidenen Liebenden, der ihr Leben in solche Liebesübersetzungen betten könnte:

... in diesem glase seh ich dein gesicht
das über meine schulter blickt, gelöst
und ruhig, ganz als wäre es ein bild
das alte meister malten, wenn sie träumten
von einem augenpaar, vielleicht,
wie ich jetzt eins in jenem spiegel sehe ...

Wenige Tage erst war es her, dass er diese genialen Verse Artmanns in ein Rundfunkmikrofon sprechen durfte, um den Dichter zu ehren, und jetzt wusste er endlich, weshalb ihn dieses Gedicht seit Langem schon auf ganz besondere Weise berührte.

Narben vergaß er nicht, selbst wenn sich der Grund der darunter verborgenen Verletzung nicht verriet, aber das Stigma der immer wieder aufbrechenden Wunde? Padre mio! Wohin brachte ihn dieser Zug? Medugorje? Pauli Bekehrung? Endlich ein lustiger Einfall, so also entstehen Wunder.

Gewiss, er musste endlich dieses mit kleinlauter Großmäuligkeit gegebene Versprechen sich selbst gegenüber einlösen, aber auch seiner unbekannten Reisegefährtin. Es sprach wohl für sie, dass sie der Schnüffelei im Internet nicht allzu viel Futter vorwarf, obwohl sie einen Beruf ausübte, der sich nach außen, an Menschen, an die Öffentlichkeit wandte. Es brauchte nicht viel Fantasie, um sich vorzustellen, dass ihr jetzt, in der akuten, ja eigentlich schon chronischen Situation der radikalen Beschränkungen des sozialen Lebens, monatelang, mehr als ein Jahr schon dauernd, die Grundlagen ihrer Berufsausübung fast gänzlich entzogen waren, sie sich wahrscheinlich in einer schwierigen Situation befand.

Und ausgerechnet jetzt wollte er ihr wieder schreiben und die ersten Seiten seines Textvorhabens zu lesen geben? Lästiger Kerl! Sollte er denn alles wiederholen müssen? Diesmal als Farce eines aus dem Ruder laufenden Sublimationsversuches? Immerhin ein Fortschritt! Und setzte dabei wieder ganz auf ihre Verständnisbereitschaft, die sie ihm in ihrer offenherzigen Nachricht, mit ihrem unbefangenen Winken am Bahnsteig erwiesen hatte.

Um wie viel mehr Verständnis, als er damals in dem mit seiner von Anfang an antiquierten Modernität heruntergekommenen Lokal aufbringen konnte, in dem er wieder einmal mit seinen zwei raubeinigen Studienkollegen eine Arbeitspause einlegt hatte. Das Lokal befand sich direkt gegenüber des Anatomischen Instituts der Universität, und ihre Arbeit bestand in der sachkundigen Zerlegung einer Leiche, dem Erkennen und Einprägen der topografischen Verhältnisse, dem feinen Präparieren und Trennen der unzähligen Gebilde, Strukturen, Organe, die von der Phylogenese unter der schützenden Haut jenes Körpers verborgen worden war. Jedes Körpers, Ontogenese.

Die Belastungen, die sich aus dieser Art von Arbeit ergaben, bewahrten Stillschweigen, denn man wollte oder sollte Medizin studieren und dazu gehörte die Überwindung des Erschreckens über die versachlichenden Reduktionen des Körpers in einzelne Bestandteile. Aber diese Belastungen bahnten sich doch ihren Weg, in diesem Fall auf doppelte Weise, den ins Bierlokal zur Dämpfung der inneren Erschütterung, die von der rücksichtslosen Entblößung eigener Körperbeschaffenheit ausging, und den zu surrealen und aberwitzigen Ausbrüchen der Unterhaltungen und Handanlegungen der sechs Studierenden rund um den Tisch, auf dem sie die ihnen zugeteilte Leiche bearbeiteten.

Aber in jener Arbeitspause im Lokal vis-à-vis hatte sie nach mehrfachen zögerlichen Ansätzen schließlich doch ein älterer Mann angesprochen, der am Nebentisch in einer Art Lauerstellung vor seinem Bierglas saß. Es drängte ihn, den Studenten zu erzählen, dass er im Sekretariat soeben einen Vertrag unterschrieben habe, der seinen Körper dem anatomischen Institut als Studienobjekt verfügte.

Es war schwer, darauf etwas zu erwidern, mit dem sie auf die Welle aus Hochgefühl und Verzweiflung, die das Geständnis aus dem Mann herausspülte, hätten aufspringen können. Außer ein paar Floskeln über den löblichen Mut seines Vorhabens, das für sie selbst keinerlei Bedeutung hatte, war ihnen nichts eingefallen. Auf dem Rückweg zum Seziersaal witzelten sie, weil sie das Ungenügen ihrer Antwort wohl spürten, dass nur das Angebot, ihn gleich in den Seziersaal mitzunehmen und die Studienarbeit sofort in die Tat umzusetzen, adäquat gewesen wäre. Das hätte ihm aber auch nicht gefallen, stammelte ihre gemeinsame Lachsalve, die sie in den Saal der Leichen zurückbeförderte.

Den Blick des Mannes, dessen eigener Mut der Verzweiflung nicht die erhoffte Resonanz bei den verständnislosen Studenten erfahren konnte und den ihre Reaktion wie ein brutaler Hieb der Ernüchterung traf, hatte er nicht vergessen.

Er rief sich nochmals die Szene zurück, in der er zaghaft aus dem Inneren des Wagens ihren Gruß vom Bahnsteig erwiderte. Dabei sah er aus seinem eigenen Blick dieselbe existenzielle Ratlosigkeit, die sicher etwas blöd wirkte, auf die junge Frau gerichtet. Er hatte ihr, so wie der Mann im Bierlokal damals ihm, ein aus der Tiefe seines Daseins drängendes Geständnis aufgezwungen, und er hatte, von seinem eigenen Mutwillen benebelt, das Geschenk ihrer Liebenswürdigkeit weder erfassen und schon gar nicht erwidern können. Erst musste er begreifen, was er soeben wieder angezettelt hatte.

Er war nicht in der Lage gewesen, jenem Mann eine Art von Dankbarkeit vorzuspielen, verlogen und ehrlich in einem, die vermocht hätte, die von einer ungebetenen Bekundung ausstrahlende Beklemmung in eine heitere Zuversicht zu verwandeln. Die junge Frau im Zug mit dem Namen einer Kinderbuchheldin oder einer Romanfigur hatte dieses kleine Wunder vollbracht und ihm überdies ohne jede Verstellung geantwortet.

Ob er sie jetzt, in einer von ihm als schwierig befürchteten Situation, mit seinen skurrilen Volten zumindest ein wenig erheitern konnte? Er musste sich eingestehen: Das wollte er auch.

4.

Viel mehr Kraft, als er gedacht hatte, war nötig, sich den eigenen Tagebuchnotizen auszusetzen. Zwar fühlte er sich stark genug, getrieben von seinem scheinbar erzwungenen Versprechen, etwas über die Bahnfahrt neben dem jugendlichen Ebenbild der einstmals wie blind geliebten Frau zu schreiben, indes lastete die schwermütige Ursache dieses Versprechens in den Fasern seines Körpers. Dennoch meinte er sich gerüstet, sogar das, was er Liebe genannt hatte, einer Überprüfung zu unterziehen. Nein, jene unbändige Liebesempfindung nicht zu verraten und preiszugeben, jedoch nachzuforschen, aus welchen Gefühlswerkstoffen sie sich zusammengefügt hatte.

Als er jetzt in Eva Kantůrkovas außergewöhnlich subtilen und zugleich mit lakonischem Scharfsinn und Humor aufgeladenen Beschreibungen ihrer Zellengenossinnen im berüchtigten Prager Gefängnis Ruzyně das Porträt von Andy, der Rumpraline las, verstand er, dass seine Liebesempfindung damals weder durch Wissen noch besseres Wissen zu belehren oder zu zügeln gewesen wäre.

Auch die Einwände gegen sich selbst und die Warnungen in den Briefen der angehenden Schriftstellerin, an die er sich schattenhaft erinnerte – die eigene jugendlich gebliebene Unbelehrbarkeit, immer wieder musste er sich das eingestehen, hatte ihm jede Möglichkeit zur Überprüfung dieser Erinnerung aus der Hand geschlagen –, konnten ihn damals nicht abhalten, leidenschaftlich nach einem Wiedersehen zu verlangen. Es entsprach nur seiner ängstlichen Harmlosigkeit, nicht aber der Qualität seiner Empfindung, dass ihn seine Liebe, im Gegensatz zu Andy, nicht in den Knast geführt hatte.

Denn das entscheidende Detail all ihrer Briefe war tief in ihn eingebrannt geblieben, es war der Schlüssel dafür, dass er trotz aller schon aufgekommenen Zweifel und empfundenen Kränkungen auch ein letztes Mal zu ihr reiste, um sie zu sehen, sie zu umarmen, sich mit ihr zu verständigen. Dass sie ihn am Bahnhof mit der Bitte um Vorsicht bei Berührungen empfing, konnte er nur als Attacke verstehen. Heute bewundert er sie für ihre Umsicht, ein Zimmer in einer Pension für ihn reserviert zu haben, dessen Schlüssel sie am Bahnhof bei sich trug, um ihnen beiden eine Chance auf eine Klärung ihrer Möglichkeiten zur Gemeinsamkeit an diesem Wochenende zu geben, eine Klärung, für die etwas Abstand wohl hilfreicher gewesen wäre als unmittelbare Nähe, die seine Erwartungen, ja Forderungen an sie nur ins Maßlose verzerrte.

In seiner Beziehungsdummheit aber konnte er das Ansinnen von Abstand ebenfalls nur als Attacke verstehen. War er nicht allein ihrer Nähe wegen gekommen.

So hatte er sie und sich selbst in die quälenden Rollen einer Wochenendfarce gedrängt, die Tag und Nacht nur ein Thema hatte: wo in ihrer Wohnung denn tatsächlich sein Platz sein könne. Sie waren unfreiwillig Hauptdarstellerin und Hauptdarsteller dieses Kammerdramas, sie mehr mit klarem Kopf und weher Empfindung, er als reaktiver Automat in wechselnden Stimmungen. Heute stellt er sich vor, dass er wie ein hilfloses Kind auf sie gewirkt haben musste. Vielleicht überhaupt zum ersten Mal hatte er in Bestimmtheit Hoffnungen mit einem anderen Menschen verbunden und war plötzlich und unabweisbar vor die Kluft zwischen Vorstellungswelt und Leben gestoßen. Keine verlässlichen Haltepunkte für gemeinsame Gefühlsverhandlungen hatte er anzubieten. Alle Verantwortung hatte er auf sie schieben wollen, damit er sich umso verzweifelter in Szene setzte. Eine schreckliche Aufführung musste das gegeben haben.

Eine Sekunde, bevor er endlich in der Frühe noch vor dem Morgengrauen aus dem Zimmer des Sohnes, den sie noch einmal bei Großeltern untergebracht hatte, schleichend die Wohnung grußlos verlassen wollte, entschloss er sich doch, durch die von ihr für ihn spaltweit geöffnete Tür in ihr Zimmer zu gehen. Wach saß sie im Bett, wortlos drückten sie einander die Hände, die sich kaum voneinander lösen wollten, suchten aufgestört nach einem Blick, von dem sie Ruhe und Halt erhofften, der aber war indessen aus der Wohnung entwichen. Es war zum Wegschauen. Damit war das Ende ihrer Gemeinsamkeit besiegelt.

Im letzten Moment hatte er den allerersten Zug des noch lange dunkel bleibenden Tages erreicht, Tränen kamen später, etwas vorweinen wollte er ihr immerhin nicht auch noch.

Das hätte ihre Verhältnisse ohnehin nicht ändern können, von denen letztlich so wenig gesprochen und geschrieben wurde in den Fieberwochen, die von dem nächtlichen Heimweg nach ihrer allerersten Lesung als Schriftstellerin ausgelöst worden waren.

So wenig hatten sie einander über ihre Verhältnisse verraten, dass er nicht wissen konnte, woran er mit ihr war oder hätte sein können. So viel immerhin hatte er ihr von sich gezeigt, dass sie, die im Gegensatz zu ihm ungleich mehr über die rissigen Tiefen enger Beziehungen wissen musste, vermutlich ganz gut einschätzen konnte, woran sie mit ihm gewesen wäre.

Weshalb hatte er sich so wenig bemüht, von ihr mehr über die tatsächlichen Verpflichtungen und Bindungen ihres Lebens zu erfahren. Und warum konnte er sie nicht fragen, was sie von einem Mann, ob sie von ihm mehr als eine kurze Liebschaft erwarte, und warum konnte er ihr nicht offenlegen, was er glaubte, ihr für ein gemeinsames Leben anbieten zu können.

Ein gemeinsames Leben? Heute wunderte er sich, dass er sich diese mehr auf einem Rollenklischee als auf einer realistischen Einschätzung seiner Möglichkeiten gründende Einbildung selber glauben konnte.

Schemenhaft nur, aber doch, erinnerte er sich daran, dass er sich auf dem Weg hin zu ihr gefragt hatte, ob er bereit wäre, seine ohnehin labil verankerte Existenz in der Hauptstadt ihr zuliebe und für ein Leben mit ihr in einer in mehrfacher Hinsicht vielleicht attraktiven, aber letztlich doch provinziellen Stadt aufzugeben. Er hatte doch gerade erst begonnen, in der Hauptstadt festeren Boden zu gewinnen, der ihm erlaubte, sich von den Verpflichtungen der kleinen Stadt, aus der er hergekommen war, zu befreien.

Die in ihm wie von selbst aufgekommene Frage verbannte er auf der Stelle mit jäher Unduldsamkeit genauso wie die in einem der wenigen klaren Momente gewonnene nüchterne Einsicht, dass ihr Leben in ihrer Stadt auf eine Weise verankert sei, die ihr jeden Gedanken, seinetwegen mit dem Kind in die Hauptstadt zu ziehen, als absurd erscheinen lassen musste. Eine daraus ihm erwachsende Verpflichtung hätte ihn ohnehin innerhalb kürzester Zeit aus den Angeln seiner bescheidenen Fähigkeiten gekippt. Das dürfte sie rasch erfasst haben, ohne dass sie darüber hätte sprechen müssen, denn sie wollte ihn keineswegs kränken, wollte auch keinen Streit mit ihm haben. Daran hatte er auch nach vierzig Jahren keinen Zweifel.

Aber erst als er sich endlich entschließen konnte, den Widerwillen gegen seine eigenen Aufzeichnungen und damit gegen die Wahrheiten, die sie ihm über sich selbst eröffnen würden, zu überwinden, wurden ihm Zusammenhänge und Muster verständlich, die sein Leben bestimmt hatten und wohl auch bis heute bestimmten. Da mussten aber seit der Bahnfahrt schräg gegenüber der jungen Frau wieder zwei Jahre vergehen, da musste in den Jahrzehnten seither überhaupt noch viel anderes geschehen sein, bis er dazu in der Lage war.

Die nüchterne Schärfe der atemlosen Aufzeichnungen der Ereignisse, in der kein Ansatz einer Selbstreflexion erkennbar war, erschloss ihm nun einen im Nachhinein noch schwerer erträglichen Ausnahmezustand, in dem er sich während jener zwei Monate befunden hatte, in dem ihm das Glück der Begegnung mit der Schriftstellerin und das Unglück ihres Abschieds widerfahren waren.

Ruth Johanna Benrath
PSALM/*aus der tieffen*

Bleibt deshalb immer etwas zu corrigirn / das versehen oder verkert ist.
Lutherbibel 1545, Nachwort

1

Liegen im Zimmer
Blick an die Wand
meyne seele dürstet nach gott /
nach dem lebendigen gott
Suche, nachts
Nachblutungen am Tag
wo ich war, ein Krater
Reise mit den Augen
durchs Fenster
in den Himmel schwimmen
~~wie ein Embryo~~

2

Ins Leere schreiben
wozu das Ganze
die Welt rollt auch ohne mich
durchs All
meine harffe ist eine klage worden / und meine pfeiffe ein weinen
ins Dunkle horchen
lauschen
rede mit mir

3

Formtief
kein Sitzfleisch
meyne tage sind vergangen wie ein rauch
wann ist der Text, das Elend
endlich zu Ende
endlich
alles endlich
Text auch
Mensch auch
~~Schrift auch~~

4

Woran wir hängen
irdische Dinge
und was nutz hette der mensch /
Kleinklein
ob er die gantze welt gewünne /
Gewese
und verlöre sich selbs
ich verleihe dir die Ehrennadel
im vergeblichen Tun

5

Dachte schon, Stift verloren
auf dem Weg
dachte schon, Haare grau geworden
über Nacht
aber plötzlich sind da
Bienen
Blumengesichter
textmarkergelbe Schmetterlinge
und ein Maikäferbaby
es gibt sie, die Ausgießung
jede Meise ein Beweis
jeder Fink ein Link
und du gehörst auch dazu
er hat mir ein new lied in meynen mund gegeben
schwereloser Tag
der Bleistift verlässt seine Umlaufbahn
und hebt ab

6

Was ist das Schöne am Schreiben
das Ohr anlegen an den Mund der Schöpfung
klitzekleines Ohr
riesiger Mund
dann selbst ein Mund sein
mein hertz tichtet ein feines Lied
sitze unter diesem hohen
unermesslichen Himmel
ich lese ihn
ich schreibe ihn ab

7

Schreiben, schreiben
Schimpansenhände, erster Altersfleck
ich bin in meinem Zimmer
eingehüllt von Regen
~~keine Zugeständnisse~~
Mund schließt nicht mehr, japst
ich hab mich müde geschrien
auf der Suche nach einer Sprache
die funktioniert

8

Wiederaufnahme der Arbeit
nach großer Erschöpfung
alte Körperzellen
fauliger Geruch
meyne tage sind dahin wie ein schatten / und ich verdorre wie gras
wie können wir das alles schaffen
die eigenen Vorstufen
Kritzeleien
die Produkte
die Archivierung
ich suche einen Text
sowohl in meinem Kopf
als auch in der Wirklichkeit

9

Das zentnerschwere Buch
auf Luthers Bettdecke gesunken
knapp über dem Bauchnabel
verschwimmende Buchstaben
er kennt sie auswendig
warumb
ausgetrockneter Mund
Zunge in Flammen
warumb ist das liecht
Gespräch per Handzeichen
der nutzlos gewordene Stift
die sich sträubende Sprache
warumb ist das liecht gegeben dem müheseligen / vnd das leben den betrübten hertzen?
keine Anrede mehr
kein Wort von irgendeinem Plan
daliegen
das Gesicht gen Himmel
ein nackter Name

10

Ich bin der kollernde Stein
immer noch empfänglich für die Schwerkraft
~~bin aufnahmefähig~~
befolge Anweisungen
sende Botschaften per Lidschlag
einmal Blinzeln heißt
schweige nicht uber meinen threnen

Jan Röhnert
Tiepolo und andere Gedichte

Giovanni Domenico Tiepolo: *Il mondo novo* (1791)

I
Die neue Welt, sie zeigt sich
mit geschlossenem Visier. Schatten
auf der Blende, frühe Kinematografie.
Wofür sie staunend Schlange stehn,

dirigiert von einem Schattendiener
über ihrem Kreuz. Häufig
weißt du nicht, was Sache ist
und schaust einfach hin,

wie man es seit tausenden von Jahren tut,
bis man dem Wunder einen Namen
gibt: Jonas, Elpenor, Marienlob.
All die Bilder haben wir aus dritter Hand

und doch glauben wir daran,
es könnte einmal uns geschehn,
das Zeug, das tief im Kasten flimmert,
von den Küsten, wo die Sonne sinkt.

Keiner sieht den Wolken zu,
hinter denen sich das All verbirgt.
Keiner sieht den andern an,
wir starren hilflos und gebannt.

II
Die neue Zeit - ein kalter Scherz
wie Chaplins *Modern Times*
ein schwereloses Ungeheuer,
das nach unsren Träumen greift.

Was erwarteten wir denn?
Egal wie klar die Féerie (die wir nicht
sehn) auf der Laterna magica erscheint,
sie betrifft den alternden Roué nicht mehr,

der mit Widerwillen, zugekniffnen Auges
bei der Sache ist. Die neue Welt
ist nicht sein Ort. Was die Gaffenden
bewegt, er hat es hinter sich.

Die Tiere wissen mehr. Sie allein
gucken in die Luft. Der Maler,
der die Konturen auf die Mauer tüncht,
schweigt sich in prallen Farben aus,

das bunte Leben, das auf den Kleidern,
Fracks und Hüten spielt, vom Weiß
der Pulcinells zum Schwarz der Hüte
und des Larvensamts. Ätherisch nur die Jugend,

transparent im Licht, die Körper
und Seelen von Meerluft leicht,
wie unbeschwert, für ein Vergnügen
im Pulk verloren, der so lange heiter ist,

wie es fern von ihnen bleibt.
Die Wimpel flattern, unbeschreibliches Hurra,
während unter Masken das Entsetzliche
auf seine Stunde lauert.

III
Diese Wunderbude ist der erste
Biennale-Pavillon. Und flackerte
aus dem Schlitz des Quaders nur der Widerschein
der See, als wären sie um nichts

herbeigeströmt, sie würden sich nicht scheren
wonach sie unterwegs gewesen, ganz vergessen
im Jahrmarkt der Attraktionen, vom Kino
außer Raum und Zeit versetzt.

Hotel al'universo! ruft der Diener
mit Funzel, die den Bildersaal umkreist
als Sonne dieser neuen Welt, die mit jedem
eingeworfnen Groschen steigt und fällt.

Der Junge mit offner Bluse, wachem Künstlerblick,
vielleicht wenn er ins Greisenalter tritt,
wird er es noch erleben,
dass über ihm die Flut zusammenschlägt

desselben Wassers, mit dem Tiepolo
die Wand abschmirgelt, im Wechselspiel
aufgetragner Oberflächen: Bewegung,
die Leben austeilt, wieder löscht.

Und Expeditionen werden angeboten
im Taucherboot zum Markusplatz.
Und wo sich die Kuppeln der Lagune wölbten,
blickst du nun auf einen Unterwasserdom.

IV
Venedig unter Wasser, lasen wir zwei
Monate nach dem Besuch und ich dachte
an das Unwetter vor den Stufen der Kapelle,
als der Schirm wie ein Kreisel übers Pflaster flog.

Im runden Raumgewölbe drinnen
völlig still, einmal die Windrose abgeschritten,
den Meridian, vorbei an Tintorettos Unbefleckter,
vorbei an der Ikone der schwarzen Muttergottes

mit schwarzem Jesuskind, vorbei
an den drei Priestern, einer davon schwarz,
die unterm Weihrauchtabernakel auf Italienisch und Latein
von Epiphanias redeten, dem Heiligen Geist

ergreift es dich, der Verwandlung nahe,
die außer Raum und Zeit geschieht,
geht durch dich durch, Santa
Maria della Salute, die Pestkirche neben Ca' Rezzonico.

V
Die Fresken Tiepolos,
ein anderer Andachtsraum.
Seine Pulcinells am Hochseil,
die Typen mit den Larvennasen,

die Tiere, die ins Weite sehen,
der Philosoph mit dem Lorgnon, der Junge,
der von fernen Küsten träumt, die Mägde
mit Brüsseler Spitze und begehrlichem Gesäß,

er hat sie an die Wand geworfen
wie einen Wasserspiegel dieser Stadt,
sein Pinsel eine schwerelose Sonne,
die ihre Pigmente auf dem Kalk verstreut.

Kairo, Winter;

die Brotlaibe auf eine Stiege hochgehievt
zwischen zwei Motorradsitzen
in runden Mützen aufgegangnen Teigs
das erste Sonnenlicht verweilt,

Wärme, die sich wie das Nilwasser
umsonst verteilt. Hände strecken sich
am Imbissstand mit Wechselgeld nach
Brotmützen voll Humus, Bohnenmus, Ganoush,

als würde Manna ausgeschenkt, doch vorerst
schwebt nur die bittre Würze des Benzins
über dem wüstengelben Mützensaum
die Wolke der Betriebsamkeit,

an der sich die Geister scheiden
von den Lebenden, die so lange
Brot brechen, neben den Pyramiden Stein
auf Stein hochziehen, bis

der Fluss vertrocknet ist -
bis dahin kannst du die Brote zählen,
die ganz Kairo an einem Tag verspeist,
die Brote, die auf der grauen Teerteigschneise

der Ringstraße ausgefahren werden,
die Münzen, das Papier und Cellophan, die
durch Hände gingen, die am Steuer saßen,
auf einer Bank mit Rücken zum Park,

in dem die Katzen das letzte Grün behaupten,
ihr Tempel in der Gegenwart des Staubs.
Kein Mumienschrein winkt dem überfahrnen Hund,
Anubis, der vom Totenreich am Bordstein grüßt

beim Tee in der kühlen Frühe
hinter dicken Brillengläsern
sieht ein alter Mensch der Straße zu -
ungerührt, als wäre keine Süße

mehr in den Dingen oder der Beton
noch nicht von Farben überzuckert,
der zerbrochene Sonnenstab im Fluss,
der Kairo teilt. Zum Backen

braucht es Wasser, Hefe,
Mehl und Salz. Solange sie die Stiegen
mit den Fladen auf zwei
Motorradsitze hieven, lebt die Stadt.

(28/12/2019)

Über die Dörfer

in die neue Welt, Nordsachsen,
herzweite Horizonte, Brandenburg
einen Pirolruf entfernt, über
die Elbe, die Oder, Polen, zwei
oder drei Milanflügelweiten
in den Büschen neben dem Impfzelt
Kuckucksläuten und Nachtigall, wer
der hier ankommt, am
Ende des Tunnels, hört
ihnen zu, setzt
in den Frühling über, das blühende
grünende Jahr, Wildbirne, Kirschpflaume,
prunus cerasifera, Bahnschwellen
überwuchert rosendornicht, Rabe
mit grauem Deckkleid auf abgesägtem
Mast: wer, nach der Spritze
wie neu unter der Sonne
sieht bei der gepflasterten Fährrampe
zum anderen Ufer hinüber,
lässt sich den Markttag gefallen
am Postobelisken von Belgern
siebenundzwanzig Stunden bis Gera
und zwanzig bis Zeitz
anno 1730 zu Fuß
Markttag heute
mit Bäcker Fleischer Gärtnerei
Gott bewacht die Fassaden
wie es da steht
von Goldenem Engel und Schwarzem Raben
den Rolandriesen unterm Rathausgiebel
dann wieder südwärts
über sanft wellige Flur
aus Wäldern Inseln
im Gras und großem weiß
schwebenden Falken über der Mahd:
am nun heiteren Mittag, wer
käme nicht auf die Idee,
gäbe es doch eine einzige
Spritze gegen alles Übel
der Welt, während unter
den Brückenpfeilern die Mulde mäandernd
verrauscht, das Echo
von Kuckuck Sprosser Pirol
schon nicht mehr zu hören
doch als wären wir damit
und den Schatten von Milan und Falken
geimpft tragen wir es
hinaus in den Tag

»Wie soll man leben?
Wie geht man mit dem Chaos der Welt um, das einen immer wieder einholt und alle Fiktionen, die man sich eingeredet hat, zunichte macht?
Yoga, dieses Buch zwischen Dunkelheit und Hoffnung auf Licht, ist tief bewegend.«
- LE MONDE
Emmanuel Carrère
Yoga
Aus dem Französischen von Claudia Hamm
328 Seiten, gebunden mit Schutzumschlag
Preis: 25,00 €
ISBN: 978-3-7518-0058-7
Emmanuel Carrère
YOGA
Aus dem Französischen von Claudia Hamm
Matthes & Seitz Berlin
©Julia von Vietinghoff

Franz Schuh
Vom Guten, Wahren und Schlechten
Ein Lesebuch. Kurze Geschichten über Politik und Religion, Literatur und Musik, Kunst und Moral, Liebe und Tod, Unglück und Erlösung. Texte aus fünf Jahrzehnten, hg. v. Bernhard Kraller
ISBN 978 3 85449 597 0
408 S., Klappenbroschur
€ 29,–
Vom Guten, Wahren und Schlechten
Franz Schuh, dem »geschmeidigen Seiltänzer über dem Abgrund zwischen Essayistik und Literatur«*, zum 75. Geburtstag
Bernhard Kraller (Hg.)
Schönheit, Ambition und Einsamkeit
Von, für und gegen Franz Schuh. Zum Fünfundsiebzigsten.
ISBN 978 3 85449 596 3
360 S., Klappenbroschur
€ 33,–
Schönheit, Ambition und Einsamkeit
sonderzahl
Foto: KrallerÖhner
*Zitat: Eva Menasse

Alexandru Bulucz

Gegengesang für eine Gegenheimat

Aurora, die Chancen, zu ihrem Schicksalsgenossen zu werden,
standen gar nicht schlecht, selbst vor der Revolution nicht,
als Vater ein angesehener Hochzeitsmusiker war u. die Familie
weder arm noch krisengeschüttelt o. zerrüttet wie danach
eins nach dem anderen. Doch sieh: Ich war Mutters Wunschkind,
ihr schlechtes Gewissen, denke ich mir, nach ihrer Abtreibung
im Untergrund, von der ich von Vater weiß u. ohne ihr Wissen.
Führers Familienpolitik, sein Dekret 770, trieb sie zum Schritt.
Siehst du, Aurora?! Ich hätte genauso gut der Abgetriebene
gewesen sein können, was nicht schlimm gewesen wäre.
Schlimm waren bsplw. die misslungenen Abtreibungsversuche
der Schwangeren selbst, etwa mit Drähten, die Geburten
ungewollter Säuglinge, ob gesund o. behindert, ihre Abstoßung
in Sozialwaisenhäuser, gar ihre Aussetzung. Die Identifikation
mit den Opfern aus meiner Alterskohorte[1] u. Herkunftslandschaft
ist zu groß, als dass ich darüber sprechen sollte. Übernimm du,
Aurora …

Aurora, Macherin der Nacht zum Tag, du hast dir die Augen
rot geweint während des Blickduells mit der Ockerfarbe.
Jetzt hast du Triefaugen. Morgenrot schlecht Wetter droht …

Der Putz auf den Außenwänden steht seit jeher
im Kontrast zur Nutzung des Gebäudekomplexes.
Seine verwaschene Ockerfarbe (selbst Wildtiere
würden, in der warmen Domestizierungspalette
einmal eingelassen, zu Haus- o. Höhlentieren,
s. die Auerochsen aus Lascaux mit ihrem ocker-
bis rostfarbenen Aalstreif, s. die Ockerochsen)
ist an sich zahm, kultiviert, kein Wunder, Bauherr
des einstigen Jagdschlosses war ein Graf, der
nicht ahnen konnte, was aus dem Sitz würde,
aber immerhin, dass edel u. Elend zwei Seiten
der Medaille sind, dass ein Heim stehen würde
jenseits der Würde, ein Zwinger für Zweibeiner
mit einem Bein im Grab u. mit dem anderen eigtl.
auch …

Aurora, Macherin der Nacht zum Tag,
du hast dir die Augen infrarot geweint ...

Des Isolators Zweibeiner auf einer Zeile
von zusammengeschobenen Bettgestellen
mit Pressholz als Auflage, reihenweise
Reimwaisen guttural geheulter Töne,
eng an eng wegen der Kälte, mit Wunden
im Halbdunkel, mit schweren, die schwären ...

Ins Land gegangene Zeit ohne Zuwendung,
u. ohne Berührung als Brücke zum Ruckeln
mit den Bettgestellen an der Wirklichkeit,
zum Hin- u. Herwiegen, zum Schlagen
gegen die Stäbe mit dem Kopf ...

Ich dachte, es gibt keinen Verzicht
ohne etwas, auf das er sich beziehen könnte.
Die Autoaggression ist in diesem Fall
nichts anderes als der Ausdruck
des Verzichten-Müssens auf Nie-Erfahrenes ...

Die eigenen Anziehsachen zu zerfetzen,
wird Spielersatz. Deshalb die Halb-
u. die Nacktheit. Wie Gott sie schuf,
die zu Lichtscheuen Gewordenen ...

Derselbe Löffel mit demselben Brei
aus Bohnen, Mais u. ranzigem Fett
gleitet von Mund zu Mund ...

Fasole frecată?

Nahrung als einzige Freude inmitten all dessen, was unrein ist,
u. Tiberius, das Greisengesicht, verzichtet, wehrt den Löffel ab
mit sanften Handbewegungen, als wolle er die Löffelführerin
auf keinen Fall verärgern. Seine Handhaltung könnte die sein
eines Tänzers, eines russischen Balletttänzers ...

Die würdevolle Schönheit einer Geste des Verzichts,
der auf den Selbstverzicht zuhält, inmitten von Würdelosigkeit.
Sterben-Wollen – eines Siebenjährigen
unbewusster Suizidversuch durch Hungerstreik?

Die Schamröte der Morgenröte, Aurora ...

Zitieren aus Irrekuperablen, Unwiderbringlichen, Führers
Verzichtbaren, mit deren einstigen eisernen Bettgestellen
der Friedhof eingezäunt ist, auf dem sie bestattet ...

Aurora, Triefäugige, hör: *Rorate*
caeli desuper, et nubes pluant iustum:
aperiatur terra, et germinet Salvatorem.

Atemwegs

Aurora, Macherin der Nacht zum Tag, du hast dir die Augen
rot geweint. Jetzt hast du Triefaugen. Morgenrot schlecht Wetter droht ...

Aurora, dein Aurum: Die größten Goldvorkommen Europas
liegen in den rumänischen Karpaten ...

Aurora, deine Goldkinder,
deren eines Aurel hieß, der ein Aurolac war
u. an Heizungsrohren in der Kanalisation schlief ...

Das Inhalieren des Inhalts aus den Plastiktüten
mit dem synthetischen Gemisch des goldenen Verdünnungsmittels
aus Keton, Acetat, Methanol, Toluol u. Ether,
dann die halluzinogene Wirkung,
später Herz-, Hirn- u. Atemwegserkrankungen
u. gegenstrebige Fügungen:
Scherben von Bier- u. Schnapsflaschen
streifen Innenseiten von Unterarmen ...

Die Schamröte der Morgenröte des Äthers, Aurora ...

Das Vergessen von Ängsten, Sorgen u. Hunger,
das Sich-Auftun für Touristen aus dem Ausland
für Löwenscheine[2] ...

Aurora, dein Aurum Aurel,
verloren gegangen an den Goldlack,
nicht die Pflanzenart aus der Gattung der Schöteriche,
sondern an die Marke, to the golden lack
of affection, education, food, stability [ad libitum auszufüllen] ...

Aurora, Triefäugige, hör: *Rorate*
caeli desuper, et nubes pluant iustum:
aperiatur terra, et germinet Salvatorem.

1 Das Cighider Kinderheim wurde am 1. Oktober 1987 eröffnet.

2 Leu (deutsch: Löwe) ist die Währung Rumäniens.

wespennest-Abonnent:innen lesen weiter

Als *wespennest*-Abonnent:in lesen Sie zwei Jahre lang vier Hefte zum Preis von 36,- Euro (40,- Euro außerhalb Österreichs) und damit um mindestens zwanzig Prozent günstiger als im Einzelverkauf.

Ihre weiteren Vorteile: Wir liefern die aktuelle Ausgabe jeweils bereits einige Tage, bevor sie im Buchhandel erhältlich ist – und Sie erhalten bei Abschluss eines Abos oder Geschenkabos eine der unten genannten Buchprämien. Alle Informationen und Bestellmöglichkeiten finden Sie unter www.wespennest.at

Tomas Espedal: *Lieben.* Aus dem Norwegischen von Hinrich Schmidt-Henkel. Berlin: Matthes & Seitz 2021

László F. Földényi: *Der Maler und der Wanderer. Caspar David Friedrichs Urkino.* Aus dem Ungarischen von Akos Doma. Berlin: Matthes & Seitz 2021

Nicola Gess: *Halbwahrheiten. Zur Manipulation von Wirklichkeit.* Berlin: Matthes & Seitz 2021

Zsófia Bán: *Der Sommer unseres Missvergnügens.* Aus dem Ungarischen von Terézia Mora. Berlin: Matthes & Seitz 2019

Patricia Büttiker
Ein Kind

Ein Kind ist zu Hause

I
Ein Kind ist zu Hause. Auf ein Blatt Papier malt es braune Erdschollen. Es setzt Erdscholle an Erdscholle, dazwischen lässt es einen schmalen Leerraum. Anschließend malt es die Leerräume mit einem kräftigen Rot aus.

II
Ein Kind ist zu Hause. Sorgfältig schreibt es mit der neuen Füllfeder auf ein Blatt Papier. Das Blatt ist schon zur Hälfte mit Wörtern gefüllt, als keine Tinte mehr kommt. Das Kind übt Druck auf die Feder aus. Die Buchstaben bleiben unsichtbar. Es zieht die Feder so fest über das Blatt, dass es zerreißt. Es rammt die Füllfeder in den Tisch, worauf sie aussieht wie eine Hühnerkralle. Mit voller Kraft wirft es die Feder an die Wand. Ein Meer blauer Pünktchen bleibt zurück. Wie ein umgekehrter Sternenhimmel, denkt das Kind.

III
Ein Kind ist zu Hause. Du musst zum Arzt, sagt der Vater. Das Kind versteckt sich unter dem Tisch, hält sich an einem Tischbein fest. Der Vater kriegt das Kind zu fassen, es windet sich aus der Umklammerung und entwischt. Im Schlafzimmer kriecht es unter sein Bett. Der Vater kommt herein, öffnet den Schrank, schaut hinter den Vorhang, kniet auf den Boden und wirft einen Blick unters Bett. Auf der anderen Seite schießt das Kind hervor und springt aus dem geöffneten Fenster. Mit Blaulicht wird es ins Krankenhaus gebracht.

IV
Ein Kind ist bei der Großmutter. Es öffnet die Augen. Es dauert einen Moment, bis es sich an die Dunkelheit gewöhnt hat und den Schrank sieht, weiter hinten den runden Tisch, zuhinterst die Tür mit der glänzenden Türklinke. Es bemerkt den Umriss der Großmutter. Sie sitzt am Bettende auf einem Stuhl. Sie hat die Brille auf, trägt das geblümte Hauskleid, die klobigen Hände in den Schoß gebettet. Das Kind schläft wieder ein.

V
Ein Kind ist zu Hause. Es arbeitet am Puzzle weiter. Stück für Stück vervollständigt sich das Bild mit dem See, dem herbstlichen Wald, dem blauen Himmel. Das Bild ist fertig, bis auf ein Stück. Das Kind versteckt es im Saum des Vorhangs. Das Puzzle ist fertig, sagt es zum Vater, als er am Abend nach Hause kommt. Nur im Himmel fehlt ein Stück. Der Vater holt Farbe und Pinsel, mischt Blau, bis es haargenau das Blau des Himmels ist, und malt die leere Stelle aus. Dann überzieht er das Bild mit einer Plastikfolie und hängt es über der Kühltruhe auf.

VI
Ein Kind ist zu Hause. Es steckt sich einen Kaugummi in den Mund, zerbeißt ihn, spürt, wie der Überzug splittert. Es kaut, bis der Kaugummi keinen Geschmack mehr hat, spuckt ihn aus und nimmt die nächste Kugel. Es zerkaut Kugel um Kugel, bis die Verpackung leer ist.

VII
Ein Kind ist bei seiner Freundin. Die Freundin zeigt, wie man eine Bluse bügelt. Das Bügeleisen fährt immer schön hin und her, sagt sie. Zuerst der Kragen, dann die Ärmel, am Schluss der Rest. Jetzt du, sagt sie und tritt zur Seite. Das Kind fährt mit dem Bügeleisen über den Stoff, der sich auf wundersame Weise glättet. Als habe es das Kommando übernommen, wird das Bügeleisen schneller, schießt über den Rand des Brettes hinaus und fällt auf den Boden. Die Freundin, das Gesicht rot, die Lippen zusammengepresst, stellt es wieder auf das Brett. Das Kind verlässt fluchtartig die Wohnung. Auf dem Weg nach Hause geht ihm nicht aus dem Kopf, dass die Freundin in einem gelben Haus wohnt.

VIII
Ein Kind ist zu Hause. Auf dem Boden des Schlafzimmers breitet es die Schweizerkarte aus. Es setzt den Finger auf Zürich, sucht nach Basel, erkundet die Orte dazwischen, an denen es kürzlich mit dem Zug vorbeigefahren ist. Bei Mumpf muss es schmunzeln. Bei Liestal denkt es an Lieschen. In Basel angekommen, ist die Schweiz schon fast zu Ende. Es dreht sich um und hat wieder das ganze Land vor Augen. Neben einem See entdeckt es den Namen eines Ortes, der es erröten lässt. Das Kind zieht die Jacke an und rennt zum Bahnhof. Auf Zehenspitzen stellt es sich vor den Schalter. Einmal Scham retour, sagt es zur Frau hinter der Glasscheibe. Meinst du Cham?, fragt sie. Scham, sagt das Kind. Gibt es nicht, sagt die Frau und ruft den nächsten Kunden an den Schalter.

IX
Ein Kind ist zu Hause. Es schaut aus dem Fenster. Dicke, schwere Schneeflocken fallen auf die Terrasse. Die viereckigen schwarzroten Bodenkacheln sind schon bald unter dem Schnee verschwunden. Das Kind geht auf die Terrasse und stellt sich in die Mitte. Es glaubt, den Schnee fallen zu hören. Es fasst sich in die Haare, eine feine Schicht liegt schon darauf. Das Kind fängt an, mit den Zähnen zu klappern, spürt die Füße nicht mehr, hat sich wohl einen Kuhnagel eingefangen. Am nächsten Morgen ist es krank. Du hast eine Lungenentzündung, sagt der Arzt und verordnet eine zweiwöchige Bettruhe. Das Kind wird von der Mutter gepflegt.

Ein Kind ist in der Schule

I

Ein Kind ist in der Schule. Der Lehrer zeigt auf ein Kind mit rotem Haar, dann auf eines mit schwarzem Haar. Ihr dürft wählen, sagt er. Die Klasse teilt sich in zwei Gruppen, am Ende sind noch zwei Kinder übrig. Das zweitletzte wird gewählt, das letzte wird der anderen Gruppe zugeteilt. Ich bin der Rest, denkt es und beschließt, fortan dem Rest anzugehören.

II

Ein Kind ist in der Schule. Drei mal sieben?, fragt der Lehrer. Außer einem Arm gehen alle Arme hoch. Der Lehrer zeigt auf das Kind mit dem unten gebliebenen Arm. Einundzwanzig, sagt es rasch, noch bevor das Blut in sein Gesicht geschossen ist. Während ein Schüler eine weitere Frage richtig beantwortet, kühlt das zwischen die Hände gebettete Gesicht des Kindes langsam ab. Es nimmt die Hände weg, vom gegenüberliegenden Fenster fällt ihm kaltes Tageslicht ins Gesicht. Der Lehrer ruft es nochmals auf. Die Röte strahlt vom Gesicht des Kindes ab, verdrängt das kalte Tageslicht.

III

Ein Kind ist auf dem Weg zur Schule. Es trägt seine eierschalenfarbige Wolljacke. Es schwitzt. Die Arme an den Körper gepresst, schwitzt es noch mehr. Der Schweiß quillt unter den Achseln hervor, durchdringt den Pullover, die Jacke, breitet sich über den Oberkörper aus, fließt die Beine hinab. Völlig durchnässt kommt es in der Schule an. Es breitet die Arme aus, um sich vom Wind trocknen zu lassen, wie der Kormoran, den es kürzlich am Ufer des Sees beobachtet hat.

IV

Ein Kind ist auf dem Weg zur Schule. Bei der Weggabelung trifft es auf ein anderes Kind. Du ..., sagt es. Was, sagt das andere Kind. Möchtest du auch manchmal sterben?, flüstert es ihm ins Ohr. Ja, flüstert dieses zurück. Sterben wir zusammen. Gute Idee, sagt das Kind. Sie suchen sich einen Ort, wo sie zusammen sterben können. Auf der Wiese geht es nicht, weil die davorstehende Hecke zu hoch ist, um darüberzuklettern. Auf dem Dach der Villa geht es auch nicht, da kommen sie nicht rauf. Auf der Straße zu sterben ist ungemütlich. Sie verschieben das Sterben auf später.

V

Ein Kind ist in der Schule. In einem Heft müssen die Schüler Rechenaufgaben lösen, sie haben eine halbe Stunde. Die Zeit ist um, sagt der Lehrer. Tauscht mit eurem Nachbarn das Heft aus, um es zu korrigieren. Das Kind folgt den Anweisungen des Lehrers nicht und korrigiert sein eigenes Heft. Es verbessert, was falsch ist, ergänzt, was es nicht wusste. Es hat die beste Note und bekommt vom Lehrer einen Elefanten ins Heft geklebt.

VI

Ein Kind ist in der Schule. Welche Bahnstation gibt es zwischen Frauenfeld und Wil außer Matzingen?, fragt der Lehrer. Arme gehen hoch. Aus Versehen streckt auch das Kind auf. Es presst den Arm sofort wieder an den Körper. Die Schweißwolke ist freigesetzt, der Nachbar stülpt die Hände über die Nase. Das Kind fängt die Schweißwolke ein und platziert sie wieder unter der Achsel und bekommt sogar mit, wie die Bahnstation zwischen Frauenfeld und Wil, außer Matzingen, heißt, nämlich Münchwilen.

VII

Ein Kind ist in der Schule. Es schaut aus dem Fenster und verliert sich im Nebel, der die Bäume fast unsichtbar macht. Es betrachtet die anderen Kinder und denkt, wie schön ihre Gesichter sind. Es heftet seinen Blick auf die sommersprossigen Hände der Lehrerin. Es wird aufgerufen und weiß von nichts. Die Lehrerin empfiehlt dem Kind Bio-Strath, ein Mittel zur Verbesserung der Konzentrationsfähigkeit. Das Kind nimmt die Tropfen, dreimal täglich einen Teelöffel. Die Lehrerin sieht keinen Fortschritt. Vielleicht liegt das Problem woanders, sagt sie.

VIII

Ein Kind ist in der Schule. Das neue Schuljahr hat angefangen, sagt der Lehrer. Sucht euch einen neuen Platz. Das Kind eilt zu den Tischen bei den Fenstern an der Längsseite des Hufeisens, doch es kommt zu spät. Es zieht seinen Holzschuh aus und schlägt ihn dem erstbesten Kind, das schneller gewesen ist, auf den Kopf. Das erstbeste Kind fällt vom Stuhl und bleibt am Boden liegen. Dafür hat das Kind jetzt einen Platz, wo es das kalte Tageslicht im Rücken hat.

IX

Ein Kind ist in der Schule. Der Lehrer rennt los, springt aufs Trampolin und von dort mit gespreizten Beinen über den Bock. Und jetzt ihr, sagt er. Die Kinder bilden eine Schlange, das Kind stellt sich zuhinterst hin. Vorne angelangt, wartet es. Los, sagt der Lehrer. Das Kind geht zum Trampolin, springt rauf und wieder runter. Es klettert auf den Bock und lässt sich auf der anderen Seite zu Boden fallen. Die Kinder lachen. Der Lehrer schaut weg, als es zur Schlange zurückkehrt. Die restliche Turnstunde verbringt es damit, sich zu ducken und zuhinterst in die Schlange zu stellen, kaum ist es ein Stück nach vorn gerückt. Der Lehrer merkt nichts.

Ein Kind liegt im Bett

I
Ein Kind liegt im Bett. Es hat Angst. Es wickelt sich in die Decke ein. Am Ende schaut nur noch die Nase hervor.

II
Ein Kind liegt im Bett. Schläfst du schon?, hört es die Stimme des anderen Kindes. Nein, sagt das Kind, sonst würdest du mich jetzt nicht hören. Ich auch nicht, tönt es aus der Dunkelheit hervor. Das Kind ist daran, einzuschlafen. Es reißt die Augen auf. Schläfst du schon?, fragt es. Es dauert einen Moment, bis ein langgezogenes Nein an sein Ohr dringt. Die Kinder halten sich bis in die frühen Morgenstunden wach.

III
Ein Kind liegt im Bett. Es faltet die Hände. Bitte hilf mir, dass ich morgen im Rechnen eine gute Note habe, flüstert es. Anschließend betet es ein Gegrüßt seist du Maria und ein Vaterunser. Es versucht sich genau vorzustellen, was es betet. Ein Mann mit weißem, wallendem Bart steigt vom Himmel herab. Es ziemt sich nicht, zuerst den Wunsch anzubringen, sagt er. Wünsche kommen immer zuletzt. Das Kind wiederholt die beiden Gebete und fügt dann den Wunsch an. Wieder erscheint der liebe Gott. Ich bin wichtiger als die Muttergottes, sagt er. Darum kommt das Vaterunser zuerst. Arschloch, sagt das Kind. Das Wort hat es von den älteren Schulkindern gelernt. Der liebe Gott hebt die Augenbrauen und löst sich in Luft auf.

IV
Ein Kind liegt im Bett. Es schläft ein. Während es sich unruhig hin und her wälzt, fällt ihm der Kaugummi aus dem Mund, gelangt auf seinen Körper und zieht Fäden. Mit jeder Bewegung wird das Kind etwas mehr eingesponnen. Am Morgen ist es über und über mit Kaugummi bedeckt. Wie oft habe ich dir schon gesagt, den Kaugummi aus dem Mund zu nehmen, bevor du ins Bett gehst, sagt die Mutter. Blöde Amerikaner! Erfinden nur Scheiße! Sie droht, das Kind mit Ammoniak zu säubern. Es hat eine bessere Idee. Es legt sich in die mit eiskaltem Wasser gefüllte Badewanne und schrubbt sich die Haut, bis sie ganz rot ist. Das Kind bewegt sich ständig, um nicht zu erfrieren.

V
Ein Kind liegt im Spalt zwischen dem Bett der Mutter und dem Bett des Vaters. Durch sein Gewicht werden die Betten auseinandergedrückt. Der Spalt ist so groß, dass es zwischen den Betten hindurch auf den Boden fällt. Das Kind kriecht unter den Eltern umher und sammelt Staubflocken ein. Es findet den silbernen Anhänger mit dem Marienkäfer, nach dem es so lange gesucht hat. Es dankt dem heiligen Antonius, dass er bei der Suche geholfen hat.

VI
Ein Kind liegt im Bett. Es schläft ein und hat einen Traum. Es macht den Lichtschalter an, doch es bleibt dunkel. Es möchte die Tür öffnen, doch das Kind schafft es nicht, gegen die Kraft, die sie geschlossen hält, anzukommen. Schweißgebadet wacht es auf, steigt aus dem Bett und schaltet das Licht an. Es öffnet die Tür. Es geht ins Bett zurück und schläft wieder ein.

VII
Ein Kind liegt im Bett. Etwas ist anders, denkt es und lässt den Blick durchs Zimmer schweifen. Irgendwie ist es heller. Es sieht, dass unter den Vorhängen das orange Licht der Straßenlampen ins Zimmer fällt. Es steht auf und geht zu den Vorhängen. Es zieht an den Säumen. Sie lassen sich nicht in die Länge ziehen. Sie werden nie mehr sein, wie sie waren, bevor sie zu heiß gewaschen wurden, denkt das Kind.

VIII
Ein Kind liegt im Bett. Es hört die immer näher kommende Sirene eines Krankenwagens. Blaues Licht fällt auf seinen Fuß, der unter der Bettdecke hervorschaut. Blitzschnell zieht das Kind den Fuß unter die Decke. Das Knie fühlt sich an, als sei es bei einem Sturz auf dem rauen Asphalt aufgeschürft worden.

IX
Ein Kind liegt im Bett. Es betrachtet die sonnenbeschienenen Vorhänge, die sich im Wind bewegen. Es versucht einzuschlafen. Es steht auf, geht zur Mutter. Ich kann nicht schlafen, sagt es. Geh zurück in dein Zimmer, sagt die Mutter, der Mittagsschlaf ... Ich bin nicht müde, sagt das Kind. Die Mutter widmet sich wieder dem Stoff, der vor ihr auf dem Tisch liegt. Sie steckt Nadeln hinein. Das Kind geht zurück ins Schlafzimmer und wickelt sich in den Vorhang ein. Ich bin ein Geist, sagt es.

ZU
F
ALL

Angela von Rahden

KAIROS
oder der Zopf des Glücks

Das antike Griechenland kannte eine Allegorie für den glücklichen Zufall: Die günstige Gelegenheit erschien auf Vasen, Wänden und in Marmor in der Gestalt des ‹Kairos›. Die Darstellungen zeigen einen jungen Mann in wehenden Gewändern, seine Füße sind geflügelt, manchmal trägt er ein Messer in der Hand. Bemerkenswert ist sein nicht etwa in den Nacken, sondern in die Stirn fallender Zopf auf einem sonst kahlen Schädel. Flügel und Gewand zeigen die Eile an, mit der sich die Gestalt stets bewegt, das Messer die Flüchtigkeit des Augenblicks, in dem sie erscheint. Der Zopf symbolisiert die sich bietende Gelegenheit: Ergreift und hält man ihn, ist das Glück gemacht. Zu packen ist der Eilende nur von vorn, ist er schon halb vorbei, gleitet die greifende Hand am kahlen Schädel ab und der Moment ist vergangen. Sentenzen wie die Aufforderung «das Glück am Schopfe zu packen» oder die Aussage, etwas stehe «auf Messers Schneide», beziehen sich wohl ursprünglich auf den hastigen Gesellen.

Heute ist der Kairos in Mode. Er passt scheinbar perfekt in eine Zeit, in der Werbebanner suggerieren, es würden jederzeit unwiederbringliche Karrierechancen versäumt, in der potenzielle Lebenspartner im Sekundentakt beiseitegewischt und in der Weltrekorde in Hundertstel-Sekunden gemessen werden. Seine Flüchtigkeit verschafft dem Kairos aktuell viel Beachtung. Um der rasch vergehenden Zeit die Stirn zu bieten, werden in seinem Namen garantiert unvergessliche Erlebnisse und Events angepriesen, problemlösende Computerprogramme und zahllose Coachings. Letztere möchten willige Schüler lehren, die günstigen Momente des Lebens zu nutzen, sie zu erkennen und zu meistern. Allerorten beschwören Sporttrainerinnen, Managerinnen und Politikerinnen das «Momentum», denn eine sich bietende Chance rasch zu ergreifen, ist das Gebot der Stunde, und groß die Angst, das Glück zu verpassen.

Bei alledem wird der Kairos häufig missverstanden. Denn keine Schulung kann lehren, ihn zu bändigen, weder harte Arbeit noch teure Versicherungen sind ihm gewachsen. Der Kairos erscheint ohne Ankündigung und ist im Handumdrehen vorüber, er symbolisiert ein zufälliges Ereignis, einen plötzlichen Einbruch in Alltag und Routine. Diese Ausnahme kann die Dinge zum Guten wenden oder eben nicht. Kalkulationen und Statistiken helfen nicht, den Hereinbruch des Außergewöhnlichen abzufangen. Gegen plötzliches Unglück mag eine Versicherung schützen, nicht aber gegen die verpasste Chance. Zufällige Begegnungen in einer Warteschlange oder am Strand, kurzfristige Angebote einer Reise oder eines Projekts – der Kairos eilt herbei und vorüber. Geistesgegenwart zählt in diesem Fall, möglicherweise nützen auch Instinkt und Geschick, das stetige Rackern der Selbstoptimierung aber schaut dem kahlen Schädel hinterher. Unermüdliches Streben belohnt eventuell das «Glück des Tüchtigen», aller löblichen Wirkungen zum Trotz hat es gegenüber dem unberechenbaren Ereignis meist das Nachsehen.

Und doch stellt der Kairos eine Möglichkeit dar. Anders als seine eher schicksalhaften Gefährtinnen lässt er es zu, ergriffen zu werden. Tyche oder ihre freundlichere latinisierte Schwester Fortuna tun dies nicht. Fortuna balanciert, das Füllhorn im Arm, auf einem Ball oder Rad in ständiger Bewegung. Sie ist nicht aufzuhalten und schüttet ihre Gaben daher wahllos aus. Der Lottogewinn trifft unverdient, Geschenke der Fortuna erreichen die Glückspilze zufällig und ohne deren Zutun. Demgegenüber ist der Kairos bei aller Flüchtigkeit und Unberechenbarkeit ein zugewandter Geselle. «Nosce tempus» formulierte Erasmus, erkenne den Zeitpunkt, denn die günstige Gelegenheit will genutzt werden. Dafür verlangt der Kairos vor allem Neugier und Offenheit, ihn hält nur auf, wer Überraschendes und Außergewöhnliches auch zu würdigen weiß.

«Wem das Pech an den Füßen klebt, der kann das Glück nicht beim Schopfe packen.» © Wolfert von Rahden

Elfie Miklautz

Der Zufall in der Kunst

ES TRAF SICH …

Andrea Mantegna/Mantegna-Schule: «Occasio und Poenitentia», Fresko auf Leinwand, ca. 1495, Museo della città di palazzo San Sebastiano, Mantua (Ausschnitt und Wiedergabe in Schwarz-Weiß). Foto: Sailko / CC-BY-3.0 / via Wikimedia Commons

Kein Zufall, dass diese Personifikation des Zufalls mir auf die Sprünge half, als keine zündende Idee das gesammelte Recherchematerial beleben wollte. Fortuna, eine Göttin, vielgestaltig, in diesem hier gezeigten Fall «Occasio» genannt. Ihr Name ebenso wie ihre Attribute und die Haltung, die sie einnimmt, verdeutlichen, wie sie verstanden wurde oder werden sollte. Traut man ihr zu, uns zu beflügeln, ist erfreut, ihr zu begegnen? Oder muss sie gebändigt werden, angstvoll abgewehrt? Der Text ist nicht der Ort, an dem ihre wechselvolle Geschichte und ihr Bedeutungswandel von Athens Tyche zu Roms Fortuna, ihrer mittelalterlichen Unterordnung unter den einen einzigen Gott und ihr Wiederauferstehen im Italien der Renaissance nachgezeichnet werden kann. In der Gestalt, in der Mantegna (oder dessen Schule) sie uns vor Augen führt, ist sie jedenfalls Zeugin des Lebensgefühls der Renaissance, die sich über die Rückwendung zur Antike neuer Energien versicherte. Den Zufall galt es da beim Schopf zu packen, eh er so unvermutet wie erschienen vorüberzieht – am kahlen Hinterkopf gibt es nichts festzuhalten. Leichtfüßig beflügelt betritt Fortuna die Szene auf einer rollenden Kugel, keck geschürzt das wehend den Körper umspielende feinstoffliche Gewand, die Augen geschlossen. Der blinde Zufall, eine Pathosformel leidenschaftlicher Erregung, faszinierend und beängstigend zugleich.

Die Darstellung der Figur erinnert an die von Aby Warburg analysierte Dienerin in einem Fresko Ghirlandaios[1], die wie ein Wirbelwind in eine von statuarischen Gestalten bevölkerte Wöchnerinnenstube tritt. Ein Dynamogramm, in dem sich – so Warburg in akribischer ikonologischer Nachverfolgung ihrer antiken Vorbilder – polare Gegensätze vereinigen, lässt ihre Bildgestalt sich doch aus Darstellungen von Mänaden herleiten, den ungestümen Begleiterinnen des Dionysos, eine «Kopfjägerin», gezähmt zur Fruchtkorbträgerin und Heilsbringerin. Auch die Armhaltung von Mantegnas Occasio lässt an die Geste des Kopfabschlagens denken. Ungebändigt tritt diese Fortuna uns entgegen. Unberechenbar und launenhaft sei sie, den Menschen manchmal wohlgesonnen, dann wieder bösen Sinnes, so dachte man sie sich. Sie soll dem Text als Emblem vorangestellt sein, als Wegweiser für das Verfolgen der Frage nach dem Zufall in der Kunst. Denn dass sich künstlerische Arbeit aus dem Zufall nährt, ist ein gängiger Topos. Auch die Wissenschaft räumt mittlerweile dem Zufall Raum beim Entstehen des Neuen, bislang Ungedachten ein. In der Wissenschaftsforschung wird der Zufall als Serendipity-Prinzip verhandelt. Horace Walpole hatte im 18. Jahrhundert dieses Kunstwort geprägt, das auf das aus dem 14. Jahrhundert stammende persische Märchen *Die drei Prinzen von Serendip* (heute Sri Lanka) zurückführbar ist. In den wissenschaftstheoretischen Diskurs wurde der Begriff vom Soziologen Robert K. Merton[2] eingeführt; er bezeichnet eine überraschende Entdeckung von etwas nicht Gesuchtem, die während des Forschungsprozesses unerwartet auftaucht. Der Terminus ist ein wenig sperrig und lässt kaum magische Assoziationen aufkommen. Poetischer im Vergleich dazu die Beschreibung, die Georges Didi-Huberman von dem Phänomen des Zufallsfunds gibt: «Der Forscher ist definitionsgemäß jemand, der etwas *sucht*, das er nicht in der Hand hat, das sich ihm entzieht, nach dem er strebt. Aber was? [...] Dessen der Forscher freilich nie habhaft werden, das er nie beherrschen wird. Denn sonst wäre das, worauf es eigentlich ankommt, am Ende: die suchende Bewegung des Forschens. Daher verfolgt der Forscher unablässig seine fixe Idee – die keiner Formulierung bedarf –, lässt er sich von seiner grundsätzlichen Leidenschaft hinreißen in einem endlosen Lauf, den er vielleicht zu Recht eine Methode nennt. Manchmal hält er verblüfft in seinem Lauf ein: Etwas *anderes* ist plötzlich vor seinen Augen erschienen, mit dem er nicht rechnete [...] ein *zufälliges Ding*, [...] etwas Unerwartetes, beiläufig Gefundenes.»[3]

Ungebändigt tritt diese Fortuna uns entgegen. Unberechenbar und launenhaft sei sie, den Menschen manchmal wohlgesonnen, dann wieder bösen Sinnes.

Diese andere Art der Erkenntnis, zustande gekommen durch glückliche Fügung, durch die man «auf etwas trifft», verweist etymologisch zurück auf den Namen der griechischen Variante der Zufallsgöttin, auf Tyche. In ihrem Namen steckt «tynchánein», treffen, zuteilwerden, sich zufällig ereignen.[4] Die Anerkennung des Zufalls als erkenntnisgenerierende Ressource mag in den Wissenschaften nicht immer Begeisterung ausgelöst haben, destruiert diese doch die Programmatik eines planvoll-methodischen Vorgehens in der Erkenntnissuche. In der Kunst wird der Zufall als Geburtshelfer im Vergleich dazu freudig willkommen geheißen. Schon Leonardo da Vinci berichtet von Bildideen, die er dem Blick auf fleckiges altes Gemäuer verdankt, in dem plötzlich Gestalten wahrnehmbar werden. Victor Hugos Tuschearbeiten zeigen die emergente Kraft am Papier sich ausbreitender Kleckse, die rudimentäre Formen erscheinen lassen und das Erlebnis bieten, «*das Unerwartete zu erwarten*, eine Form auftauchen zu sehen, die, eben weil sie instabil ist, zwangsläufig überrascht, beunruhigt, uns *anblickt*. Wie eine dunkle Prophezeiung, die auf ihre Deutung wartet, in einem Chaos, das kurz davor verharrt, figürliche Gestalt anzunehmen»[5].

Durch Zufall hervorgerufene Anregungen aufzugreifen stellt allerdings nicht die Autorschaft in Frage, ebenso wenig wie das Bild des Künstlers als individuellem Schöpfer. Radikalisiert wurde die Bedeutung, die dem Zufall beigemessen wird, erst in den künstlerischen Avantgardebewegungen des 20. Jahrhunderts. Sie verweigerten die Rolle des Künstlers als genialem Erfinder bewusst und verschmähten gelassen, als große Demiurgen aufzutreten. Dada und Surrealismus machten Ernst mit dem Zufall. Er wurde herausgefordert, kalkuliert zum Einsatz gebracht. Dada, entstanden in Zürich im zweiten Jahrzehnt des 20. Jahrhunderts, ist durch eine radikale Protesthaltung gegenüber bürgerlichen Lebensformen gekennzeichnet, die sich auch in einer ablehnenden Haltung gegenüber dem Herstellen künstlerischer Werke manifestierte. Anti-Kunst, die Ausschaltung individuellen Gestaltungswillens, provokante spontane Aktionen kennzeichnen die Bewegung. Inszenierter Zufall ist ihr Programm. Tristan Tzara etwa produzierte Gedichte, indem er Worte aus Zeitungsartikeln ausschnitt, sie mischte und dann über einer Fläche verstreute. Die zufällige Anordnung der Worte ergab das Gedicht. Ähnlich ging Hans Arp mit Zeichnungen vor – er zerriss sie, ließ die Stücke zu Boden fallen und fixierte die entstandene Struktur. Zum Titel der Bilder fügte er den Zusatz «nach den Gesetzen des Zufalls geordnet» hinzu. Hans Richter verstand Zufall als magisches Verfahren, um Kausalität und künstlerischen Gestaltungswillen auszuschalten.[6]

Zufall als Devise kennzeichnet auch das Werk von Marcel Duchamp. Seine Readymades sind Fundstücke, die er zu Kunstwerken erklärte. Mit dieser ironischen Geste verdeutlicht er, wie die Kunstwelt funktioniert – was in einer Galerie ausgestellt wird – was immer es auch sein mag –, ist, qua Rahmung, Kunst. Der Akt der Setzung des Künstlers und dessen Signatur versehen den Gegenstand mit der Aura der Bedeutsamkeit. Zu Duchamps *objets trouvés* gehören beispielsweise das Fahrrad-Rad (1913), der Flaschentrockner (1914) oder die Fontäne (1917), ein Urinal aus Porzellan. In ihnen manifestiert sich seine Ablehnung des herkömmlichen Verständnisses von Kunst; er lehnte den Schaffensprozess ab, schärfte stattdessen die Sinne für das Betrachten beliebiger Alltagsgegenstände als ästhetische Objekte. «Geschmack» war ihm ebenso zuwider wie der Aufweis einer persönlichen künstlerischen Handschrift. Er setzte auf Indifferenz, Absichtslosigkeit und Zufall. Alles schien ihm gleich-gültig. Trotzdem beharrte er darauf, dass «sein» Zufall sich vom Zufall anderer unterscheide. Mit «3 Stoppages étalon» (1913/14) nimmt er auch wissenschaftliche Bemühungen um Normierungen aufs Korn. Er lässt drei horizontal gehaltene Fäden von einem Meter Länge aus der Höhe von exakt einem Meter auf eine Unterlage fallen und fixiert deren Lage, schneidet die dabei entstehenden Formen aus Holzplatten nach und veranschaulicht damit ironisch Varianten des Pariser Urmeters und die Kontingenz von dessen Setzung. «Hasard en conserve» – der konservierte Zufall.[7]

Auch der Surrealismus setzte auf Zufall. Zentral war ihm das Anliegen, der Rationalität zu entkommen. Unwillkürliches, nicht der Vernunftkontrolle unterliegendes Handeln bildete den Kern künstlerischer Verfahren. Der Bezug zum Zufall war jedoch nicht durch ein Bemühen um Indifferenz motiviert. Zufall war durch eine gleichsam magische Dimension aufgeladen – man nahm an, dass eine nicht-zufällige Beziehung zwischen Subjekt und Zufall existiert, ein untergründiger, nicht aufschließbarer geheimnisvoller Zusammenhang. Wichtiger Bezugspunkt ist den Surrealisten die *pittura metafisica* von Giorgio de Chirico und dessen rätselhafte Raumdarstellungen. Um die Dimension des Wunderbaren wahrnehmbar zu machen, wendete man Strategien an, die Zugang zum Unbewussten ermöglichten. Traumbilder und freies Assoziieren führten zu überraschenden sprachlichen und visuellen Ergebnissen, die der Kontrolle des Verstandes entzogen waren. *Écriture automatique* und *dessin automatique* waren die Verfahren, die Werke entstehen ließen, die auf psychischem Automatismus basierten. Bretons erstes surrealistisches Manifest von 1924 verdeutlicht, worum es ging: «Ich glaube an die künftige Auflösung dieser scheinbar so gegensätzlichen Zustände von Traum und Wirklichkeit in einer Art absoluter Realität, wenn man so sagen kann: *Surrealität*. Nach ihrer Eroberung strebe ich, sicher, sie nicht zu erreichen, zu unbekümmert jedoch um meinen Tod, um nicht zumindest die Freuden eines solchen Besitzes abzuwägen.»[8] Geheimnisvolles, Unerklärliches, Unverfügbares wurde mit dem Zufall in Verbindung gebracht. Folgt man Mallarmé, der das Absolute als Gegenteil des Zufalls bezeichnete und meinte, dass man nur im Transzendenten den Zufall hinter sich lassen könne[9], wird evident, dass der Umgang mit dem Zufall im Surrealismus höchst widersprüchlich ist. Es ist letztlich paradox, durch die Provokation des Zufalls Kontingenz überwinden zu wollen.

Im Unterschied zu Dada besteht bei den Surrealisten durchaus der Wille, die Prozesse in Werken zu objektivieren, also Kunst zu machen. Die zentrale Technik der Surrealisten ist die Collage, in der heterogenes Material aufeinandertrifft, zufällige Zusammenstellungen von nicht Zusammengehörigem einen Schock auslösen, überraschen, Poesie erzeugen. Als «Material» dienen meist vorgefertigte, gefundene Realitätspartikel, Druckerzeugnisse wie alte Stiche, aber auch Gegenständliches, das auf unerwartete Weise kombiniert und montiert wird. Das Verfahren entspricht dem Zufall insofern, als es sich dabei um Koinzidenzen handelt. Koinzidenz meint das Zusammentreffen mehrerer nicht kausal miteinander verbundener Ereignisse, ist also von Kontingenz zu unterscheiden, mit der Ereignisse gemeint sind, die weder notwendig noch unmöglich sind. Diese auf Aristoteles zurückgehende Unterscheidung[10] von Zufall und Kontingenz ist nützlich, um die alltagssprachlich ebenso wie im Kunstkontext einheitlich als Zufall bezeichneten Phänomene voneinander unterscheiden zu können, da sie im Kunstbereich mit unterschiedlichen Arbeitsmethoden einhergehen. Koinzidenzen also sind es, die die Collagetechniken der Surrealisten auszeichnen. Das Prinzip des unzureichenden Grundes (Musil) ist ihr Schibboleth. Motiviert ist die Arbeit am Verbinden des Heterogenen nicht nur vom Ziel, sich aus den Zwängen der Tradition zu befreien, sondern auch vom Wunsch, der subjektiven Zuschreibbarkeit zu entgehen, den Schöpferkult zu sistieren, indem die Autorschaft quasi delegiert wird an den Zufall.

Max Ernst beschrieb die Collagetechnik als «systematische Ausbeutung des zufälligen oder künstlich provozierten Zusammentreffens von zwei oder mehr wesensfremden Realitäten auf einer augenscheinlich dazu ungeeigneten Ebene – und der Funke Poesie, welcher bei der Annäherung dieser Realitäten überspringt»[11]. Zahlreiche seiner Bildideen speisen sich aus Experimenten mit dem Zusammenfügen von Unzusammenhängendem. Weitere Methoden, die ihn seinen «Jungfräulichkeitskomplex», wie er die Angst vor dem leeren Blatt nannte, zu überwinden halfen, waren neben der Collage die Frottage und die Grattage. Bei der Frottagetechnik wird das Zeichenblatt auf einen Untergrund gelegt – Blätter oder Holzstücke beispielsweise – und mit dem Zeichenstift durchgerieben – es entstehen unvorhersehbare, irritierende Strukturen, die Anregungen für figürliche Gebilde abgeben. Frottage, so Max Ernst, «ist nichts anderes als ein technisches Mittel, die halluzinatorischen Fähigkeiten des Geistes zu steigern, dass ‹Visionen› sich automatisch einstellen, ein Mittel, sich seiner Blindheit zu entledigen»[12]. Ähnlich funktioniert die Grattage-Technik, bei der Max Ernst zuerst Farbschichten auf den Untergrund aufbringt, diesen dann auf strukturierte Gegenstände legt und die Farben auf jenen Partien, die dadurch angehoben werden, abkratzt. Auch das Dripping-Verfahren, mit dem Jackson Pollock sich einen Namen machen sollte, nahm Max Ernst vorweg – eine mit einem Loch versehene, mit Farbe gefüllte Dose, an einem Faden aufgehängt, wurde über der Bildfläche hin und her bewegt. In den dadurch entstandenen Linien und Tropfen «sah» Max Ernst Gebilde auftauchen, die er im Malprozess weiter ausarbeitete. Für ihn waren diese experimentell eingesetzten Techniken «befreiende Verfahren», die zu unerwarteten Resultaten führten gerade aufgrund der dabei konstitutiven Unverfügbarkeit des plötzlich zum Vorschein Kommenden. Voraussetzung dafür ist Offenheit gegenüber Erscheinendem, das zwar in passiver Haltung entgegengenommen wird, aber nur bei höchster Anspannung und Aufmerksamkeit «zündet».

Man hat dieser Grundhaltung eine Nähe zum Zen-Buddhismus attestiert wegen der Indifferenz gegenüber dem in der Wahrnehmung Auftauchenden, das keinen Beurteilungen unterzogen, sondern als gleich gültig angesehen wird. Explizite Bezugnahmen auf den Zen-Buddhismus wurden beispielsweise mehrfach von Marcel Duchamp vorgenommen. Duchamp war es auch, der als Auslöser für den radikalen Einzug des Zufalls in der Musik diente. Während der Zufall in der bildenden Kunst in den 1920er-Jahren systematischen Stellenwert erhielt, erlangte er in der Musik erst drei Jahrzehnte später vergleichbare Bedeutung. Wie in der Malerei finden sich auch in der Musik vereinzelte frühe Beispiele, etwa Mozarts «Musikalisches Würfelspiel» von 1787. Seine «Anleitung so viel Walzer und Schleifer mit zwei Würfeln zu componiren so viel man will ohne musikalisch zu seyn noch etwas von der Composition

Es ist letztlich paradox, durch die Provokation des Zufalls Kontingenz überwinden zu wollen. „

zu verstehen» (KV Anh. 294d) besteht aus durchnummerierten 176 Takten Musik im Dreivierteltakt für Klavier und einer zweiteiligen Tabelle für je acht Takte Musik. Den potenziellen Wurfergebnissen zweier Würfel sind Taktzahlen aus der Klavierpartitur zugeordnet. Bei einem Wurfergebnis von 9 begänne der qua Zufall entstehende Walzer beispielsweise mit Takt 119 aus der Klavierpartitur; folgte als nächstes Wurfergebnis 5, wäre Takt 17 aus der Partitur anzuschließen und so weiter, bis man nach einer beliebigen Anzahl von Würfen das Stück als beendet ansähe. In den 1950er-Jahren etablierte sich für solcherart kompositorische Verfahren der Terminus Aleatorik (von lat. alea – Würfel). Als Zufallsgeneratoren gelangten zunehmend Computer zum Einsatz.

> Eine mit einem Loch versehene, mit Farbe gefüllte Dose, an einem Faden aufgehängt, wurde über der Bildfläche hin und her bewegt. ”

Aber auch Marcel Duchamp hatte bereits 1913 ein auf Zufall basierendes Musikstück geschrieben: «Erratum musical». Er war es auch, der *den* Zufallsadoranten der Musik wesentlich beeinflusste: John Cage, der von Duchamps künstlerischem Selbstverständnis stark beeindruckt war. Vor allem dessen Readymades inspirierten ihn zu entsprechenden musikalischen Manifestationen. Als ein Beispiel mag Cages Komposition «4'33"» dienen. Das Werk besteht aus drei Sätzen, die jeweils mit «Tacet» überschrieben sind – die Satznummern, Zeitangaben zu den einzelnen Sätzen und dieses Wort sind auch der einzige Inhalt der Partitur. Es wurde 1952 uraufgeführt als Teil eines Konzertabends mit zeitgenössischer Klaviermusik. Ein Pianist saß am Klavier, schloss zu Beginn jedes in der Dauer genau bestimmten Satzes den Klavierdeckel und öffnete ihn am Ende jedes Satzes wieder. Das Publikum war irritiert, ja empört. Radikal an diesem Werk ist nicht so sehr, dass Stille als musikalisches Material verstanden wird – Pausen hatte bereits Anton Webern als strukturelles Element der Komposition behandelt –, sondern dass alles, was innerhalb des Zeitraums von vier Minuten 33 Sekunden zu hören ist, zu Musik erklärt wird. Cage mochte «4'33"» besonders, weil er darin seine Ziele am besten realisiert sah: «Ich wollte mein Werk von meinen Neigungen und Abneigungen befreien, da ich der Ansicht bin, dass Musik nicht von den Gefühlen und Gedanken des Komponisten abhängen darf.»[13]

Wie Duchamp beliebige Gegenstände zu Kunstwerken erklärte, so definierte Cage einen Zeitraum, innerhalb dessen allem sich zufällig ereignenden Hörbaren dieselbe Aufmerksamkeit entgegengebracht werden sollte wie sonstigen üblicherweise von Instrumenten realisierten Werken. Jedes Geräusch, jeder Klang, jeder Ton ist gleichermaßen ernst zu nehmen, so die Botschaft. Diese Haltung ist auf Einflüsse des Zen-Buddhismus zurückführbar, der sowohl Duchamps wie Cages Denken maßgeblich bestimmte. Dinge geschehen lassen, sie nicht beurteilen, Entscheidungen nicht gemäß eigener Vorlieben und Abneigungen treffen, war beiden Künstlern wichtig. Persönlichem Geschmack sollte kein Raum gegeben werden. Um sich der Subjektivität zu entledigen, galt ihnen der Zufall als das rechte Mittel. Mit Vorgefundenem arbeiten, das man nicht selbst steuert, war das Ziel – finden statt erfinden das Programm. «Statt uns das Leben langweilig zu machen, können wir es auch überraschend anlegen, und es wird uns mehr überraschen, wenn wir es nicht mit unseren Intentionen vollstopfen»[14], so Cage. Überrascht werden sollten nicht nur die Zuhörer, auch Cage selbst wollte von seinen Arbeiten überrascht werden. Viele waren in ihrem aufgeführten Ergebnis im Hinblick auf zahlreiche Parameter so konzipiert, dass das Ergebnis unvorhersehbar war. In «Imaginary Landscape no. 4» (1951) beispielsweise werden 12 Radios als Orchesterinstrumente eingesetzt. In der Partitur sind einzustellende Sendefrequenzen und deren jeweilige Dauer, Überlagerungen, Pausen und Lautstärkeänderungen angegeben, ein Dirigent gibt die Einsätze, die von 24 Bedienern der Radiogeräte ausgeführt werden. Je nach Aufführungszeitpunkt ist Unterschiedliches zu hören, das heißt jede Aufführung ist einzigartig. Die angegebenen Parameter – Frequenz, Lautstärke et cetera – wurden per Zufallsverfahren ermittelt. Cage setzte dazu häufig das «I Ching», ein chinesisches Münzorakel ein. Auch Unebenheiten des verwendeten Papiers dienten ihm als zufällige Anhaltspunkte für das Setzen von Tönen oder grafischen Partiturmarkierungen. Bei «Atlas Eclipticalis» legte er transparentes Papier über Sternkarten und pauste deren Position durch. Viele seiner Werke sind für beliebige Besetzung geschrieben; in manchen werden auch den Interpreten Freiheitsspielräume eingeräumt, indem es ihnen überlassen wird, wie sie das Notierte umsetzen.

Cage setzt Zufall also in mehrfacher Hinsicht ein – einerseits in gesteuerter Form, indem er ihn in vorweg konzipierte Strukturen integriert, andererseits im Sinne des Nichtdeterminierten, Unbestimmten. Bei «Imaginary Landscape no. 4» kommen beide Formen zur Anwendung – der Einsatz des «I Ching» für die Festlegung von Parametern wie Frequenz, Dynamik oder Dauer entspricht der gesteuerten Form des Zufalls, die Aufführung, in der zufällig gerade in den Radiosendern zu Hörendes erklingt, entspricht dem Zufall im Sinne von Unbestimmtheit. In dieser Radikalität Unbestimmtheit zum kompositorischen Prinzip zu machen ist eine spezielle Vorliebe von Cage. Seine Zeitgenossen setzten den Zufall eher kontrolliert ein und entwickelten eine kompositorische Technik, die als Aleatorik bezeichnet wurde. Pierre Boulez hat diesen kontrollierenden Zugang in einem Vortrag mit dem Titel «Alea» als «gelenkten Zufall» bezeichnet, den er von seines Erachtens «schlechtem Zufall», bei dem auf Strukturkonzepte verzichtet wird, unterschied.[15] «Der Zufall der Aleatorik ist eben gerade kein Zufall im Sinne des alltagssprachlichen Verständnisses, sondern ein wohlkalkuliertes Konzept des Generativen.»[16] Sich darauf zu beschränken, wäre für Cage nicht ausreichend gewesen, er wollte das komponierende Subjekt ausschalten, Klänge sich selbst überlassen, sie zu sich kommen lassen, sie nicht determinieren. Was für Komponisten, die aleatorische Verfahren einsetzen, das abwertende Verdikt nach sich zöge, es handle sich bloß um Beliebiges, war für Cage gerade das Erstrebenswerte. Einem Strukturkonzept folgen empfand er als Unterwürfigkeit.[17]

«Ist nicht jener aufs äußerste abhängig, der sich abmüht, seine Idee zu erzwingen, und der stets zurückbleiben musste, wie ich bemerkt habe [...] Man riskiert, in Ideenschwund zu verfallen, wenn man fortfährt zu komponieren ohne zu entdecken.»[18]

Alles Hörbare, auch das Unerhörte, hielt Cage für gleichermaßen bedeutsam und als musikalisches Material brauchbar. Dafür braucht es die Bereitschaft, sich auf das einzulassen, was einem begegnet. Andernfalls wird man gewissermaßen mit partieller Taubheit geschlagen, hat – um eine andere Metapher zu bemühen – Scheuklappen, die zahlreiche Klänge aus dem Materialvorrat ausgrenzen: «Von Komponisten heißt es, sie hätten ein Ohr für Musik, was gewöhnlich bedeutet, dass nichts ihren Ohren Dargebotenes von ihnen gehört werden kann. Ihre Ohren sind ummauert von Klängen ihrer eigenen Vorstellung.»[19]

Zwischen den Polen von Freiheit und Determination hat Cage sich immer auf die Seite der Freiheit geschlagen, allerdings nicht im Sinne der Freiheit des Subjekts, eigenen Vorstellungen zu folgen, sondern im Sinne einer Freiheit des sich Ereignenden. Auf die Frage, mit welcher Absicht er Musik schreibe, lautete die Antwort: «Ich handle nicht in Absichten; ich befasse mich mit Klängen.»[20] Seine höchste Absicht sei es, überhaupt keine Absicht zu haben. Vorrang hat ihm das sich zufällig Ereignende, das, auf offene Ohren treffend, Erstaunen auslöst. Mit dem Bezug auf solcherart einmalige Ereignisse, die es zuzulassen und wahrzunehmen gilt, schließt sich der Kreis des Dargestellten – Dada, Surrealismus, freigelassene Musik setzen auf das, was zufällt, auf Tyche/Fortuna. Die Plötzlichkeit, mit der das Unerwartete auf entsprechend bereitwillige, wache Sinne trifft, kennzeichnet diese Art von Kunst – blitzartig stellt sich eine Begegnung ein und bemächtigt sich des künstlerischen Prozesses. Unbegründbar, irregulär, der Kontrolle entzogen. Der Künstler nämlich, so Derrida, «ist jemand, der nur da zum Künstler wird, wo seine Hand zittert, das heißt, wo er im Grunde nicht weiß, was ihm geschehen wird, wo das, was geschehen wird, ihm vom anderen diktiert wird.»[21]

12 Radios werden als Orchesterinstrumente eingesetzt. Ein Dirigent gibt die Einsätze, die von 24 Bedienern der Radiogeräte ausgeführt werden.

"

1 Domenico Ghirlandaio: «Geburt Johannes' des Täufers», Tornabuoni-Kapelle, Kirche Santa Maria Novella, Florenz (1485–1490).
2 Robert K. Merton, Elinor Barber: *The Travels and Adventures of Serendipity. A Study in Sociological Semantics and the Sociology of Science*. Princeton: Princeton University Press 2004.
3 Georges Didi-Huberman: «Erscheinungen, disparat». In: *Phasmes. Essays über Erscheinungen von Photographien, Spielzeug, mystischen Texten, Bildausschnitten, Insekten, Tintenflecken, Traumerzählungen, Alltäglichkeiten, Skulpturen, Filmbildern*. Aus dem Französischen von Christoph Hollender. Köln: DuMont 2001, S. 9.
4 Vgl. Ulrike Tanzer: *Fortuna, Idylle, Augenblick. Aspekte des Glücks in der Literatur.* Würzburg: Königshausen & Neumann 2011, S. 69.
5 Georges Didi-Huberman: «Geschenk des Papiers, Geschenk des Gesichts». In: *Phasmes*, a.a.O., S. 176.
6 Vgl. Bernhard Holeczek, Lida von Mengden (Hg.): *Zufall als Prinzip. Spielwelt, Methode und System in der Kunst des 20. Jahrhunderts*. Heidelberg: Edition Braus 1992, S. 17.
7 Vgl. Robert Lebel: *Marcel Duchamp. Von der Erscheinung zur Konzeption.* Aus dem Französischen von Ursula Dreysse und Fritz Usinger. Köln: DuMont Schauberg 1972, S. 54.
8 André Breton: *Die Manifeste des Surrealismus*. Aus dem Französischen von Ruth Henry. Reinbek bei Hamburg: Rowohlt 1977, S. 18.
9 Stéphane Mallarmé:«Igitur». In: *Sämtliche Dichtungen.* Übersetzung der Dichtungen von Carl Fischer, Übersetzung der Schriften von Rolf Stabel. München/Wien: Hanser 1992, S. 179ff.; vgl. dazu auch Hans Ulrich Reck: «Aleatorik in der bildenden Kunst». In: Peter Gendolla, Thomas Kamphusmann (Hg.): *Künste des Zufalls*. Frankfurt am Main: Suhrkamp 1999, S. 161.
10 Vgl. Peter Vogt: *Kontingenz und Zufall. Eine Ideen- und Begriffsgeschichte*. Berlin: Akademie Verlag 2011, S. 115.
11 Max Ernst: «Biographische Notizen (Wahrheitsgewebe und Lügengewebe)». In: Werner Spies (Hg.): *Max Ernst. Retrospektive 1979.* Katalog. München: Prestel 1979, S. 135.
12 Ebd., S. 149.
13 Richard Kostelanetz: «Gespräch mit John Cage». In: R. Kostelanetz (Hg.): *John Cage*. Aus dem Englischen von Iris Schnebel und Hans Rudolf Zeller. Köln: DuMont Schauberg 1973, S. 62f.
14 John Cage: «Rede an ein Orchester». In: Musik-Konzepte Sonderband John Cage, hrsg. von Heinz-Klaus Metzger und Rainer Riehn. München: edition text + kritik 1978, S. 60f.
15 Pierre Boulez: «Alea». In: Werkstatt-Texte. Aus dem Französischen von Josef Häusler. Frankfurt am Main/ Berlin: Ullstein 1972.
16 Ebd.
17 Vgl. John Cage: «45' für einen Sprecher». In: *Silence*. Aus dem Amerikanischen von Ernst Jandl. Frankfurt am Main: Suhrkamp 1987, S. 146.
18 Ebd., S. 120.
19 Ebd., S. 82.
20 Ebd., S. 157.
21 Jacques Derrida, zit. nach Benoît Peeters: *Jacques Derrida. Eine Biographie*. Aus dem Französischen von Horst Brühmann. Berlin: Suhrkamp 2013, S. 760.

Gerhard Strejcek

GLÜCKSSPIEL, ZUFALL UND RECHT

Eine Tour d'Horizon durch die Welt der Normen mit einem literarischen Abstecher

Man würde glauben, dass die Rechtsordnung nichts dem Zufall überlässt, aber dem ist nicht so. «Zufall» ist auch ein Rechtsbegriff, dessen sich die gesetzgebenden Organe bedienen. Er spielt eine Rolle bei Lebensversicherungen, im Schadenersatz- und im Wahlrecht, kennzeichnet aber vor allem das Glücksspielrecht. Die Gretchenfrage, ob ein Spiel unter das strenge Regulativ des Glücksspielgesetzes fällt, hängt davon ab, ob dessen Ergebnis ausschließlich oder überwiegend vom Zufall abhängt. Eine abschließende Liste derartiger Spiele existiert nicht. Dem Gesetz unterliegen neben den klassischen Casinospielen auch die sogenannten Ausspielungen wie das historische Zahlenlotto, das Lotto 6 aus 45 und die Euromillionen. Gemeinsam ist den Ausspielungen, dass sie eine große, breit gefächerte Anhängerschaft in ihren Bann ziehen, obwohl abgesehen von der Dienstleistung nur die Hoffnung verkauft wird. Die Ziehungen gehen medienwirksam über die Bühne, im TV-Studio warten zweimal wöchentlich Moderatorinnen, «Glücksfeen» genannt, und Maschinen, die zum Teil aus Plexiglas bestehen, auf ihren Einsatz. Das Glück ist ein Vogerl, heißt es, und somit entscheidet ein Luftstrahl, der etwas stärker bläst als ein Flügelschlag des Schicksals, über Gewinn und Verlust. Hingegen ziehen bei der spanischen Weihnachtslotterie, einem Großereignis, ausgewählte Kinder aus unterprivilegierten Familien je eine Kugel und sagen laut singend die soeben gezogene Zahl an. Ein Schelm, wer denkt, dass hier aus Marketinggründen die Weihnachtsmetaphorik strapaziert wird.

Lotto einst und jetzt

In der Kombinatorik lernen wir im Zuge des Mathematikunterrichts, dass es bei den genannten Ausspielungen zwischen elf und vierzehn Millionen Möglichkeiten gibt, die Kugeln ohne Zurücklegen aus einer großen Auswahlmenge zu ziehen. Da es aber nur vergleichsweise wenig günstige Möglichkeiten gibt zu gewinnen, erscheint Lottospielen vernünftig denkenden Menschen als irrational. Deshalb ließ auch Johann Nestroy im *Lumpazivagabundus* eine Lotto-Fee als das Schicksal steuernde Instanz auftreten und keine Mathematik-Königin oder Statistikerin. Rund um Wien etablierte sich an trüben Quellen ein Wahrsager-Unwesen, zeitweise musste der Wiener Magistrat den Zugang zum Agnesbründl am Hermannskogel sperren, wo angeblich die Lottozahlen für Wissende schon vor der Ziehung in einem natürlichen Wasserbecken ablesbar waren. Dennoch war das Lotto nicht nur Zeitvertreib der Unaufgeklärten. So finden sich handschriftlich notierte Lottozahlen auf Partituren und Notenblättern, die Mozart im Multitaskingverfahren zu Papier brachte, während er sich lebhaft mit Konstanze oder Lorenzo da Ponte unterhielt; auch Goethe, der in Leipzig und in Straßburg mit heißem Bemüh'n, aber ohne Magister- oder gar Doktortitel zu erreichen, Rechtswissenschaften studierte, schrieb seiner Mutter, welche Zahlen bei einer der lokalen Lotterien «herausgekommen» waren.

Im alten, kaiserlichen Österreich fanden Ziehungen in Prag, Linz und Wien statt, die Ergebnisse konnten auf Holztafeln vor den Kollekturen abgelesen werden, sie wurden in den Diarien und Zeitungen abgedruckt. Nicht zuletzt auf Grund der leistbaren Einsätze hält sich die soziale Gefährlichkeit der Ausspielungen in Grenzen, wogegen sie auch im Internet-Zeitalter für die Betreiber – vom Gesetz Konzessionäre genannt – profitabel sind. Das war nicht immer so: Einige Lotto-Pächter des 18. Jahrhunderts mussten bitteres Lehrgeld zahlen, schlitterten in die Insolvenz, übernahmen sich in ihren kühnen, auf der Kostenseite nicht hinreichend abgesicherten Plänen. Ein heutiger Lotterienkonzessionär benötigt ein einbezahltes Milliarden-Kapital, kein anderes Unternehmen muss so viel Geld (1200 Millionen Euro) aus klaren Quellen kraft Gesetz aufbringen.

Historisch ist von Interesse, dass das in Österreich seit der theresianischen Epoche kontinuierlich bis heute angebotene Zahlenlotto (5 aus 90) seine Wurzeln in einem politischen Bestellungsvorgang hat. Das Spiel heißt auch Lotto Genovese, weil es an die Kreation der fünf leitenden Ratsherren aus einer Gruppe von neunzig Kandidaten in Genua erinnert, die durch Ziehung von fünf Namen, nicht durch Wahl, erfolgte. Etymologisch stammt das Lotto vom niederländischen Wort «lot» für «Los» ab, das auch bei Auktionen eine Rolle spielt. Aus den Niederlanden stammte auch der Philosoph Johan Huizinga, der die freiheitsbeschränkende Internierung in einem Geisellager und den anschließenden Hausarrest während der NS-deutschen Besatzung dazu nutzte, um seine 1938 in Basel publizierten, grundlegenden Aussagen über den Spieltrieb des Menschen in seiner Monografie *Homo Ludens* neu aufzusetzen. Huizinga lehrte bis 1942 an der Universität Leiden, jener Stadt, in die Anne Franks Helferin Miep Gies als Kind zur Aufpäppelung gesandt wurde. Auch der aus Groningen stammende Autor schwor seine Mitbürger auf Empathie mit den verfolgten Juden ein. Erst nach dem Abzug der Besatzer konnte sein Werk über den Spieltrieb posthum erscheinen.

Demokratie und Zufallsauswahl scheinen nur auf den ersten Blick unvereinbar. Nach der Nationalrats-Wahlordnung kann bei Stimmengleichstand das Los entscheiden, woraus erkennbar wird, dass Vergleiche zwischen Glücksspielen und Wahlen nicht unziemlich sind. Puristen werden nun einwenden, dass Ermittlungsverfahren zumeist rationalen Regeln folgen, immerhin ringen seit den Tagen des Belgiers Victor d'Hondt zahlreiche Wahlmathematiker und Mathematikerinnen um das optimale, «gerechte» Ermittlungsverfahren, das in der Bundesrepublik, aber auch in Österreich schon mehrfach geändert wurde. Aber im Fall einer Pattstellung hilft das Los weiter, wie schon die Römer wussten, ehe sie die Würfel fallen ließen.

Merkantilismus, Pacht und Konzession

Wirtschaftshistorisch betrachtet sind die Lotterien und deren Verpachtung mittlerweile erwachsen gewordene Kinder einer absolutistischen, merkantilistischen Ära. Dass sie aus Italien in den Norden importiert wurden, ist kein Zufall, sondern hängt damit zusammen, dass Franz Stephan von Lothringen, nachmaliger «römischer» Kaiser Franz, in der Toskana mit dem Lotto und anderen Lustbarkeiten konfrontiert wurde und sie in Wien etablierte. Seine Gattin Maria Theresia, die man als Kaiserin apostrophieren kann, auch wenn sie formell die Titel Erzherzogin und Königin (von Ungarn) trug, war auch als Spielerin bekannt. Die bei ihr stattfindenden Runden von «Pharao» und anderen Hazardspielen trieben manche Teilnehmer an die Grenze des Ruins, wogegen sich die Herrscherin dabei königlich amüsierte. Gemeinsam mit Franz Stephan kam die lebensfrohe und beliebte Habsburgerin auf die Idee, das Lotto einem Italiener namens Ottavio Cataldi zu verpachten. Das Herrscherpaar selbst beteiligte sich mit «caratti» genannten Anteilsscheinen still am Erfolg des Pächters, der sich allerdings in Grenzen hielt.

Somit hat die heutige Konstruktion ein 270 Jahre altes Vorbild: Der «Staat» errichtet ein Monopol und profitiert von der Konzessionserteilung direkt durch Beteiligungen und indirekt durch hohe Abgaben. EU-weit kennen fast alle Mitgliedstaaten Restriktionen des Marktes, um die Abschöpfung zu ermöglichen, aber auch um ordnungspolitische Ziele zu verfolgen. Auf der Ebene der Spielbanken erfolgten die Verstaatlichungen erst später, zunächst durch eine Aktiengesellschaft in der Ersten Republik, die notorisch an Geldmangel litt, und dann seit den späten 1960er-Jahren durch ein Modell, das nach Abschaffung der Monopolverwaltung im Finanzministerium auf Konzessionsvergabe an juristische Personen mit Staatsbeteiligung unter strenger Limitierung der Zahl setzt. Derzeit wären fünfzehn Spielbankkonzessionen verfügbar, de facto und vermutlich auch bald wieder wird das 1989 neu gefasste Gesetz nur zwölf Spielbanken und nur eine Ausspielungskonzession sowie ein richterliches Auswahlorgan vorsehen. Pokerturniere dürfen in Österreich nur in Spielbanken stattfinden. Wer eine gute «Hand» hat, wie es im Spielerjargon heißt, wird sich zwar nicht bluffen lassen, aber zweifellos kann bei vielen Pokerarten, wenn es zu keinem Showdown kommt, der Zufall abgedrängt oder einem Täuschungsmanöver untergeordnet werden. Dennoch beherrscht Mephisto so manchen Pokerspieler, wie noch zu zeigen ist.

Spielbanken und Spielkarten

Für Casinospiele und Glücksspielautomaten mit hohen Einsätzen gilt der Vorbehalt, dass sie den Spielbankenkonzessionären vorbehalten bleiben. Sogenannte «Landesausspielungen» haben das euphemistisch so bezeichnete «kleine Glücksspiel» abgelöst. Während die Roulettemaschine als frühes Exemplar automatisierter Zufallsgeneratoren gilt, sorgen heute Algorithmen für zeitweilige Gewinne, die von den Automaten mit einer optisch-akustischen Mischung garniert werden. Einige Bundesländer, darunter Niederösterreich, nutzen die Ermächtigung zur Genehmigung von Automatensalons, die sich an der Wiener Stadtgrenze und in Ballungsräumen häufen. Die Stadt Wien hat in ihrer Inkarnation als selbstständiges Bundesland diese Erwerbstätigkeit wegen ihrer sozialen Gefahr und Niederschwelligkeit untersagt. Betreiber von Spielbanken sowie die Landeskonzessionäre müssen Alter und Identität ihrer Gäste kontrollieren und diese, wenn sie intensiv und häufig spielen, aktiv befragen und über Gefahren aufklären, eine Gratwanderung zwischen gesetzlicher Norm und ökonomischem Desiderat. Casinos leben von der Atmosphäre, wie sie Dostojewski im *Spieler* geschildert hat, den er mit einer gehörigen Prise Xenophobie und Humor gewürzt hat. Angeblich hatte der Autor in Baden-Baden bereits das Honorar für den *Spieler* verspielt und musste daher die Novelle rasch einer Sekretärin und nachmaligen Gattin diktieren, weshalb sie von manchen (zu Unrecht) nicht zu den Meisterwerken des zeitweise an Epilepsie leidenden russischen Dichters gezählt wird.

Um in die hektisch-mondäne Aura internationaler Spielbanken der Jahrhundertwende einzutauchen, taugt dieses unterhaltsame Prosawerk allemal. Und im Sanatorium Schatzalp am «Zauberberg» lässt Thomas Mann eine illustre Runde rund um Mynheer Peeperkorn und Clawdia Chauchat «Baccarat chemin de fer» spielen, wobei mit der «Eisenbahn» nicht die Rhätische Bahn gemeint ist, welche die Gäste nach Davos befördert, sondern die von einem Spieler zum anderen wandernde Bank – ein konzessionspflichtiges Casinospiel. Heute ist es wegen der harten Konkurrenz des Internet schwer, das «Lebendspiel» aufrechtzuerhalten, doch das Gesetz verpflichtet dazu.

Kartenspiele haben eine lange Tradition, die vermutlich auf indische Wurzeln zurückgeht. Die Vorläufer der papierenen Karten, einst aus Stein, Pergament oder anderen Materialien hergestellt, oftmals rund und daher Münzen ähnlich, zeigten göttliche Inkarnationen. Später wich Krishna anderen Symbolen, so etwa der «Kraft», der «Welt», dem «Bösen», oft gab es nur mehr Zeichen auf Karten, wie sie vor allem chinesische Kaufleute zur Unterhaltung nutzten. Im Vordergrund standen somit zunächst Orakel oder spirituelle Zwecke, die weltliche Nutzung folgte auf dem Fuß. Fahrende Händler brachten die Kartenspiele nach Europa, zunächst in die Hafenstädte, wo wiederum neue Spiele entstanden. Romanischer Erfindungsgeist verband sich mit der Handwerksarbeit des Kartenstechens, einer spezifischen Druckereikunst. So erklären sich die verschlungenen Wege, welche die Spielkarten zu uns nahmen, deren Herstellung in deutschen Manufakturen stattfand, wogegen viele Spiele italienische oder französische Wurzeln haben. Die Vermarktung stieß in den Territorien des Heiligen Römischen Reichs an Grenzen und Zollschranken, oft wurden auch Abgaben (Verbrauchsteuern) auf Spielkarten erhoben oder Monopole errichtet.

Zufallsereignisse und Suchtverhalten

Niemand kann den Zufall beherrschen oder steuern, daher sind Größenwahn und Spielsucht Schwestern. Obwohl das «Spielen» an sich etwas Positives ist und die Aufrechterhaltung eines seriösen Rahmens für die sogenannten Lebendspiele als Desiderat erscheint, ist auch die Schattenseite hier anzusprechen und exemplarisch auszuleuchten. Man sollte das Thema der Gefährlichkeit, die Glücksspiele, vor allem in Verbindung mit Automaten oder dem Internet bedeuten können, nicht achtlos beiseiteschieben; nicht zuletzt in Phasen des Lockdowns und der tumorartig ausufernden Einsamkeit können auch Menschen, die sonst nicht geneigt scheinen, den Zufall besiegen zu wollen, suchtartige Verhaltensweisen entwickeln. Das ständige Aufpoppen von (unerlaubter) Glücksspielwerbung ist ein zusätzlicher Anreiz, statt der am Computer zu verrichtenden Arbeit oder der sozial wichtigen oder beruflich erforderlichen Kommunikation am Smartphone oder Tablet plötzlich ein Online-Casino aufzusuchen und dort Stunden zu verbringen, die dann zu Lasten anderer wichtiger Agenda gehen und sich womöglich als kostspielig erweisen.

Welche Süchte eine anerkannte US-Pokergröße erfasst haben, zeigt die instruktive Biografie der amerikanischen Autoren Nolan Dalla und Peter Alson. Sie schildern das Schicksal des Buchmachersohns Stuart Ungar (1953–1998), der drei Mal die World Series of Poker (WSOP) und andere Turniere mit dem Zuwachs von Dollar-Millionen gewann, aber sein Leben nicht in den Griff bekam und das gesamte Geld bei Buchmachern wieder verspielte oder in Drogen investierte. Für die Angehörigen ist das eine Katastrophe, im Fall Ungars litten Frau und Tochter. All jenen, die zeitweise das Gefühl haben, den Zufall im Griff zu haben, spielen oder wetten zu müssen und die dann womöglich bei aller Professionalität in tiefe Löcher fallen, soll hier eine Ansprechstelle genannt werden, die wenig bekannt, aber effektiv ist: Das Krankenhaus der De-la-Tour-Stiftung in Treffen beim Ossiacher See in Kärnten. Patienten werden umfassend betreut und auf Wunsch smartphonefrei isoliert. Die Einrichtung trägt die Handschrift des in Graz emeritierten Professors Herwig Scholz, der Leobener Psychologin Bettina

Quantschnig und des in Südtirol geborenen Experten Helmut Zingerle. Sie alle sind der Ansicht, dass Spiel-, Wett- und Internetsucht Hand in Hand gehen und nur stationär geheilt werden können. Wer aufhören will, muss sich unter Aufsicht begeben, anders funktioniert das fast nie. Ratgeber oder Suchthilfevereine (wie Anonyme Spieler) können gleichfalls hilfreich sein.

Wer ständig nach Glücksspiel und Wetten giert, ist auch gefährdet, stofflich abhängig zu werden. Der Drogenmissbrauch erstreckt sich auf Speeddrogen, um durchzuhalten, und auf Sedativa zur Beruhigung – so entsteht ein regelrechter Teufelskreis. Die Spirale der Süchte drehte sich im Fall des berühmten hier skizzierten Pokerkönigs lange vor dem Internet, aber Ungar, der wegen Kartenzählens in vielen Spielbanken gesperrt war, konnte es nicht lassen, sein am Spieltisch verdientes Geld bei allen möglichen Buchmachern zu deponieren; und so telefonierte der manische Spieler sogar während Zahnarztsitzungen, schloss allerorten und auf die ausgefallensten Ereignisse Wetten ab, fuhr quer durch die Städte, in denen er wohnte (unter anderem Las Vegas, New York), um Geld bei Pferde- und Hunderennen zu setzen. Wenn Ungar Golf spielte, das evidenterweise kein Glücksspiel ist, dann mussten seine Gegner vorher Einsätze machen, wie bestimmte Teilereignisse des Spiels oder eine ganze 18-Loch-Partie ausgingen. Mit zwei Pokerkollegen spielte Ungar eine Golfrunde. Der Gewinner sollte 50 000 Dollar erhalten, doch im Lauf des Spiels lizitierten die Teilnehmer die Einsätze auf Poker-Art weiter in die Höhe. Kartenakrobat Ungar, der ein mäßiger Golfspieler und den Herausforderungen des Alltags nicht stets gewachsen war, hatte die ursprünglich vereinbarten Einsätze in einem braunen Papier-Einkaufssackerl mitgebracht. Er legte dieses Behältnis in ein unabgesperrtes Umkleidekästchen, wo er es erstaunlicherweise auch noch nach dem Spiel vorfand, um seine Ehrenschuld zu bezahlen. Im Lauf seines 45 Jahre dauernden Lebens aber verlor der Profispieler zunehmend die Kontrolle und starb in einem Hotelzimmer in Las Vegas am 22. November 1998. Mit seinen Freunden Doyle Brunson und Jack Straus zählte er zu den großen Champions der Pokerturniere in Binion's Horseshoe und anderen Austragungsorten.

Nicht der Zufall birgt die Gefahr

Wetten unterscheiden sich von Glücksspielen durch ihren realen Bezug, da sie (meist) tatsächliche Ereignisse betreffen, die zum Zeitpunkt des Glücksvertragsabschlusses noch in der Zukunft liegen und von Buchmachern mit Quoten belegt werden. Die Prognoseentscheidung der Wettteilnehmer stützt sich oft auf genauere Kenntnisse der Materie, was eine trügerische Sicherheit verleiht. Denn auch Wetten wohnt ein aleatorisches Element inne, der Zufall kann die Überhand gewinnen, vor allem wenn sich eine Gesamtwette auf Tipps für viele unterschiedliche Ligen oder Sportarten bezieht. In Österreich sind Sportwetten Landessache, es gibt recht viele Anbieter, aber auch Verbote gewisser Wettarten oder Modifikationen. Die besten Kenntnisse über alle 22 Spieler und den Platzboden nutzen wenig, wenn die wackeren Wikinger der Färöer gegen Österreich gewinnen.

Nicht die Zufallsabhängigkeit der Spiele, wie sie seit jeher im Glücksspielgesetz angesprochen wird, ist daher das entscheidende Merkmal, welches sie gefährlich macht, sondern die potenzielle Gefahr, die von *gewissen* Spielen und Wetten ausgeht. Auch die Veranlagung und die Ausgeglichenheit einer Person spielen eine Rolle, professionelle Spieler trennen ihre Haushalts- und Spielbudgets strikte. Poker ist brandgefährlich, weil es in Mode ist und Menschen verführen kann, sich auf ungleiche Gefechte einzulassen. Das lange Sitzen ist gesundheitsschädlich, hohe Tischgelder und einige fragwürdige Veranstalter ohne Konzession ziehen den Teilnehmern das Geld aus der Tasche. Das Internet vervielfacht die Gefährlichkeit, weil sich User zu jeder Tages- und Nachtzeit einloggen können und bei unseriösen Anbietern keine Kontrollen durchgeführt oder Limits eingezogen werden.

Daher spricht viel für einen ordnungspolitisch regulierten und kontrollierten Markt, in dem die Anbieter strenge Limits setzen und Identitätskontrollen durchführen müssen. Totalverbote bringen hingegen gar nichts, weil sie der organisierten Kriminalität Tür und Tor öffnen. Daher sollte Glücksspiel, das den angeborenen Spieltrieb des «homo ludens» befriedigt, erlaubt sein, aber eben nur in einem Rahmen und in einem Korsett von Schutzvorkehrungen gegen auffälliges und existenzgefährdendes Spielverhalten und, was auch wichtig ist: Es muss transparent und seriös abgewickelt werden und in einem sicheren Umfeld vor sich gehen.

Literatur:
Dalla, Nolan/Alson, Peter: *The Man Behind The Shades: The Rise and Fall of Stuey ‹The Kid› Ungar, Poker's Greatest Player*. London: Weidenfeld & Nicolson/Orion Books 2005 (ident mit Dalla/Alson: *One of a Kind. The Rise and Fall of Stuey ‹The Kid› Ungar, The World's Greatest Poker Player*. New York: Atria Books/Simon & Schuster 2005).
Huizinga, Johan: *Homo ludens. Vom Ursprung der Kultur im Spiel*. Aus dem Niederländischen von Hans Nachod. Reinbek: Rowohlt 2004.
Strejcek, Gerhard/Hoscher, Dietmar/Eder, Markus (Eds): *Games of Chance EU|Austria. Law, Compliance and Social Aspects*. Wien: Linde Verlag 2019.

Stefan Laube

DAS UNBEKANNTE LAND DER MAGIE

Zur Bändigung des Zufalls in Finanzmärkten

One prize, one goal
One golden glance of what should be
Queen, *A Kind of Magic*

«Es fällt! Das ist ja wie verhext!» Dieser verzweifelte Ausruf stammt von einem Derivatehändler bei der Arbeit.[1] Ungläubig muss er auf den Bildschirmen vor sich mit ansehen, wie der Kurs eines Wertpapiers, von dem er sich eine Wertsteigerung versprochen hatte, unaufhaltsam ins Minus rutscht. Wie konnte das geschehen? Steckt, wie der Ausruf es andeutet, tatsächlich Hexerei dahinter? Was veranlasst einen Finanzspekulanten zu einer derartigen Unterstellung? Es ist extreme Ungewissheit. Da die Entwicklung von Kursen in Finanzmärkten nicht vorhersehbar ist, sind finanzspekulative Entscheidungen im Grunde nichts als eine Wette auf die Zukunft. Praktiken der Finanzspekulation in einem volatilen, von permanenten Schwankungen geprägten Finanzmarkt stehen damit vor einer paradoxen Herausforderung: Grundlagen zu gewinnen für blitzartige Entscheidungen angesichts von Ereignissen, die sich nicht beherrschen, kontrollieren oder voraussehen lassen.

Magie und Wissenschaft als Formen des Umgangs mit Ungewissheit

Die Frage der Bändigung von Unvorhersehbarkeit, Unsicherheit und Zufall beschäftigt nicht nur Finanzspekulant:innen und Soziolog:innen, die auf Finanzmärkte gerichtete Wissens- und Deutungsstrategien verschiedener Finanzprofessionen erforschen.[2] Sie beschäftigte auch Bronisław Malinowski, einen der Mitbegründer der modernen Ethnologie. Zu Beginn des 20. Jahrhunderts identifizierte er in seinen ethnografischen Studien über die melanesische Gemeinschaft der Trobriander zwei kulturelle Formen des Umgangs mit dem Nicht-Kontrollierbaren.[3] Auf der einen Seite die Vernunft und das wissenschaftliche Denken und Tun, das auf empirisch gewonnenen und überprüfbaren Beobachtungen beruht. Auf der anderen Seite der Bereich der Magie, verstanden als Versuch der Beeinflussung von Vorgängen und Entitäten, die durch wissenschaftlich fundiertes Handeln nicht (oder noch nicht) beeinflusst werden können. Dabei war es Malinowski überaus wichtig zu belegen, dass sich sogenannte «primitive» Gesellschaften nicht aufgrund einer mutmaßlichen zivilisatorischen Rückständigkeit nur auf Magie verlassen, um ihre Umwelten zu beherrschen, wie es der damals in Industriegesellschaften allgemein vertretenen Vorstellung entsprach. Ganz im Gegenteil. Zwar sei Magie etwa im Landbau und im Fischfang der Trobriander unerlässlich, um Kräfte zu beeinflussen, die der Kontrolle der melanesischen Bauern und Fischer entzogen sind, wie etwa Stürme, heftiger Seegang oder der Wechsel von Sonne und Regen. Um derartige unkontrollierbare Einflüsse einer günstigen Entwicklung zu unterwerfen, verwenden die Trobriander Magie und Zauberei. Allerdings, so betonte Malinowski, würden die Eingeborenen niemals so naiv sein, sich nur auf Magie zu verlassen. Im Landbau, in der Fischerei und wo immer das sonst möglich sei, griffen sie natürlich auf wissenschaftliche Erkenntnisse zurück. Um Sämlinge zum Keimen zu bringen, setzten sie auf händische Bewässerung, ihr Gemüse schützten sie auf äußerst wirksame Weise durch Zäune vor Wildverbiss. Beim Bau ihrer Hochseekanus verließen sich die Trobriander selbstverständlich auf «empirische Kenntnisse des Materials, der Technik und bestimmter Gesetze der Stabilität und Hydrodynamik»[4]. Kurz gesagt: Selbst in einem «klassischen Lande der Magie»[5] kam niemand auf die Idee, auf rationale und wissenschaftliche Erkenntnisse zu verzichten.

Magie in der Wissensgesellschaft

In den sogenannten Wissensgesellschaften von heute prägen Technik und Wissenschaft so gut wie alle Bereiche des sozialen Lebens. In der Tat stehen uns so viele wissenschaftliche und technische Mittel der Berechnung und Beeinflussung unserer Umwelten zur Verfügung wie nie zuvor. Bereits Malinowskis Zeitgenosse Max Weber antizipierte diese Entwicklung und sprach von einer mit der Ausbreitung von Wissenschaft und Technik einhergehenden «Entzauberung der Welt»[6]. Bleibt in entzauberten Wissensgesellschaften noch Platz für Magie? Oder ist sie hier nur mehr in fiktiven Welten der Sorte Hogwarts relevant und darüber hinaus verzichtbar geworden?

Überraschende Hinweise dafür, dass wir auch in der Gegenwart nicht auf Magie verzichten, finden sich in einem Buch des Soziologen Howard S. Becker. Dieses setzt sich mit der Praxis des wissenschaftlichen Schreibens auseinander, insbesondere mit den unartikulierten und unsichtbaren Aspekten dieser Praxis. So erläutert eine von Beckers Studierenden in einer Reflexion der eigenen Schreibgewohnheiten «that she could only write on yellow, ruled, legal-size pads using a green felt-tip pen, that she had to clean the house first (...), that she could only write between such and such hours, and so on».[7] Wie Becker betont, sind derartige Prozeduren nicht einfach neurotische Ersatzhandlungen, eine Deutung, die aus Sicht der Psychologie naheläge. Vielmehr handelt es sich aus einer soziologischen Perspektive um magische Rituale im Sinne Malinowskis. In Ermangelung vernunftbasierter Mittel der Steuerung des Schreibprozesses versuchen die angehenden Schreibenden diesen mit anderen Mitteln günstig zu beeinflussen. Im Unterschied zu den Trobriandern liegt den beim Schreiben geplagten Studierenden aber die Idee fern, sie betrieben Magie. Da diese heute nicht als gesellschaftlich verankerte und legitime Maßnahme der Einflussnahme gilt, erscheinen die Rituale der Schreibenden oberflächlich betrachtet bloß als persönliche Marotten.

Andererseits darf man sich in Zeiten, in denen Politiker in höchsten Ämtern mutmaßlich auf Amulette vertrauen, die in Eigenurin getränkt sind oder eine von Schamanen geweihte Metallplatte in der Unterhose tragen, um vor potenziellen Gefahren gefeit zu sein, durchaus die Frage stellen, in welchem Verhältnis wissenschaftliches und magisches Denken in der heutigen Gesellschaft stehen. Dabei sind verschiedene Konstellationen denkbar. Insbesondere die gegenwärtige Pandemie führt uns eindringlich ein antagonistisches Verhältnis von Wissenschaft und Magie vor Augen. Wenn Menschen die Wirksamkeit von schulmedizinischen Behandlungsmethoden als «Fake» zurückweisen und sich stattdessen lieber mit einem Tierentwurmungsmittel, mit positivem Denken[8] oder pseudowissenschaftlichen Verfahren[9] vor einer schwer infektiösen Krankheit schützen, dann ist wissenschaftliches Denken offensichtlich nicht bei allen das präferierte Mittel der Einflussnahme. Bei einem Teil der Bewohner:innen der Wissensgesellschaft besteht augenscheinlich nur wenig Zurückhaltung, wissenschaftliches Denken nicht nur fallweise mit magischen Ritualen zu ergänzen, sondern dieses überhaupt zugunsten von Esoterik hintanzustellen.

Mitunter ist es gar nicht nötig, dass es sich in den Augen derjenigen, die sich in Magie üben, um Magie handelt. Manche Bewohner:innen der Wissensgesellschaft greifen gewohnheitsmäßig auf magische Rituale und Handlungen zurück, ohne dies als Zauberei zu begreifen. Dabei können durchaus unterschiedliche Gründe im Spiel sein. Betroffene greifen zur Magie, weil ihnen vernunftbasierte Strategien der Beeinflussung unbekannt sind (etwa angehenden Schreibenden), weil sie dem wissenschaftlichen Denken misstrauen (etwa in der aktuellen Pandemie) oder weil sie versuchen etwas hervorzubringen, was sich mit wissenschaftlich-technischer Beeinflussung nicht bewerkstelligen lässt – etwa die Vorhersage der Kursentwicklung eines Wertpapiers.

Finanzmärkte als Arena der Technologie und Wissenschaft

Auf den ersten Blick scheinen Finanzmärkte kein lohnendes Terrain für Magie zu sein, gelten sie doch als Paradefall der Digitalisierung, Technologisierung und Verwissenschaftlichung.[10] In der Tat verfügen Finanzmärkte der Gegenwart über ein nie da gewesenes Ausmaß an digitalen Medien der Darstellung und Analyse (zukünftiger) Marktentwicklung. Sofern Händler:innen nicht durch algorithmische Handelsprogramme ersetzt wurden, stehen sie schon lange nicht mehr gemeinsam auf einem Börsenparkett, sondern kleben kilometerweit voneinander entfernt an Bildschirmen. Tatsächlich ist jeder Trading Desk ein Face-to-Screen-Arbeitsplatz mit sechs oder mehr Bildschirmen. Den vielfarbigen Kurven, Zahlen und Textzeilen, die in den elektronischen Fenstern in *real time* fluktuieren, kann man sich kaum entziehen.

Finanzmärkte der Gegenwart sind aber nicht nur eine Arena für die Entwicklung und Verwendung neuester Digitaltechnologien, sondern auch der Anwendung wirtschaftswissenschaftlichen Wissens. Das bekannteste Beispiel dafür ist wohl eine Theorie, die in der neoklassischen Wirtschaftswissenschaft als die Hypothese effizienter Märkte bekannt ist. Sie besagt, dass die Preise von Wertpapieren immer alle momentan verfügbaren Informationen widerspiegeln.[11] Daher verschaffe auch die Vorhersage zukünftiger Preise der Anleger:in keine Informationsvorteile, da Wertpapierkurse einem *Random Walk* folgten, einer zufälligen Entwicklung. Für Spekulant:innen ist das insofern folgenreich, da daraus folgt, dass auch Finanzspekulation im Grunde eine Sache des Zufalls ist und nicht von individuellen Kenntnissen und Fertigkeiten der Vorausschau von Kursverläufen. Vielmehr legen die Theorien des *Random Walk* und effizienter Märkte nahe, dass Kauf- oder Verkaufsentscheidungen in Bezug auf Wertpapiere an fundamentalökonomische Entwicklungen gebunden werden sollten. Leitend ist dabei die Annahme, dass realwirtschaftliche Vorgänge die Grundlage des finanzökonomischen Geschehens darstellen. Will man als Spekulant:in ein Szenario über die zukünftige Entwicklung eines Wertpapiers entwerfen, empfiehlt sich gemäß dieser Perspektive eine Konzentration auf realwirtschaftliche Vorgänge, die den Wert des Wertpapiers beeinflussen könnten. In der Welt der Finanzmärkte spricht man in diesem Zusammenhang von der sogenannten Fundamentalanalyse, die deshalb als wissenschaftlich fundiert gilt, weil sie aus den erwähnten neoklassischen Positionen der Wirtschaftswissenschaft abgeleitet ist.

Lautmalerische Medienwechsel sind keine Magie

Um den sich permanent ändernden *real time*-Stream an Kurven und Zahlen auf ihren Bildschirmen zu verfolgen, verwenden Trader Prozeduren, die auf den ersten Blick nach magischen Beschwörungen aussehen. Dabei handelt es sich um einen Medienwechsel, der die zahlen- und kurvenförmige Echtzeitdarstellung von Kursbewegungen auf dem Bildschirm in lautliche Darstellungen übersetzt. Für den Ethnografen stellte sich dieser Medienwechsel beispielweise so dar: Beinahe zeitgleich brüllen Peter und sein Sitznachbar «Der Dax» und dehnen dabei beide den Vokal «a» so lange, bis die Aufwärtsbewegung der Indexkurve auf ihren Screens zum Stillstand kommt. Zwei Händler im Hintergrund äußern zeitgleich den Ruf «Hoi», dessen Vokale ebenfalls auffällig in die Länge gezogen sind. Die expressiven Interjektionen übersetzen die Bewegungen der *real-time*-Preiskurve in eine lautliche Darstellung der Marktbewegung: Die Dauer des «a» in «Dax» und des «o» in «Hoi» spiegeln genau die Dauer der Aufwärtsbewegung der Kurve. Dabei werden die Vokale umso lauter und schriller artikuliert, je mehr Punkte die Kurve innerhalb der Aufwärtsbewegung auf ihrer vertikalen Achse zurücklegt.

Die Übertragung der medial vermittelten Echtzeitkursveränderung in eine Art klangliche Semantik bildet eine bemerkenswerte Parallele zu kulturanthropologisch dokumentierten Phänomenen indigenen Sprachgebrauchs: Sprachklänge und -laute geben in erster Linie wahrgenommene Ereignisse hinsichtlich ihrer Prozesshaftigkeit wieder, etwas, woran Worte alleine scheitern.[12] Vor diesem Hintergrund stellen derartige Medienwechsel Beobachtungstechniken dar, die speziell auf den medial vermittelten, gestreamten Flusscharakter der Derivatekurse abgestimmt sind. Auch wenn die Lautmalerei für Außenstehende vielleicht wie eine schamanische Beschwörung des Marktes wirken mag, ist sie keine Magie, sondern eine Form körperlicher Wissensarbeit. Die visuell vermittelte Entwicklung des Marktes wird von den Händler:innen zum Sprechen oder, besser gesagt: zum Singen gebracht und auf diese Weise unmittelbar körperlich mitvollzogen. Für Derivatehändler:innen in der digitalen Wissensgesellschaft ist der Markt am Bildschirm kein statischer oder räumlicher Gegenstand im Sinne eines Börsenparketts, sondern ein nie stillstehender temporaler und dynamischer Prozess.

Magie der Märkte

Wenn Phänomene wie die lautmalerischen Medienwechsel zwar körperlich fordernde, aber durchaus vernünftige Strategien für die Verarbeitung und Erfassung einer unvorhersehbaren Umwelt sind, bleibt dann überhaupt noch Platz für magische Verfahren? Immerhin steht Finanzhändler:innen zur Hervorbringung von Vorausschau ja die bereits erwähnte Fundamentalanalyse zur Verfügung.

Im Derivatehandel findet diese allerdings keine Anwendung. Der Grund dafür ist, dass die Verwendung der Fundamentalanalyse von Professionist:innen zwar als sinnvoll erachtet wird, wenn man es mit wenig volatilen Märkten und längerfristigen Anlageformen zu tun hat. Langfristige Finanzanleger interessieren sich nicht für Preise im Sekunden- oder Minutentakt, sondern orientieren sich an übergreifenden Markttrends. Anders liegt der Fall bei Spekulant:innen, die auf Preisverschiebungen im Takt von Stunden oder gar Minuten wetten. Dann geht es darum, von momenthaften Preisfluktuationen zu profitieren: Legt der Goldpreis in den nächsten dreißig Minuten zu? Wird der DAX am Ende der nächsten Stunde im Minus sein? Wird der Rohölpreis, der seit heute morgen leicht gestiegen ist, auch im Lauf der nächsten zehn Minuten noch zulegen? Antworten auf derartige Fragen sind die Grundlage dafür, zu welchem Zeitpunkt Derivatehändler:innen Kauf- oder Verkaufsentscheidungen fällen. Und der Bedarf für die Hervorbringung solcher Antworten ist ein wunderbarer Nährboden für Wissensstrategien außerhalb oder zumindest am Rande der Wissenschaft. Willkommen im Finanzmarkt, dem unbekannten Land der Magie.

Der Markt als Kreatur

Eine Art magisches Denken tritt schon dann hervor, wenn Finanzhändler:innen auf ein Vokabular zurückgreifen, mit dem sie ihren Markt als eine Art Kreatur charakterisieren, eine Kreatur, die sich unabhängig von den einzelnen Marktteilnehmern und auf ganz bestimmte Arten und Weisen verhält. Die Rede ist dann von «verrückten» und «gefährlichen» Märkten oder solchen, die «vernünftig» sind oder überaus «nervös».

Auffällig an diesen Zuschreibungen ist zum einen, dass sie dem Markt ein ausgesprochen unruhiges Verhalten attestieren. Der Markt besitzt demnach ein volatiles Wesen, er «geht rauf» oder «geht runter», er «steigt» oder «fällt». Oft benennen ihn die Händler:innen allerdings nicht direkt, sondern bezeichnen ihn vielmehr mit dem neutralen Personalpronomen «es». Sind seine Bewegungen besonders intensiv, «fällt *es* wie Sau», «steigt *es* abartig» oder «schlägt *es* aus». Zum anderen besetzen diese Zuschreibungen den Markt mit Attributen, die ihm selbst Gestimmtheit zusprechen, beispielsweise wenn er als launenhaft geschildert wird: Er «steht nie still», «ist jeden Tag anders», vollführt plötzliche «Marktsprünge», entpuppt sich als «wild», «unberechenbar» oder sogar als «verhext». Die Nervosität dieses Marktes, seine Lebendigkeit und Verrücktheit unterscheiden ihn aus Sicht der Händler:innen klar von weniger volatilen Märkten, die sich «kaum bewegen», etwa Anleihenmärkte.

Natürlich erschöpft sich das Repertoire, mit dem das Marktgeschehen in einem Trading Room kommentiert wird, nicht in solchen personifizierenden und verlebendigenden Metaphern. Dennoch stellen sie ein zentrales Element des Versuches dar, ein Stück weit Kontrolle über diese unkontrollierbare Entität zu erlangen. Sie bringen zum Ausdruck, dass die Teilnahme an dieser Art von Markt ganz bestimmte Opfer verlangt. Dazu zählt das Vermögen, den eigenen Körper vor den Finanzbildschirmen stillzustellen, Nahrung prinzipiell vor den Monitoren einzunehmen und den Drang nach Ausscheidung so weit zu kontrollieren, dass der Arbeitsplatz nur dann verlassen wird, wenn das Marktgeschehen es erlaubt. «Es gibt Tage», so ein Händler, «da ist so viel Bewegung, da kannst du nicht mal auf die Toilette gehen, da musst du hier quasi in Windeln sitzen.»

Gespür für den Markt

Die enge Verbindung von Händler:innen und Marktgeschehen zeigt sich nicht nur auf der Ebene körperlicher Opfer, sondern auch auf der Ebene des körperlichen Erlebens. Derivatehändler:innen verschmelzen so unmittelbar mit den von ihnen gehaltenen Positionen im Markt, dass sie keine sprachliche Trennung zwischen sich und diesen Positionen vornehmen: «Das ist ein Dax Future Index. Den *bin* ich long. Das ist ein Produkt auf den Tec-Dax Index. Den *bin* ich short», erklärt eine Händlerin. Obwohl sie sich vor dem Monitor befindet, ist ihr wahrgenommener und erlebter Körper auch *im* Markt und ist dort seinen wechselhaften und erratischen Bewegungen ausgesetzt.

Daher ist es nicht verwunderlich, dass Veränderungen der im Markt gehaltenen Positionen auch Schmerzens- oder Freudenschreie der Händler:innen hervorrufen. Diese werden von ihnen lautstark und variantenreich im Trading Room zum Ausdruck gebracht und in der Regel mit vertrauensbildenden Unterstellungen kombiniert. Ausrufe wie «Jetzt wird es gleich steigen wie Sau!», zögern etwa die naheliegende Option, eine gewinnbringende Position rasch zu schließen, hinaus.

Die Basis für derartige Unterstellungen zukünftiger Marktbewegungen ist das, was die Trader «Gespür für den Markt» nennen. Sie meinen damit eine Form der Intuition, die ihnen die richtigen Augenblicke für Transaktionen offenbart. Dabei handelt es sich insofern um eine magische Praktik, weil sie ihre Legitimation nicht aus dem Bereich der Wirtschaftswissenschaften bezieht, sondern aus Erfolgsgeschichten erfahrener Kolleg:innen sowie von Investorenstars aus der Welt der Finanzmärkte. Ein prominentes Beispiel ist George Soros, dessen Sohn berichtet: «The reason he changes his position on the market or whatever is because his back starts killing him. It has nothing to do with reason. He literally goes into a spasm, and it's his early warning sign.»[13]

Im Derivatehandel sind viele der Teilnehmenden überzeugt, dass einige unter ihnen in besonderem Ausmaß über dieses «Gespür« verfügen, Neulinge es in der Regel nicht besitzen und es möglicherweise überhaupt nie erwerben. Es handelt sich also nicht um eine formalisierte Methode, sondern um eine Art Begabung, die nicht jedem zugänglich ist und deren Erfolg auch nicht «irgendwie mit Zahlen» belegt werden könne – ein Merkmal, das sie mit der Ausführung von Magie teilt. Der Verweis auf das richtige Gespür liefert im Trading Room jedenfalls eine vollkommen legitime Begründung für schwierige Entscheidungen unter großem Zeitdruck in einem extrem ungewissen Szenario. Das ist auch deshalb bemerkenswert, da Emotionen in der Verhaltensökonomie, die sich als Alternative zur oben erwähnten neoklassischen Wirtschaftstheorie versteht, überwiegend als potenzielle Störkraft verstanden werden: Gewinnen sie die Oberhand, führen sie zu irrationalen Entscheidungen.[14]

Finanzökonomische Astrologie

Ein weiteres Beispiel für eine Methode der Vorausschau, die sich in Finanzmärkten vor allem unter Laien, aber auch unter einem Teil professioneller Anleger:innen großer Beliebtheit erfreut, ist die sogenannte Chartanalyse. Im Gegensatz zur wirtschaftswissenschaftlich legitimierten Fundamentalanalyse, die die Bestimmung des zukünftigen Kurses eines Wertpapiers an die Beobachtung realwirtschaftlicher Prozesse knüpft, steht hinter der Chartanalyse die Vorstellung, zukünftige Preise eines Wertpapiers könnten durch das intensive Studium seiner vergangenen Kursverläufe prognostiziert werden. Dazu nutzen Anhänger:innen dieser Methode hoch entwickelte Programme zur Darstellung und Analyse historischer Kursverläufe. Das Ziel: Die Aufdeckung sich wiederholender Korrelationen, Muster und Trends.

Die Chartanalyse ist keine Erfindung der Wissensgesellschaft. Bereits gegen Ende des 19. Jahrhunderts erfreute sie sich großer Beliebtheit bei Finanzinverstoren, bevor sie Mitte des 20. Jahrhunderts an Autorität verlor und seit Ende der 1980er-Jahre ein anhaltendes Revival erlebt. Finanzsoziolog:innen machen dafür vor allem das Entstehen einer neuen Klasse an Online-Investoren verantwortlich, der die neuesten digitalen Technologien der Darstellung und Analyse von Preiskurven («Charts») zur Verfügung stehen.[15] Abzulesen ist die Popularität der Methode auch an der Vielzahl einschlägiger Ratgeber- und Trainingsliteratur zur Verwendung entsprechender Programme.

Wie bei der finanzwirtschaftlichen Anwendung und Kultivierung von Bauchgefühlen steht der Mainstream der Wirtschaftswissenschaften der Chartanalyse äußerst skeptisch gegenüber. Während die Wissenschaft davon ausgeht, dass Finanzkurse sich nach einem Zufallsmuster im Sinne eines *Random Walk* entwickeln, glauben Anhänger:innen der Chartanalyse, dass Marktbewegungen ein verdecktes Ordnungsprinzip innewohne, das sich mit geeigneten Methoden aufdecken lasse. Obschon beide den Ausdruck ‹Analyse› für sich beanspruchen, ist die Chartanalyse aus Sicht der Wirtschaftswissenschaften bestenfalls eine magische Wahlverwandte der Fundamentalanalyse. Sie gleicht damit der Astrologie, die für Astronom:innen auch keine wissenschaftliche Methode ist, obwohl sich beide mit der Deutung der Bewegungen von Sternen beschäftigen.

Wissenschaft oder Magie?

Die von extremer Ungewissheit geprägten Finanzmärkte scheinen vor allem eines zu sein: ein Bereich, in dem wissenschaftliche und magische Formen der Marktbeobachtung nebeneinander florieren. Dabei ist nicht alles Wissenschaft, was auf den ersten Blick nach Wissenschaft aussieht (etwa die Chartanalyse). Gleichzeitig ist auch nicht alles Magie, was für Außenstehende auf den ersten Blick so wirkt (z. B. lautmalerische Medienwechsel von Tradern bei der Arbeit).

Malinowskis Einsicht allerdings, dass zur Beeinflussung von Ungewissheiten in magischen Gesellschaften niemand ernsthaft auf wissenschaftliche Erkenntnisse verzichten würde, scheint sich mit Blick auf Finanzmärkte umkehren zu lassen: Obwohl diese Märkte in hohem Maße auf fortschrittlichen Datenverarbeitungsmethoden und Analyseinstrumenten aufbauen, verzichten ihre Teilnehmenden nicht zwangsläufig auf magische Praktiken. Der Zufall lässt sich wohl besser aushalten, wenn man ihm etwas entgegensetzen kann, sei es ein warnendes oder bestärkendes Bauchgefühl oder eine Methode, die auf der Überzeugung beruht, dass nichts zufällig geschieht und man nur genau hinsehen muss, um die dahinterstehenden Muster aufzudecken.

An dieser Stelle darf man sich durchaus an Verschwörungserzählungen im Kontext der aktuellen Pandemie erinnert fühlen. Diese gehen bekanntlich davon aus, einer von Zufall und Unsicherheit geprägten Welt mit der Aufdeckung von verborgenen Mustern und Einflüssen begegnen zu müssen oder erachten Bauchgefühle prinzipiell als wichtigste Orientierungsgrundlage des eigenen Handelns. Doch während es in Finanzmärkten um die Verteilung von monetären Gewinnen oder Verlusten geht, steht in einer globalen Pandemie sehr viel mehr auf dem Spiel.

1 Dieses und die folgenden Zitate von Tradern stammen aus Beobachtungen und Interviews, die der Autor im Rahmen einer ethnografischen Studie durchgeführt hat. Vgl. Stefan Laube: *Nervöse Märkte. Materielle und leibliche Praktiken im virtuellen Finanzhandel*. Berlin: De Gruyter Oldenbourg 2016.

2 Etwa Herbert Kalthoff: «Die Finanzsoziologie: Social Studies of Finance», in *Wirtschaftssoziologie. Kölner Zeitschrift für Soziologie und Sozialpsychologie, Sonderheft 49 (2009)*, hg. von Jens Beckert und Christoph Deutschmann. Wiesbaden: VS Verlag, S 266–287.

3 Bronisław Malinowski: *Magie, Wissenschaft und Religion und andere Schriften*. Frankfurt am Main: Fischer 1983 [Erstausgabe 1948].

4 Ebda, S. 15

5 Ebda, S. 18.

6 Max Weber: *Wissenschaft als Beruf*. Stuttgart: Reclam 1995 [Erstausgabe 1919], S. 19.

7 Howard S. Becker: *Writing for Social Scientists: How to Start and Finish Your Thesis, Book, or Article*. Chicago: University of Chicago Press 2007, S. 2.

8 Barbara Ehrenreich: *Smile or Die. Wie die Ideologie des positiven Denkens die Welt verdummt*. München: Kunstmann 2010.

9 So stieß der Autor im Oktober 2021 in einem österreichischen Freizeitpark auf eine Hinweistafel mit folgender Empfehlung zur Bekämpfung des Covid-19-Virus: «Alle 15 Minuten ein paar Schluck trinken. Dadurch kann laut Asiaten der Virus in den Magen gespült werden, wo er durch die Magensäure getötet wird.»

10 Alex Preda: «Machineries of Finance: Technologies and Sciences of Markets», in: *The Handbook of Science and Technology Studies*. Hg. von Ulrike Felt u. a. Cambridge/Mass.: MIT Press 2017, S. 609–634.

11 Eugene Fama: «Efficient Capital Market: A Review of Theory and Empirical Work», *Journal of Finance* 25, Nr. 2 (1970), S. 383–417.

12 Alfred Gell: «The Language of the Forest: Landscape and Phonological Iconism in Umeda». In: *The Art of Anthropology: Essays and Diagrams*. Hg. von Eric Hirsch. Oxford: Berg 1999 [=London School of Economics Monographs on Social Anthropology 67], S. 232–58; Janis B. Nuckolls: «Language and Nature in Sound Alignment». In: *Hearing Cultures: Essays on Sound, Listening and Modernity*. Hg. von Veit Erlmann. Oxford: Berg 2004, S. 65–86.

13 Richard L. Peterson: *Inside the Investor's Brain: The Power of Mind Over Money*. Hoboken: Wiley 2007, S. 70.

14 Vgl. Stefan Laube: «Der Markt im Körper. Emotionales Beobachten und Bewerten im digitalisierten Finanzhandel», *Zeitschrift für Soziologie* 48, 4 (2019), S. 263–278.

15 Etwa Margery Mayall: «‹Seeing the Market›: Technical Analysis in Trading Styles», *Journal for the Theory of Social Behaviour* 36, 2 (2006), S. 119–140.

Andreas Grosz

Die Künstlerin Beatrice Maritz und ihre Zufallsgeneratoren

EINFALL ODER ZUFALL

Das Fenster hier geht nach Norden. Am Himmel steht der Polarstern und markiert in 430 Lichtjahren Entfernung einigermaßen genau die Drehachse der Erde, dieser blauen Kugel. Zufall, dass es sie gibt? Zufall, dass es den Polarstern gibt und Milliarden von Galaxien, in denen sich aller Wahrscheinlichkeit nach Milliarden von erdähnlichen Kugeln verstecken?

Am anderen Ende dieser Wohnung befindet sich das Atelier von Beatrice Maritz. Sie ist eine mit dem Zufall vertraute Künstlerin. Seit Langem baut sie auf ihn als schöpferisches Prinzip, arbeitet mit ihm im Bestreben, andere Kräfte als ihren eigenen Willen entscheiden zu lassen, den eigenen Kunstverstand auszutricksen, Gelerntes und Antrainiertes zu vergessen.

Seit 36 Jahren fotografiert sie ab und zu ihr Gesicht morgens gleich nach dem Erwachen. Am Vorabend hat sie den Fotoapparat griffbereit neben das Bett gelegt, von Anfang an denselben, ein altes Modell, mehr als ein Kilogramm schwer. Entfernung: 50 Zentimeter; Belichtungszeit: eine 60stel-Sekunde; Blende: automatisch. Und nun, auf dem Rücken, eben erwacht, hebt sie den Apparat über ihren Kopf, die Arme gestreckt, das Objektiv auf ihr Gesicht gerichtet, den Zeigefinger auf dem Auslöser. Mal ist das Licht gut, mal eher schlecht. Mal trifft sie ihr Gesicht, mal ist es nur angeschnitten. Am Anfang, 1986, als sie, eine junge Studentin der Kunstakademie Düsseldorf, sich mit Selbstbildnissen beschäftigte, fragte sie sich: «Wie sehe ich aus, wenn ich mich nicht frage, wie ich aussehe?» Die Fotos sollten ihr eine Antwort darauf geben.

Sie fand Gefallen an dem Spiel, und mit der Zeit ist es zu einer Art Gewohnheit geworden. Wenn sie wieder einmal daran denkt, legt sie abends die Kamera neben das Bett und nimmt sich vor, am anderen Morgen nach ihr zu greifen. So ist über die Jahre fast absichtslos eine Serie entstanden.

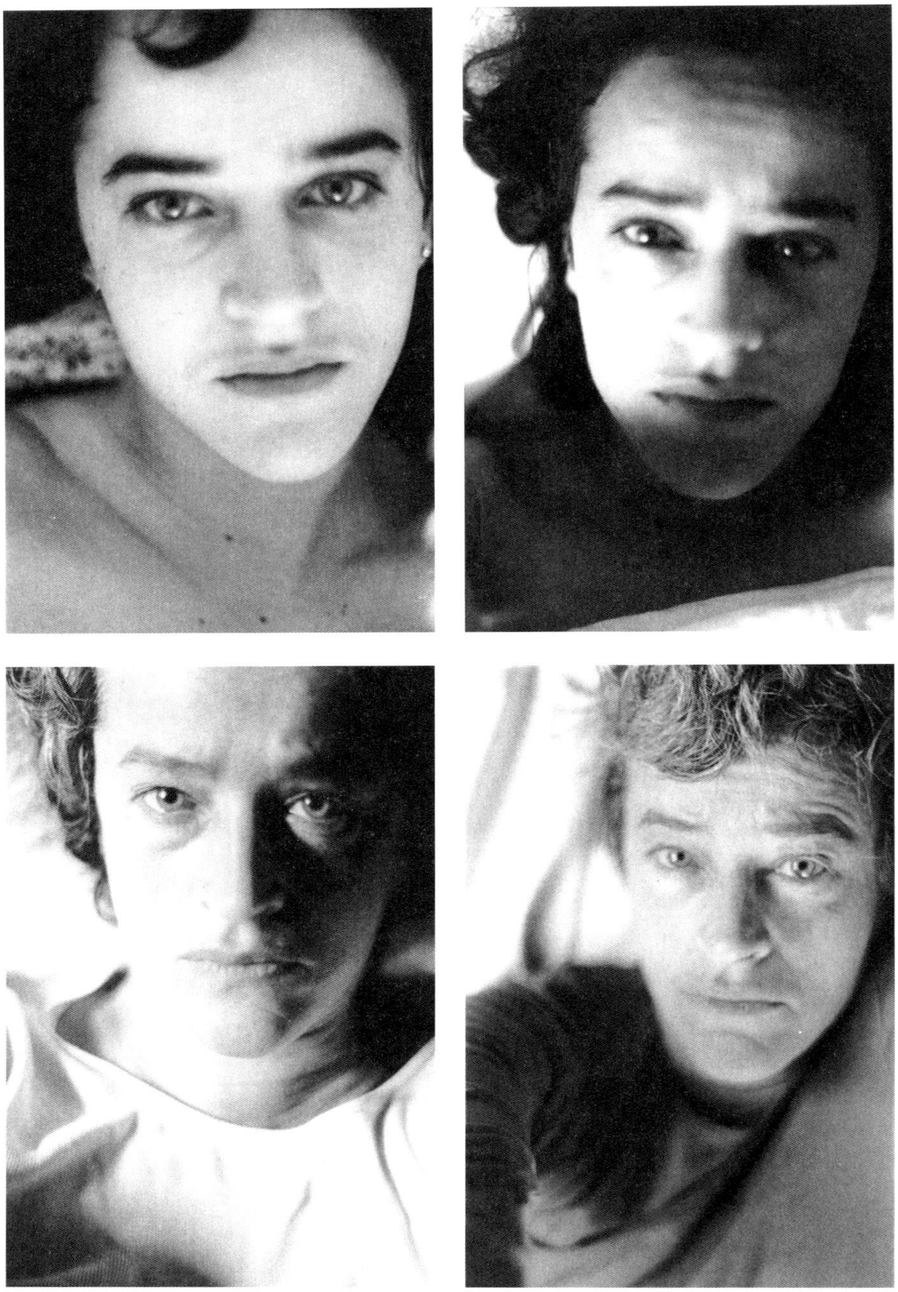

Schwarz-Weiß-Fotografien,
Silbergelatine-Abzüge, seit 1986.

Diese Bilder zeigen das Vergehen der Zeit mit und auf dem Gesicht der Künstlerin selbst und jeweils in einem Moment, in dem das Bewusstsein noch kaum Macht über sie hat. Es ist ein ungewaschenes, ungeschminktes, entspanntes Gesicht, es sind Augen, die, wie es in Isaac Bashevis Singers *Der Golem* heißt, zu fragen scheinen: «‹Wer bin ich? Weshalb bin ich hier? Was ist das Geheimnis meines Daseins?›»

Ein Buchverlag interessiert sich für diese Arbeit. Beatrice Maritz hat deshalb einen Teil der vorhandenen Negative im Fotolabor vergrößert und die rund 350 Abzüge chronologisch geordnet. Das ist zu viel für ein Buch. Daher gilt es auszuwählen. Ein Tanzsaal in der Nachbarschaft bietet Raum dafür. In langen, engen Reihen liegen die einzelnen Porträts auf dem Fußboden, alle gleich groß. Ihr unbrauchbar scheinende Fotos hat sie bereits aussortiert, hoffnungslos unterbelichtete oder solche, auf denen ihr Gesicht nur zu einem kleinen Teil sichtbar ist; sie fotografiert ja immer verkehrt herum; ihre Augen kontrollieren den Blick des Apparats nicht, sie offerieren sich ihm.

Zuerst versucht sie, ihre Auswahl nach mehr oder weniger bewussten Regeln oder Geboten zu treffen: Redundanz vermeiden, das große Ganze im Auge behalten, alle Lebensphasen gleichmäßig berücksichtigen, Schärfe gegenüber Unschärfe favorisieren und, vor allem, etwas wie Einheitlichkeit schaffen, eine Struktur, in der jeder Teil in einem stimmigen Verhältnis zum Ganzen stehen soll, und was der ästhetischen Lehr- und Grundsätze mehr sind. So schreitet oder kriecht sie Reihe um Reihe ab, entscheidet halbherzig, zweifelt, macht rückgängig, fängt wieder von vorn an und erkennt schließlich, dass sie so niemals zu einer befriedigenden Auswahl kommen werde. Deshalb greift sie auf ein bei ihr altbewährtes Hilfsmittel zurück – das Pendel. Es könnte auch ein Würfel sein, eine Münze oder ein sonstiger Zufallsgenerator.

Vor nunmehr dreißig Jahren hat sie mit Würfeln angefangen, mit Zeichnungen, die sie mithilfe des Würfels machte. Es waren erste Experimente mit dem Zufall, dem Unvorhersehbaren, dem Wahrscheinlichen und hatten den Zweck, sie zu unbekannten, unerwarteten Bildinhalten zu führen. Mit der Ernsthaftigkeit eines Kindes oder einer Närrin und mit großer Fantasie ersann sie immer neue Spielregeln für ihre gewürfelten Zeichnungen, die sie auf kariertem Papier ausführte, und so entstanden binnen kurzer Zeit gegen dreihundert Blätter. Bei deren Betrachtung entsteht der Eindruck, jedes sei Vorstufe zu einem noch etwas differenzierteren Spiel mit dem Zufall oder sei ein weiterer Schritt bei der steten Verfeinerung einer schöpferischen Technik, die sie auf zufällige, aber doch kontrollierte, buchstäblich aleatorische Weise vom Punkt zu Fläche und Figur leitete.

Eine der ersten dieser Zeichnungen beruht noch auf einer sehr einfachen Spielanleitung: Den sechs Augen des Würfels werden sechs Farben zugeordnet, Gelb für die Eins, Orange für die Zwei, Rot für die Drei, Violett für die Vier, Blau für die Fünf und Grün für die Sechs. Nun wird auf einem Quadrat, das aus 484 quadratischen Kästchen besteht, von oben links bis nach unten rechts durch jede der 22 horizontalen Reihen gewürfelt, und die Kästchen, auf die das Los fällt, werden mit der entsprechenden Farbe ausgemalt. 27 Mal würfelt sie die Eins, 21 Mal die Zwei, 27 Mal die Drei, 21 Mal die Vier, 20 Mal die Fünf und 25 Mal die Sechs. Die ausgemalten Kästchen verteilen sich mehr oder weniger gleichmäßig über die ganze Fläche, aber es sind doch Ballungen und größere Leerstellen sichtbar.

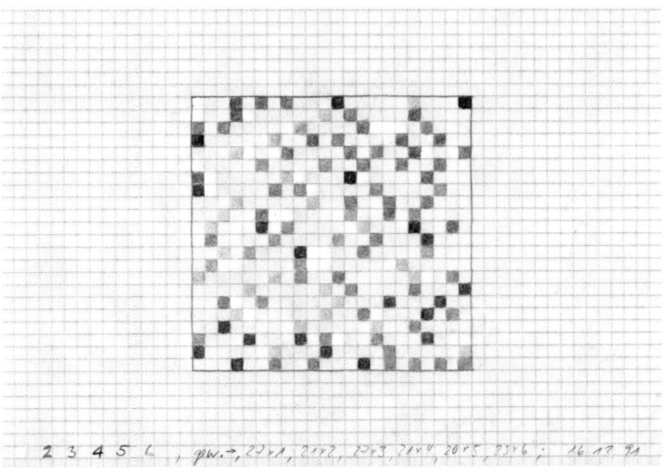

o. T., A5, Bleistift und Farbstift auf Papier, 1992.

Etwas anspruchsvoller ist die Anleitung zu einer späteren Skizze. Hier würfelt sie mäandrierend von links nach rechts, was bedeutet, dass auf einen horizontalen Schritt jeweils ein vertikaler Schritt folgt. Das Kästchen, das der Anzahl der gewürfelten Augen entspricht, bezeichnet sie mit einem fetten blauen Punkt. Nachdem sie mit Würfeln rechts unten angekommen ist, verbindet sie Punkte, die horizontal, vertikal oder diagonal unmittelbar benachbart sind, mit einem fetten blauen Strich und Punkte, die in horizontaler, vertikaler oder diagonaler Sicht zwei Kästchen voneinander entfernt liegen, mit einem dünnen Bleistiftstrich. Ein einziger Punkt bleibt isoliert; ihn vergrößert sie mit Gelb. Schließlich malt sie durch blaue Striche umschlossene Flächen blau aus und erhält so einzelne Figuren, seien es Dreiecke oder Parallelogramme.

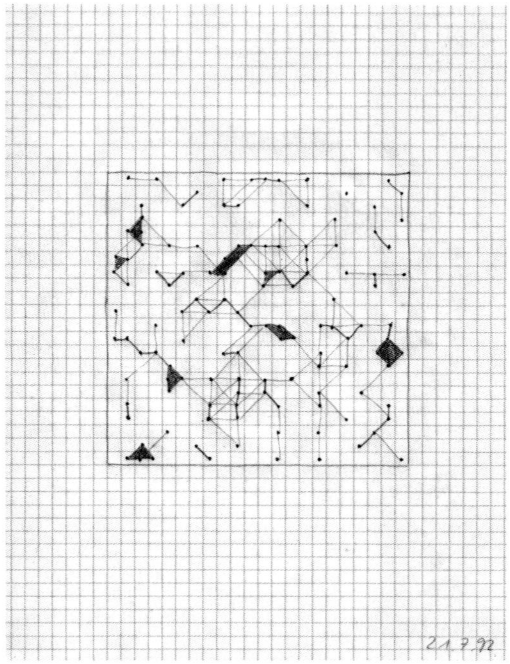

o. T., A5, Bleistift und Farbstift auf Papier, 1992.

Bald kam das neue Verfahren auch auf großflächigen Bildern zum Zug. 1992 schuf sie das erste einer ganzen Serie von Gemälden, die alle 150 × 150 Zentimeter maßen und bei denen der Zufall als Gestaltungsprinzip eine Rolle spielte. Sie unterlegte der Bildfläche einen Raster und bestimmte würfelnd einzelne Punkte, an denen die einzelnen Bildelemente platziert werden sollten. Das letzte Bild dieser langen Serie entstand gemäß der folgenden Beschreibung: «Einen Keilrahmen, 150 × 150 cm, mit Nessel bespannen, weiß grundieren. Die Falten eines nach dem Schlafen zerwühlten Bettlakens und Kissenbezugs zunächst auf Seidenpapier, danach auf die Leinwand übertragen. Dasselbe geschieht mit den Flecken auf der Matratze. Durch ein Zufallsprinzip sechs Stellen bezeichnen, auf die ein aufrecht stehendes Oval zu liegen kommt. Von diesen Ovalen bewegen sich wellenartig fünf Linien weg, zufallsmäßig festgelegt bei fünf Ovalen auf die rechte Seite, bei einem auf die linke. Die Ovale grau bemalen, die Formen der Falten und Flecken und die Wellenlinien zunächst hellgrün, danach mit einer türkisfarbenen Ölschicht, die Flächen dazwischen zuerst grau, dann mit mehreren hellen, dünnen Schichten (gemischt Ölfarbe, Wachs und Harz) überdecken, so dass die Zwischenflächen sehr hell orangefarben aussehen.»

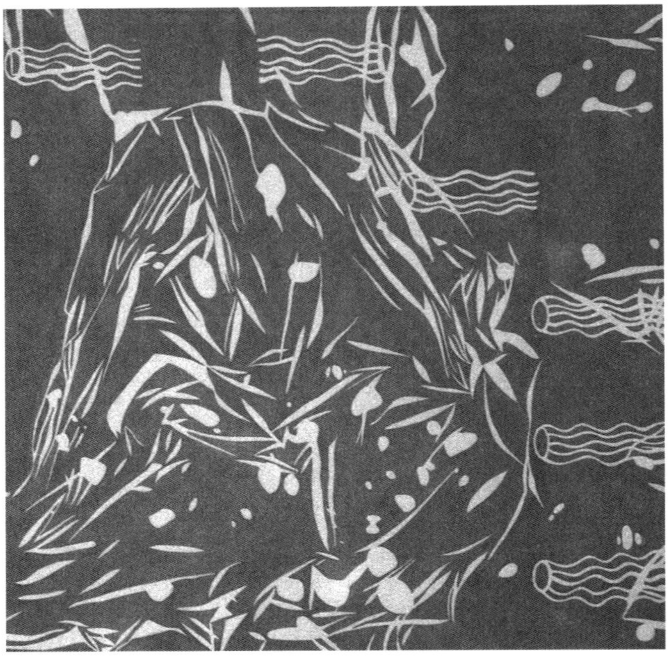

o. T., 150 × 150 cm, Öl, Harz, Wachs auf Baumwolle, 1995/96.

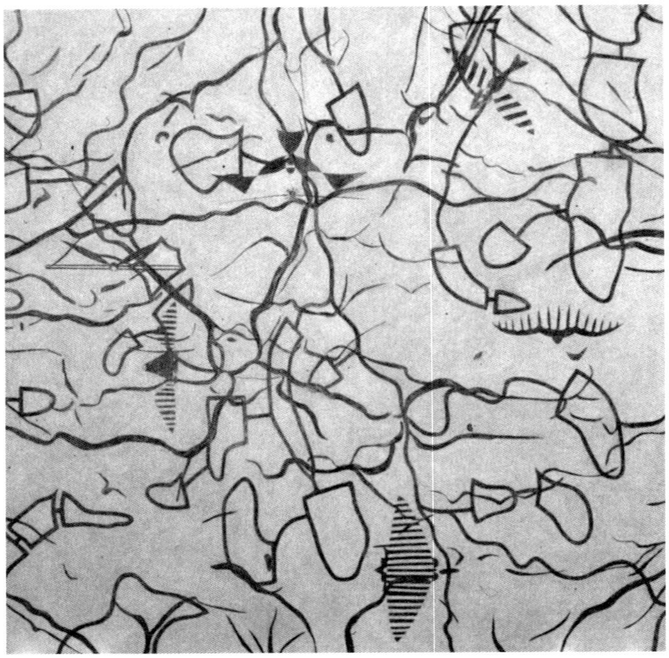

weg durchs reitepferd, 150 × 150 cm, Öl, Wachs, Harz auf Baumwolle, 1996.

Am 29. März 1996 beginnt sie mit der Arbeit an einem Bild derselben Größe und wendet dabei zum ersten Mal ein Hilfsmittel an, das ihr in Zukunft als hauptsächlicher oder gar einziger Zufallsgenerator, als Navigationsgerät oder Wünschelrute dienen wird: das Pendel. Auf dem Gemälde finden sich

1. die Falten eines Stücks «besonderen Papiers», das sie in ihrer Hosentasche herumgetragen hat; sie hat den zerknitterten quadratischen Zettel geglättet und mit einem Raster überzogen – 15 Kästchen waagrecht, 15 Kästchen senkrecht –, diesen Raster anschließend maßstabgetreu auf der weiß grundierten Bildfläche wiederholt und darauf nun 225 Quadrate von je 10 Zentimetern Seitenlänge erhalten; so kann sie die Knitterspuren des Zettels Kästchen um Kästchen aufs Bild übertragen;

2. ein Ausschnitt aus einer sehr alten Landkarte der Gegend von Bourg-en-Bresse mit der südlich davon gelegenen ausgedehnten Seenlandschaft; genauer handelt es sich um die durchgepausten, dann gerasterten und auf das Bild übertragenen Umrisse einiger dieser Seen;

3. sechs Flugobjekte; die Auswahl aus einer Reihe von Abbildungen, die Platzierung und die Ausrichtung auf der Bildfläche erfolgen mithilfe des Pendels. Die mit einem braunen Farbstift direkt auf die weiße Grundschicht gemalten Linien, Formen und Figuren werden dann mit vier dünnen Farbschichten umgeben und bleiben dabei sorgfältig ausgespart, sodass sie diese gleichsam seitlich berühren.

Kehren wir jetzt zu den Aufwachbildern zurück. Für das erwähnte Buchprojekt hat sie aus deren Masse kürzlich 114 Einzelbilder ausgewählt, und zwar, wie gesagt, mithilfe des Pendels. Sie hatte alle Fotos auf einen Stapel gelegt, das jüngste lag zuunterst, das älteste zuoberst, und nun wurde ihr allmählich klar, wie sie die Aufgabe lösen konnte, nämlich Schritt für Schritt. Das Pendel in der Hand, stellte sie sich bei jedem Foto die Frage, ob dieses als nächstes folgen müsse. Das mag banal klingen, entspricht aber genau der Methode, die sie immer und seit den Anfängen anwendet. Stets stellt sie die Frage nach dem nächsten oder am nächsten liegenden, zwingenden Schritt. Und so ging ihr die Auswahl schließlich leicht von der Hand.

Ihre erste vollständig mithilfe des Pendels ausgeführte Zeichnung entstand im Mai 1996, als sie für einige Tage in Rom in der Wohnung einer Künstlerfreundin weilte und deren Tochter hütete. Ehe sie zu zeichnen begann, schrieb sie eine detailgenaue Anleitung. Ihre Werkzeuge waren Bleistift, Pendel, Buchstabenkreis, Zahlenkreis. Als Erstes fragte sie nach dem Titel, den die Zeichnung tragen sollte, ließ das Pendel über dem Alphabet kreisen und notierte: «ohne preis». Anschließend fragte sie nach dem Papierformat, nach der Papiersorte und dann: «Was kommt drauf?» Die Antwort: «ohren mit rosen». Sie fragte, ob es sich um Menschenohren handele. Das Pendel bejahte. Sie fragte, ob sie die Menschenohren «abschauen» und ob sie sie in einem Buch suchen solle. Das Pendel bejahte beide Male. Ob sich das Buch in der Wohnung ihrer Freundin befinde. Wiederum bejahte das Pendel. Dann ging sie zum Regal und ließ das Pendel vor einem Buchrücken nach dem anderen baumeln und fragte, voller Neugier auf den Ausgang des Experiments, ob es dieses Buch sei, in dem sie das passende Bild finden werde, oder das; oder dieses; oder das. Und als sie eine bejahende Antwort erhielt, zog sie das entsprechende Buch aus dem Gestell, schlug es auf und fand tatsächlich die Abbildung eines menschlichen Ohrs. Sie pauste es durch und fragte, ob es dieses Ohr sei, das auf die Zeichnung kommen werde, und ob es die hier vorliegende Größe haben solle. Das Pendel nickte beide Male. Dann erkundigte sie sich nach den Rosen: ob sie wieder nach einer Abbildung suchen solle. Und wieder ließ sie sich zum Bücherregal schicken, pendelte und fand schließlich die Abbildung einer Rose, pauste sie durch, fragte: «Diese wilde Rose?» Das Pendel sagte Ja. Nun fragte sie, wie viele dieser Rosen sie aufs Ohr zeichnen solle; ob die Rosen gleichmäßig übers Ohr verteilt sein sollten; ob es mehrere solcher Ohren gebe; wo genau sie sie auf dem Blatt platzieren solle; ob ein Raster nötig sei und wie groß die Quadrate seien. So konnte sie schließlich die Koordinaten der beiden Ohren bestimmen, fragte auch nach deren Ausrichtung und so weiter, alles Schritt für Schritt, viel genauer noch, als sich dies hier wiedergeben lässt. Dann fragte sie nach weiteren Bildinhalten, und so folgten, mithilfe von Pendel und Buchstabenkreis aufgeschrieben, «hoerner», «gezeichnete wellenkurven uebers ganze blatt», «lose rosenblaetter» und «noppengestruepp». Von diesen Elementen wurden nun Aussehen, Anzahl, Position in vielen weiteren kleinen, genauen Frage-und-Antwort-Schritten bestimmt. Schließlich war die Anleitung gemäß Auskunft des Pendels fertig, und Beatrice Maritz machte sich an die Ausführung der Zeichnung.

ohne preis, A4, Bleistift auf Papier, 1996.

In der Folge wendet sie die Pendeltechnik bei sieben Gemälden an, die wieder 150 × 150 Zentimeter messen, und wieder schreibt und zeichnet sie entsprechende Baupläne, auf denen sie ihre Bilder bis ins letzte Detail konstruiert und die sie anschließend auf der grundierten Malfläche umsetzt. Allein schon diese auf dünnem, weißem Papier niedergelegten Entwürfe mit ihren Texten und Skizzen können als sehenswerte Kunstwerke gelten, sie bezeugen schon das immense Vorstellungsvermögen dieser Künstlerin, ihre Konzentrationsfähigkeit, Ausdauer und Beharrlichkeit, die möglichst alle Einzelheiten berücksichtigende Genauigkeit. Die Malerin bedenkt jeden kleinen Arbeitsschritt, formuliert ihn als Frage, notiert die Antwort und überlässt nichts einer Laune, nichts einem Einfall, sondern alles dem Zufall. Nur: Ist das Pendel so, wie sie es gebraucht, ein Zufallsgenerator? Generiert es Zufälle, wie ein Würfel dies tut? Immerhin lässt sich sagen: Für sie erweitert und verfeinert das Pendel die Eigenschaften des Würfels oder ähnlicher Zufallsgeneratoren. Vom Würfel ist sie ursprünglich ausgegangen, doch irgendwann müssen ihr dessen Möglichkeiten als zu beschränkt vorgekommen sein, und sie ist aufs Pendel gestoßen. Mit diesem kann sie auch die Wahl der Bildelemente sozusagen objektivieren, das heißt unabhängig von subjektiven Entscheidungen und von irgendwelchen Einfällen treffen. Ein Buchstabenkreis, ein Zahlen- und ein Farbenkreis sind die Skalen, über denen sie ihr Pendel kreisen lässt.

Als sie 1997 mit leichtem Gepäck für acht Monate nach Paris in die Cité Internationale des Arts zog, beschränkte sie sich aus Platz- und Gewichtsgründen auf Papier und Farbstifte. Diesen ist sie seither treu geblieben. Gleichzeitig hat sie ihre Zeichen- und Pendeltechnik ständig verfeinert und vervollkommnet. Bilder von mitunter schwindelerregender Komplexität sind so entstanden.

heute kommt heute, 64 × 64 cm, Farbstift auf Papier, 2010/11.

viel gross sehen, 64 × 64 cm, Farbstift auf Transparentpapier, 2012.

Bei der Betrachtung ihres neueren Werks dürfte nun aber auffallen, dass ausgerechnet der willentliche Verzicht auf den persönlichen Einfall und die Absage an Subjektivität und Selbstbestimmung sie bei ihrer Suche nach ungewohnten, unverbrauchten Inhalten zu Formen und Gestaltungsprinzipen geführt haben, denen naive Ornamentik oder politische Irrelevanz attestiert werden könnten. Kreise, Dreiecke, Spiralen, Rosetten sind sehr häufig, eine ungewohnte Farbigkeit ist nicht zu übersehen, und auch der Hang zu Symmetrie und Zentrierung weist in die Richtung einer unmodernen Zeitlosigkeit, ja Archaik.

Ein ähnlicher Eindruck kommt möglicherweise bei der Lektüre ihrer Geschichten auf, die sie mithilfe des Pendels schreibt. Auch sie scheinen aus der Zeit gefallen zu sein. Im 2012 erschienenen Band *für jetzt* sind einige dieser Texte vereinigt. «Die einen vermuten im Pendel einen Schlüssel zu höheren Welten, die anderen sehen in ihm eine Angel, mit der sich in trüben Gewässern fischen lässt. Für Beatrice Maritz ist es einfach ein Hilfsmittel. Es hilft ihr, sich aufs Jetzt zu konzentrieren»[1], heißt es in der kurzen Einleitung. Hier nun ein Beispiel aus dieser Textsammlung, die von eigentümlicher Schönheit ist:

«heftig sind die schritte heiter sind die schritte es kommt die sonne es macht die sonne den weg frei jetzt ist heute und morgen und gestern jetzt hier ist fern und nah jetzt wächst die sonne frosch und huhn und berg und kind und mond und himmel kommen zur sonne die sonne

leuchtet es sind frosch und huhn und berg und kind und mond und himmel in der sonne es ist feuer in der sonne es keimen frosch und huhn und berg und kind und mond und himmel die sonne leuchtet es ist feuer in der sonne frosch und huhn und berg und kind und himmel gehen und kommen es ist keimen in ihnen es ist die sonne in ihnen jetzt keimt die sonne»[2]

Dem österreichischen Schriftsteller, Übersetzer und Herausgeber Thomas Raab gefielen diese Texte so sehr, dass er zwei davon in seine 2017 erschienene *Neue Anthologie des schwarzen Humors* aufgenommen hat. In seinem Kommentar schreibt er: «Der Zufall hilft. Beatrice Maritz generiert ihre Texte mithilfe des Pendels, und zwar nicht um sie in einem esoterischen Sinn ‹auszupendeln›, sondern um sich beim Schreiben auf Jetzt, auf den objektiven Vorgang, und nicht auf die ausgedrückten Gedanken zu konzentrieren.»[3]

«Der Zufall hilft.» Und sie hilft ihm mit dem Pendel nach. Trotzdem stellt sich gerade bei ihr die Frage nach der Natur des Zufalls. Was ist Zufall im Werk dieser Künstlerin, was ist, möglicherweise, verborgener Einfall oder verhüllte Absicht? Fast scheint es, als führe ihre Arbeit mitten ins weite Feld gewisser Fragen hinaus: Ist die Welt zufällig oder willentlich oder weder zufällig noch willentlich entstanden? Ist Leben das Ergebnis eines evolutionären Würfelspiels oder eines transzendenten Plans oder weder das eine noch das andere? Ist das Bewusstsein ein Produkt des Zufalls oder einer schöpferischen Wirkkraft oder keines von beiden? Und so, wie diese Fragen wohl nicht zu beantworten sind – sodass es vielerorts als Zeichen bedauernswerter Naivität gilt, sie überhaupt zu stellen –, dürfte auch das Wesen der kreativen Methode von Beatrice Maritz nicht ohne Weiteres zu bestimmen sein. Sie selbst enthält sich übrigens jeder Definition, ja jeder Mutmaßung. Sie wisse es nicht, sagt sie, genauso wenig, wie sie wisse, wie die Welt entstanden sei.

Und trotzdem werden welche sich fragen, ob das, was diese Künstlerin macht, nur «Bluff und fauler Zauber»[4] sei. Auch ihnen kann das Gegenteil nicht bewiesen werden. Vielleicht hilft höchstens ein Hinweis auf ihre Wahrhaftigkeit weiter, wobei dieses Wort als ihre arbeitstechnische Maxime zu verstehen ist. Es bezieht sich auf die Vereinbarung, die sie mit ihrem unbekannten Gegenüber abgeschlossen hat und die darin besteht, die Angaben, die sie mithilfe des Pendels erhält, auf ihren Bildern ohne Wenn und Aber umzusetzen, also weder abzuändern noch zu ignorieren. «Nichts, nicht der kleinste Tupfer, nicht die kürzeste Linie, wird also»[5] dem Einfall überlassen, sondern alles dem Zufall – «sofern man das Pendel als Zufallsgenerator betrachten will»[6]. Und so drehen wir uns hier, wie das Pendel, das schwingt und kreist, und wie die Erdkugel, die sich um ihre Achse und um die Sonne dreht, nur noch im Kreis.

1 Beatrice Maritz: *für jetzt*. Erstfeld: pudelundpinscher 2012, S. 3.
2 a.a.O, S. 38.
3 Thomas Raab (Hg): *Neue Anthologie des schwarzen Humors*. Wiesbaden: marixverlag 2017, S. 336.
4 Beatrice Maritz: *für den nächsten Schritt*. Wädenswil: pudelundpinscher 2021, S. 20.
5 a.a.O., S. 19.
6 a.a.O., S. 19.

https://beatrice-maritz.kleio.com/

Stefan Gosepath

ZUFALL UND GERECHTIGKEIT
Ein philosophischer Essay

Der Zufall, so alltäglich und trivial er in unser aller Leben ist, hat in der Philosophie keinen guten Leumund. So gelten etwa Meinungen, die wir zufällig bilden, als nicht begründet und als kein Wissen (epistemischer Zufall). Auch gelten menschliche Verhaltensweisen, die auf Zufall beruhen, nicht als freie Handlungen, denn diese setzen mehr oder weniger bewusste Absichten voraus (handlungstheoretischer Zufall). Beim moralischen Zufall wiederum stellt sich das verzwickte Problem, ob Menschen, deren Handlungen zufällig ungleiche Resultate zeitigen, tatsächlich unterschiedlich beurteilt werden dürfen, wie das oft geschieht, beispielsweise wenn ein betrunkener Autofahrer bei einer Kontrolle nur den Führerschein verliert, bei einem von ihm verursachten schweren Unfall aber mit viel härteren moralischen Vorwürfen und Strafen rechnen muss. Schließlich wäre auch noch der distributive Zufall zu nennen und die Frage, ob die Ungleichheit in den Lebensumständen von Personen als ungerecht zu werten ist, wenn und weil diese Umstände zufällig sind. Um Letzteres, also um das Verhältnis von Zufall und Gerechtigkeit, soll es hier gehen. Bevor ich in diese spezielle Thematik einsteige, möchte ich einige allgemeine Überlegungen zum Zufall vorausschicken.

I.

Völlig überraschend werden Menschen von bedeutsamen Zufällen heimgesucht, seien es schwere Krankheiten, der plötzliche, unerwartete und zu frühe Tod eines nahen Angehörigen, eine Naturkatastrophe, wie die Überschwemmung an der Ahr im Sommer 2021, oder Straftaten wie Mord, Vergewaltigung et cetera. Aber viele von uns in der westlichen Welt sind auch relativ gesund in eine stabile, reiche und offene Gesellschaft geboren worden, ein Glücksfall für die Betroffenen.

In einer kausal-deterministischen Welt sind Ereignisse naturgesetzlich durch vorangehende Bedingungen festgelegt. Man könnte meinen, dass es sich bei glücklichen Zufällen um Ereignisse handelt, deren Eintreten nicht auf diese Weise vorherbestimmt war. Das muss aber nicht so sein. Zum Beispiel könnte es angesichts der Position und des Impulses der Kugeln in einer Lostrommel völlig kausal determiniert sein, dass eine bestimmte Kombination von Kugeln zu einem bestimmten späteren Zeitpunkt die Gewinnerkombination sein wird, was einen Glücksfall für den Gewinner darstellt. Um das noch anschaulicher zu machen, denke man sich einen Laplaceschen Dämon, der in der Lage ist, die Zukunft vorherzusagen, wenn er den vollständigen Zustand einer deterministischen Welt kennt. Er könnte das Pech haben, im Voraus zu wissen, dass er bei einem Autounfall sterben wird. Diese Beispiele zeigen, dass Glück mit dem Determinismus durchaus vereinbar ist – oder zumindest zu sein scheint.

Wir erklären etwas als Zufall, wenn das Ereignis nur mit einer geringen Wahrscheinlichkeit eintritt beziehungsweise eintreten kann. Paradigmatische Fälle von reinem Glück oder Pech verhalten sich in der Regel so wie der Gewinn oder Verlust in einer fairen Lotterie. Durch die Berufung auf die (subjektive oder objektive) Wahrscheinlichkeit des Eintretens eines Ereignisses ist diese Erklärung des Zufalls mit dem naturwissenschaftlichen Determinismus kompatibel. Damit aus einem puren Zufall Glück oder Pech für jemanden wird, muss das Ereignis für diese Person bedeutsam sein.

Nach moderner naturwissenschaftlicher Auffassung ist der Lauf der äußeren Dinge in der Welt allein durch physikalische Gesetzmäßigkeiten bestimmt. Der Mensch jedoch, so glauben wir, ist willensfrei, er kann also durch seine Entscheidungen und den sich daraus ergebenden Handlungen auf die äußere Natur einwirken und deren Lauf verändern. (Wie genau physikalischer Determinismus und menschliche Willensfreiheit zusammenpassen, wenn überhaupt, ist eine immer noch heiß diskutierte Frage in der Philosophie.) Nehmen wir, wie die meisten von uns, an, der Mensch könne durch seine willentlichen Entscheidungen in den Gang der Ereignisse eingreifen, dann muss und kann man diese nicht mehr als unausweichlich oder alternativlos ansehen. Je mehr der Mensch im Laufe der Neuzeit über die Naturgesetze gelernt hat, um so eher und vermehrt kann er steuernd und verändernd eingreifen.

Wenn wir vorhersehen können, was auf uns zukommt, dann ist rationalerweise die erstbeste Reaktion der Versuch, das Eintreffen eines Schicksalsschlags zu verhindern. Wer beispielsweise rechtzeitig zur ärztlichen Untersuchung geht oder sich impfen lässt, kann viele Krankheiten oder deren schweren Verlauf verhindern. In diesem Sinne sehen wir heute das Eintreten von vorhersehbaren und vermeidbaren Ereignissen gar nicht mehr im eigentlichen Sinn als Zufall oder Schicksal an. Die zweite rationale Strategie gegen unausweichliche schicksalshafte Ereignisse ist das nachträgliche Bemühen um Ausgleich der Schäden, das Wiederherstellen des alten Zustandes, das Überwinden der Übel. Ein zerstörtes Haus kann wieder aufgebaut werden, ein Beinbruch operiert. Das ist in der Regel mit Kosten und Mühen verbunden, und es ist vernünftig, sich gegen Schäden individuell und kollektiv zu versichern. Auch wenn diese Zufälle des Lebens nicht direkt vorherzusehen sind, so wissen wir doch, dass sie mit einer gewissen Wahrscheinlichkeit eintreffen können. Das hilft uns, Vorkehrungen zur Beseitigung der Übel zu treffen. Zwar ist dann der Zufall nicht ungeschehen gemacht, der neue Zustand ist oft nicht der gleiche wie zuvor, Kosten und Mühen sind aufgewendet worden, Schmerzen um den Verlust des alten Zustandes bleiben. Aber dennoch: Alles in allem hat es uns dann so schlimm doch nicht getroffen dank dieser Maßnahmen, wenn sie denn greifen, sodass man vielleicht deshalb auch nicht mehr von «Schicksalsschlägen» im engeren Sinne sprechen mag.

Wie umgehen mit echten Zufällen, Schicksalsschläge, die sich nicht verhindern oder kompensieren lassen?

Aber wie umgehen mit echten Zufällen, Schicksalsschlägen, die sich nicht verhindern oder kompensieren lassen? Diese Frage hat sich trotz aller Machbarkeitsfantasien des modernen Homo Faber in der modernen technisch-naturwissenschaftlichen, aufgeklärten Welt keinesfalls erledigt. Jeder erlebt Schicksale, zumindest angesichts von Geburt und Tod, und oft drohen wir am Unverfügbaren, dem, was außerhalb unseres Einflussbereiches liegt, zu verzweifeln, weil wir damit nicht umgehen können. Da wir es nicht ändern, abwenden oder kompensieren können, bleibt uns nur, es auf die ein oder andere Weise auszuhalten. Aber das fällt verdammt schwer.

II.

Die Prädikate «gerecht» oder «ungerecht» finden nach heute üblicher Meinung nur da Anwendung, wo wir es mit freiwilligem und verantwortbarem Handeln und Unterlassen zu tun haben. Das haben die Menschen zu früheren Zeiten, vor allem in der Antike, anders gesehen: Schicksal war danach das von den Göttern Geschickte, und Gerechtigkeit wurde als *iustitia divina* gleichsam «divinisiert». Die Formen der Divinisierung waren jedoch je nach altorientalischer, hellenistisch-römischer oder biblischer Religion und Zeit verschieden. Damit auf Erden Gerechtigkeit herrscht, muss gemäß religiösem Glauben eine Instanz existieren, die als Weltenrichter über alle menschlichen Wesen ein Urteil fällt und dabei belohnend, strafend (Rache, Strafe, Vergeltung) oder rettend (Erbarmen, Güte) über das Schicksal der Seelen entscheidet. Das Gerichtsurteil und dessen Vollstreckung, die Gerechtigkeit herstellt, kann je nach religiöser Vorstellung entweder lebende Menschen oder deren unsterbliche Seelen treffen. In beiden Fällen steht die Zukunft der Menschen unter der Wirkung eines Tun-Ergehen-Zusammenhangs. Glück oder Unglück erscheinen, über längere Zeiträume betrachtet, nicht einfach als willkürliche Schickung der Götter, sondern als Resultat menschlichen Wohl- oder Fehlverhaltens. Ihr Schicksal wird in einer moralischen Perspektive gesehen.

Die göttliche Gerechtigkeit ist «verdienstethisch» ausgelegt, und damit der im Diesseits immer wieder enttäuschte Rechtschaffene am Ende nicht verzagt, wird er auf die transzendente *iustitia divina* vertröstet. Das irdische oder posthume Schicksal ist proportional gerecht, weil jeder – so die Vorstellung – vor und/oder nach seinem Tod durch die göttliche Gerechtigkeit entsprechend seiner Taten belohnt oder bestraft wird. Entsprechende moraltheologische Überlegungen finden sich selbst noch bei Immanuel Kant und bis in die Gegenwart hinein. Die Idee einer moralischen Weltordnung, die Gerechtigkeit (wieder)herstellt, dient dem Seelenfrieden und der Moralitätssicherung auf Erden. Würde das Schicksal es in der Tat gut mit uns meinen, sofern wir gerecht handelten, und schlecht nur, wenn wir es aufgrund unserer Ungerechtigkeit verdient hätten, welch entlastende Wirkung hätte diese Gewissheit für uns und welch heilsame moralerzieherische Effekte für unser Zusammenleben?

Aber es gibt seit alters her auch eine gegenläufige Auffassung. Schon mit der philosophischen Aufklärung in der Antike begann man, Gerechtigkeit und Moral als «autonom» und vom religiösen Glauben unabhängig anzusehen. Damit wird eine neue bis heute auch im Alltagsverständnis dominante Gerechtigkeitsperspektive eingenommen: Gerechtigkeit dient unter anderem dem Ausgleich des Schicksals, das selbst jenseits der Gerechtigkeit liegt. So geht zum Beispiel Platon in der *Politeia* davon aus, dass die Grundordnung des Staates und die gesellschaftlichen Verhältnisse der menschlichen Gestaltungsmacht unterworfen sind. Das Schicksal wird nicht als Ausfluss des gerechten göttlichen Willens hingenommen, sondern als ein selbst zuweilen «ungerechtes» Widerfahrnis gesehen, wenn der Missstand hätte beseitigt werden können.

> Schicksalsrhetorik entlarvt uns als Moralromantiker und Gerechtigkeitsmetaphysiker. Wir haben scheinbar immer noch die Hoffnung, dass es in der Welt gerecht zugeht.

Wer (gesellschaftliche) Gegebenheiten als ungerecht kritisiert, macht im Prinzip zwei Voraussetzungen: Die Gegebenheiten ließen sich nach einem moralischen Gerechtigkeitsmaßstab beurteilen und sie ließen sich nach Maßgabe der moralischen Bewertung verändern. Das impliziert komplexe Fähigkeiten, die die menschlichen Subjekte für sich beanspruchen: Sie müssen einen Sinn für Gerechtigkeit haben, mithin die Fähigkeit, moralisch zu urteilen und sich selbst und andere an dies Urteil zu binden. Die beurteilten Gegebenheiten wiederum müssen als Resultate absichtlicher Handlungen oder Unterlassungen interpretierbar sein. «Ungerecht» wären demnach nur Ergebnisse von Handlungen, sofern die agierende Person auch anders hätte handeln können, sie zum Zeitpunkt der Tat mithin willensfrei war, und wenn sie im Prinzip in der Lage ist, ihre Handlungen zu verantworten und den Normen der Gerechtigkeit zu folgen. Entsprechend können beispielsweise Personen Tiere ungerecht behandeln, aber es kann keine Ungerechtigkeit zwischen Tieren geben.

Zentral für die Gerechtigkeit ist also vor allem die Kategorie der Verantwortlichkeit. Das Wetter, Naturkatastrophen, natürliche, unheilbare Krankheiten et cetera können selbst nicht gerecht oder ungerecht sein. Auch wenn man gelegentlich Beschwerden hört wie: «Es ist ungerecht, dass es bei meinem Gartenfest immer regnet» und solche Sätze verständlich sind, so ist der Sprachgebrauch doch verfehlt. Der Begriff der natürlichen Ungerechtigkeit ist eine Illusion. Solche Schicksalsrhetorik entlarvt uns als Moralromantiker und Gerechtigkeitsmetaphysiker. Wir haben scheinbar latent immer noch die Hoffnung, dass es in der Welt gerecht zugeht, und sind daher geneigt, alles moralisch zu bewerten, seien es Naturkatastrophen, Krankheiten, Geschicke des Alltags. Doch was man im heutigen umgangssprachlichen Gebrauch als «Schicksal» im engeren Sinn bezeichnet, nämlich die unverfügbare Kontingenz des Lebens, meint das, was gerade nicht in unserer Verfügungsmacht steht. Da Menschen nicht für das so verstandene Schicksal verantwortlich sind, liegt dieses außerhalb der Gerechtigkeit.

Das könnte nun zu der irrigen Vorstellung verleiten, Menschen seien nur für ihre eigenen Taten verantwortlich und folglich seien auch nur diese gerecht oder ungerecht. Die menschliche Verantwortung reicht jedoch weiter. Es kommt nicht darauf an, ob der Mensch ein Ereignis willentlich hervorgebracht hat oder nicht. Die für die angemessene Anwendung des Gerechtigkeitsbegriffs entscheidende begriffliche Grundopposition ist nicht die zwischen dem «Schicksal» auf der einen und dem «Menschengemachten» auf der anderen Seite. Verantwortlich sind Personen nämlich nicht nur für die Ergebnisse ihrer eigenen Handlungen, vielmehr zeichnen sie – wie Judith Shklar betont hat – verantwortlich für alle Verhältnisse, bei denen menschliche Korrekturen und Eingriffe möglich sind. So kann zwar eine Naturkatastrophe selbst nicht gerecht oder ungerecht sein, wohl aber deren Folgen – je nachdem, ob sie hätten verhindert oder gelindert werden können.

Es gibt demnach zwei Arten von gerechtigkeitsbasierten Handlungsgründen: primäre und sekundäre. Primäre Gründe der Gerechtigkeit sind solche, denen ein Individuum folgen muss, weil es sich andernfalls ungerecht verhielte. So darf man beispielsweise niemandem sein rechtmäßiges Eigentum stehlen; das wäre ungerecht. Diese Gründe sind relativ auf den Handelnden bezogen. Im Unterschied dazu beziehen sich sekundäre gerechtigkeitsbasierte Gründe darauf, allgemein einen gerechteren Zustand hervorzubringen. Diese Gründe gelten gegenüber allen, die mithelfen könnten, Ungerechtigkeiten zu vermeiden. Es entspricht einer weit verbreiteten Intuition, dass wir moralisch zu kritisieren wären, wenn wir in Situationen der Not nicht helfen. Wenn einem Kind droht, von einem im Gewitter herabstürzenden Ast erschlagen zu werden, so mag das ein von niemandem zu verantwortendes schicksalhaftes Ereignis sein. Kann ein dabeistehender Erwachsener jedoch das Kind ohne große eigene Gefahr retten, wäre er für den Tod des Kindes (sekundär) mitverantwortlich, wenn er nicht handelt. Um Zustände als gerecht oder ungerecht beurteilen zu können, müssen diese Zustände also von dafür verantwortlichen Menschen veränderbar sein. Nur so können wir sinnvollerweise überhaupt nur darüber diskutieren, ob gesellschaftliche oder wirtschaftliche Verhältnisse gerecht oder ungerecht sind – nicht, weil Einzelne sie, so wie sie sind, bewusst hervorgebracht haben, sondern weil wir sie zusammen bewusst ändern könnten, wenn wir der Meinung sind, das sei nötig.

Auch wenn alle veränderbaren Zustände gerechtigkeitsrelevant sind, so ist dennoch für die Zuschreibung von Verantwortung und für die Beurteilung der Gerechtigkeit auch ganz entscheidend, wie das Unrecht zustande gekommen ist. Wir unterscheiden zwischen einer Ungerechtigkeit, die durch eine ungerechte individuelle oder kollektive Handlung gegenüber Personen entsteht und einer Ungerechtigkeit, die im Nichtverbessern eines ungerechten Zustands besteht. Die persönliche Verantwortung, Menschen moralisch angemessen und insbesondere unparteiisch zu behandeln, ist vorrangig, nachgeordnet ist die Pflicht, ungerechte soziale Zustände in gerechte zu überführen. Denn die Verantwortung ist bei eigenen Handlungen direkter, während sie bei bestehenden Zuständen abgestuft ist.

> Gerechtigkeit dient unter anderem dem Ausgleich des Schicksals, das selbst jenseits der Gerechtigkeit liegt.
> ”

Die Bedingung für die adäquate Anwendung des Gerechtigkeitsbegriffs, die den Bereich der Gerechtigkeit festlegt, lautet somit zusammenfassend, dass wir es mit Situationen oder Ereignissen zu tun haben müssen, die Menschen effektiv und kompetent durch individuelle oder kollektive Handlungen entsprechend den Prinzipien der Gerechtigkeit ändern können.

III.

Die Gerechtigkeit stellt an uns den Anspruch, das Schicksal auszugleichen, soweit es in unserer Macht steht und gerechterweise von uns erwartet werden kann. Damit sind Grenzen markiert. Denn ganz ausgleichen können wir das Schicksal oft nicht, in anderen Fällen sollten wir es aufgrund konfligierender Werte zumindest nicht ganz. Tod, Krankheiten, Verlust bestimmter Güter lassen sich oft eher schlecht als recht kompensieren. Die nötige und mögliche Hilfe in Schicksalsfällen kann zudem den möglichen Helfern zu viel abverlangen, wenn nämlich die Personen, die die schicksalhaften Ereignisse abwenden, korrigieren oder kompensieren könnten, wichtigere moralische Gründe haben, stattdessen andere Dinge zu tun. So sehen wir es beispielsweise in der Regel eher als unsere Pflicht an, unsere alten, kranken Eltern zu pflegen, als in Organisationen mitzuwirken, die Hungersnöte in der Dritten Welt bekämpfen. Die Familie – um ein anderes zentrales Beispiel zu nehmen – ist wahrscheinlich eine der größten Quellen von Ungerechtigkeit im frühen Leben der Kinder. In die Familie wird man hineingeboren, und man kommt nur mit dem Tod wirklich aus ihr heraus. Die Familie sorgt für sehr ungleiche Startchancen und ungleiches ererbtes, genetisches, kulturelles und finanzielles Vermögen. Dessen Ausgleich ist nur begrenzt möglich, wenn man die Institution der Familie nicht ganz aufgeben will. Insofern wird man Gerechtigkeit nie vollständig herstellen können, weil man der Idee der Chancengleichheit als wichtigem Aspekt der Gerechtigkeit und dem Wert der Familie gleichzeitig nie vollständig gerecht werden kann.

Eine wichtige sozialpolitische Funktion der Familie (abhängig vom landesspezifischen Sozialstaat) ist neben der Erziehung und Bildung der Kinder auch die wechselseitige solidarische Versorgung der Familienmitglieder, wenn sie ihren Lebensunterhalt, aus welchen Gründen auch immer, nicht selbst verdienen können. Vermutlich durch diesen Funktionszusammenhang bestärkt, finden es daher sehr viele Menschen das Natürlichste von der Welt, ihren nahen Angehörigen, meist den Kindern, nach ihrem Ableben ihr Vermögen zu vererben. Die gesellschaftliche Praxis des Vererbens und des Erbens herrscht in fast allen Gesellschaften weltweit vor. Doch diese weithin akzeptierte Praxis ist ungerecht: Vererbung und Erbschaft verschaffen den Begünstigten einen ungerechten Vorteil. Vererbung verletzt klarerweise allgemein anerkannte, gerechte Gleichheitsprinzipien. Sie verletzt vor allem jede Auffassung von Chancengleichheit sowie das Leistungsprinzip. Beide Prinzipien werden jedoch in unseren Gesellschaften als grundlegend betrachtet für den eigenen Verdienst im doppelten Wortsinn: als durch Arbeit erworbenes Einkommen (*der* Verdienst) und als Leistung, aufgrund derer jemandem etwas gerechterweise zusteht (*das* Verdienst). Etwas kann nur wirklich das eigne Verdienst sein, wenn es in einem fairen Wettbewerb erworben wurde, in dem also mindestens Chancengleichheit herrscht. Klarerweise und unwidersprochenermaßen verletzen Erbschaften beide Prinzipien: Die einen bekommen ohne ihr Zutun nur aufgrund einer Lotterie der Natur, die bestimmt hat, in welche Familie sie geboren wurden, mehr oder weniger viel Vermögen, das ihr Leben entscheidend prägen kann, andere hingegen bekommen weniger oder gar nichts. Moderne Gesellschaften leben also mit einem internen moralischen Widerspruch, indem sie einerseits Gerechtigkeit in der Gesellschaft umsetzen wollen und anderseits die Praxis des Vererbens gutheißen. Eine soziale Praxis kann jahrhundertelang als selbstverständlich angesehen werden, bevor eine Gesellschaft schließlich erkennt, dass sie nicht zu rechtfertigen ist, wie beispielsweise die Vererbung politischer Macht im Staat. Ist nicht die Vererbung von finanzieller Macht ebenso ungerechtfertigt?

Wenn die Vererbung (unter normalen Umständen) mit einer hohen Wahrscheinlichkeit zu bestimmten moralisch schlechten, weil ungerechten Ergebnissen führt, müsste die Vererbung selbst also als ungerecht angesehen werden. Deshalb müsste, damit Menschen Chancengleichheit erhalten, das Bündel von Rechten zur Schenkung und Vererbung von Eigentum durch Gerechtigkeitsüberlegungen jedenfalls stark eingeschränkt werden.

Gegen eine solche Schlussfolgerung, die auf eine zumindest sehr hohe Besteuerung (Limitierung), wenn nicht Abschaffung von Erbschaften hinausläuft, gibt es Einwände. Hieran zeigt sich exemplarisch, dass der gesellschaftliche Umgang mit dem Zufall oft alles andere als klar und unstrittig ist. Landläufig wird oft behauptet, das Recht zu vererben ergebe sich natürlicherweise aus dem Recht auf Privateigentum. Dagegen ist aber ganz allgemein klarzustellen, dass man Privateigentum gerechtfertigterweise nur erwerben und behalten kann, wenn die Prinzipien der Gerechtigkeit gesellschaftlich befolgt werden und damit auch die Gemeinwohlbindung von Eigentum berücksichtigt wurde. Steuern nehmen nämlich dem Eigentümer nichts weg, was vorher ihm oder ihr schon gehört hätte. Sie ermöglichen erst den Rahmen für den gerechtfertigten Erwerb von Privateigentum. Eigentum steht damit immer unter dem Gerechtigkeitsvorbehalt. Viele sehen Vererben darüber hinaus auch als Teil der Familienbande und dadurch gerechtfertigt. Überlegungen zum Wert der Familie in der bürgerlichen Gesellschaft zeigen hingegen, dass Familienbindungen zwar essenziell sind für die Erziehung der Kinder und Pflege von Angehörigen. Aber diese wichtigen Aspekte des Werts der Familie können aufrechterhalten werden auch ohne hohe Geldtransfers nach dem Tod. Es kommt eher auf den Zusammenhalt zu Lebzeiten an.

Erben ist ein Geschenk. Eine Einschränkung von Erbschaften impliziert aus demselben Grund eine Beschränkung von Geschenken. Viele Arten von Geschenken sind moralisch wertvoll und sollten daher natürlich nicht eingeschränkt werden. Andere Arten und Umfänge von Geschenken jedoch korrumpieren die Geber, die Nehmer von Geschenken und die Beziehung zwischen ihnen. Solche Geschenke gehören daher reglementiert und limitiert. Das gilt auch für eine klassische Alternative zum Vererben an ausgewählte Personen, nämlich Spenden an gemeinnützige, philanthropische Stiftungen. So wertvoll uns solche gemeinnützigen Spenden erscheinen mögen, auch für sie und die sie nutzenden Organisationen gelten Grundsätze der Gerechtigkeit. So muss eingeschränkt werden, wer wie viel bekommt und was man damit tun darf.

Es bleibt also dabei: Die Folgen des Zufalls, den wir per definitionem nicht kontrollieren können, sind aus Gründen der Gerechtigkeit so weit wie möglich auszugleichen. Aber es gilt auch, dass das nur bedingt möglich sein wird. Das Schicksal wird weiterhin einige besonders hart und aus ihrer Perspektive vielleicht ungerecht, also eigentlich zufällig treffen. Für sie stellt sich die Frage, wie sie mit ihrem Los umgehen können und sollen. Wenn für die Betreffenden die Hoffnung auf eine transzendente Rettung durch göttliche Gerechtigkeit nicht gegeben und wenn der menschlichen Gerechtigkeit so weit wie möglich Genüge getan ist, wird die Frage nach dem Umgang mit dem Schicksal zu einer der persönlichen Haltung und Lebensgestaltung. Dies ist nun keine Angelegenheit der Moral mehr, allgemeinverbindliche Vorschriften wären hier fehl am Platz und allgemeinverbindliche Aussagen, die Hilfe bieten können, sind kaum zu formulieren. Der persönliche Umgang mit dem Schicksalsschlag ist und bleibt ein großes, offenes und deshalb sicher noch lange bewegendes Thema für die Philosophie, die Religion, die Literatur, aber nicht für die Gerechtigkeitslehre.

Michael Lissek

BESTELLUNG UND GESCHENK

Über das Spiel des Zufalls im Radiofeature

Dieser Text handelt vom *Kulturradio* und dem *Radiofeature*. Beide, *Kulturradio* und *Radiofeature,* werden von *Sendern* hergestellt und ausgestrahlt. Der ORF ist ein Sender. Der SWR ist ein Sender. Der BR. Und so weiter.

Sender machen Fernsehen, und Sender machen Radio. Im Radio heißen die verschiedenen Programme *Wellen*. Ö1 ist eine Welle. Ebenso wie Ö3. Oder FM4. SWR1, SWR2, SWR3, SWR4 ... (Manche Sender haben so viele Wellen, dass man sie durchzählt, statt ihnen Namen zu geben.)

Jeder öffentlich-rechtliche Sender der ARD leistet sich eine Welle, die für sich in Anspruch nimmt, eine *Kulturwelle* zu sein (oder ein *Kulturradio*). Beim SWR (für den ich arbeite) ist das SWR2. In Österreich Ö1.

Das Radiofeature (um das es hier gehen soll) wird ausschließlich von *Kulturwellen* ausgestrahlt (von ihnen gestreamt und/oder online gestellt). In den meisten Sendern bespielt das Feature eine oder zwei Sendestunden in der Sendewoche eines Kulturradios.[1] Die anderen 166 Stunden, die ein Kulturradio pro Woche sendet, bestehen aus anderen Formaten: aus Reportagen, Gesprächen, Nachrichten, Magazinsendungen mit Kurzbeiträgen, aus Musik und hin und wieder einem Hörspiel.

Ich spreche also über etwas Marginales. Ich spreche über ein Randphänomen innerhalb des Randphänomens *Kulturradio*. Und doch hoffe ich, über etwas Zentrales zu sprechen, über etwas, was ein dokumentarisches Genre eigentlich (vielleicht; möglicherweise) ausmachen könnte. Sollte?

(Ich kann falsch liegen, das gebe ich zu, es könnte sein, dass ich über ein Phantasma spreche. Aber jeder Forschung liegt ein Phantasma zugrunde.)

Das Feature, in seiner Binnenlage der Kulturwelle, klingt anders als die anderen 166 Stunden Programm. Es wird zwar, wie alle Sendungen, von den Nachrichten zur vollen Stunde gerahmt (und damit in den *flow* der jeweiligen Kulturwelle integriert), sein Ton, sein Rhythmus, die verwendeten Stimmen, das Tempo ist aber elaborierter. Im Feature moderiert (beispielsweise) niemand die Musiken an, und sie werden auch niemals von Anfang bis Ende gespielt – sie werden (semantisch oder atmosphärisch) *benutzt*; nur im Feature spielt es eine Rolle, ob ich eine Geräuschfläche (Atmo) ausblende oder abreißen lasse; im Feature sprechen zumeist *Schauspieler*innen* die geschriebenen Texte – in den anderen Sendungen übernehmen das Sprecher*innen und Moderator*innen.

Das Feature erscheint als seltsames Mash-Up verschiedenster Radioformate: Es besteht aus gesprochenem Text, von den Autor*innen aufgenommenen Interviewtönen, Archivmaterialien, vor Ort aufgenommenen Szenen oder Musiken, Reportage-Elementen, Klangkunst, manchmal sogar Hörspiel-Sequenzen. Im Feature dürfen scheinbar alle Formate verwendet werden: Es ist nicht sortenrein. Und manchmal ist ein Feature nur gesprochener, rhythmisierter Text.[2]

Immer jedoch ist das Feature eine *Dokumentation*: Der Außenwelt. Oder der Innenwelt. Des Autors / einer Autorin. Der Protagonistin / des Protagonisten. Das Feature erfindet nichts, das Feature findet. Es nimmt das Gefundene auf, montiert und collagiert es und benutzt es für seine eigene Narration. Das Feature ist welthaltig. Es ist eine akustisch-dokumentarische Erzählung.

Ich spreche über ein Randphänomen innerhalb des Randphänomens Kulturradio. Und doch hoffe ich, über etwas Zentrales zu sprechen ...

"

Verblüffend im Kontext eines 23 Stunden lang durchformatierten Radios ist, dass auch die unterschiedlichen Features einer Sendestrecke zu jedem Sendetermin anders klingen. Weder die *Hörbilder* auf Ö1 noch das *Feature* auf SWR2 haben einen einheitlichen *sound*.[3] Die Features unterscheiden sich also nicht nur von den anderen Sendungen der Welle – sie unterscheiden sich klangästhetisch auch untereinander und voneinander.

Formatierungen von Radiowellen und -sendungen sind aus der (nachvollziehbaren) Absicht entstanden, Wiedererkennbarkeit herzustellen; den Hörer*innen das Gefühl zu geben, «ihren» Sender, «ihre» Sendung zu hören; zur gleichen Uhrzeit dem gleichen Moderator (oder zumindest einer ähnlichen Stimme und Ansprechhaltung) zu begegnen; stets die gleiche Klangfarbe von Musik und einen immer ähnlichen Schnitt- und Montage-Rhythmus zu erleben. Die Absicht dahinter ist, eine Bindung an die jeweilige Welle (oder Sendung) qua Berechenbarkeit und Ausschluss des Zufalls zu erreichen: *Willkommen zu Hause*. Formatierung ist *Hör-Management*. Dass das Feature aus diesem *Plan* ausscheren darf, ist ein großer und zu schützender Luxus.[4]

Aber wie tut es das: Ausscheren?

Reden wir kurz von einem anderen Sendeplatz als dem Feature, reden wir von etwas Alltäglicherem, den Magazinsendungen. So heißen Sendungen, die sich über eine oder mehrere Stunden hinweg mithilfe eines Moderators einem Thema widmen. Literaturrezensionssendungen (beispielsweise) sind Magazinsendungen. Sie beinhalten Musik, Moderation und kurze Beiträge zwischen zwei und sechs Minuten Länge.

Die dreistündige Matinee auf SWR2 (eine weitere Magazinsendung) verhandelt an jedem Sonntag feuilletonistisch *ein* Thema. Themen wie «Brot», «Familie», «Rechts und links» oder (und das soll unser Beispiel sein) «Tauschen». Pro Stunde führt die Moderatorin / der Moderator ein Gespräch (mit einem Soziologen über die Kulturgeschichte des Tausches; einer Filmemacherin über vertauschte Babys; einem Ökonomen über den Tauschwert oder Ähnliches), es wird viel Musik (mit Anbindung ans Thema) gespielt; und es gibt pro Stunde jeweils zwei *Kurzbeiträge*.

Für diese Beiträge beauftragt die Redaktion etwa vier Wochen vor der Ausstrahlung externe, sogenannte «freie» Autor*innen. Der *Inhalt und das Format* dieser Beiträge wird in Redaktionskonferenzen *abgesprochen und festgelegt* und den Autor*innen mitgeteilt: Eine Reportage über einen mobilen Tauschladen in Köln; ein Archivstück über den Agententausch an der Glienicker Brücke; eine Glosse über den gescheiterten Umtausch von Waren ... Dann schwärmen die Autor*innen aus und sammeln Material: Interviews, Originaltöne, Archivmaterialien, Soundflächen für ihre Beiträge. Haben sie das Material zusammen, schneiden und ordnen sie, und sie beginnen zu schreiben. Passgenau für den in Auftrag gegebenen Beitrag.

So funktioniert eine Magazinsendung. Magazinsendungen machen (neben den Musiksendungen) das Gros der ausgestrahlten Sendungen von Kulturwellen aus.

Was aber, wenn ein Autor / eine Autorin den mobilen Tauschladen in Köln besucht und im Interview erfährt, dass eine/r der Interviewpartner*innen nicht nur Informationen über die Gründung des Ladens geben kann (oder will), über die Anzahl der Mitarbeiter*innen, die Akzeptanz im Kiez (das wäre das, was die beauftragende Redaktion interessiert) – sondern *eine ganz andere Geschichte* zu erzählen hat? Wenn er vor dem Mikrofon in Tränen ausbricht, weil sein Partner ihm heute Morgen mitgeteilt hat, dass er sich trennen will? Oder schwer erkrankt ist? Was, wenn aus dem *Interview* plötzlich ein *Gespräch* wird? Sich plötzlich *der Zufall in den Plan* einschleicht – und er eine gänzlich andere *Geschichte* generiert als das gewünschte *Thema* vorgab?

Dann: versucht der Autor / die Autorin, den Gesprächspartner *zum Thema zurückzuführen*. Und sucht sich, wenn das nicht klappt, einen anderen Gesprächspartner, der ihm/ihr das liefert, was er/sie für den (als Auftrag angenommenen) Beitrag *braucht*: Informationen über den Tauschladen – nicht unbedingt über die Biografien der handelnden Personen.

Solche (Interview-/Gesprächs-)Situationen passieren sehr viel häufiger als man meint. Nur Pressesprecher bleiben beim Thema. *Menschen* sind vielschichtiger. Sie haben einen biografischen Resonanzraum. Sie bleiben nicht beim Thema und sind (eigentlich) nie auf ein Thema reduzierbar. Genau deshalb gibt es ja Pressesprecher. Pressesprecher sprechen für die Presse. Sie haben eine *Funktion*, keine Biografie oder Geschichte.

Hinter dieser Tatsache steckt ein (auch) ethisches Dilemma. Die Person, mit der der Autor / die Autorin spricht, wird nicht in seiner Persönlichkeit und Polyvalenz abgebildet, sondern einem Thema unterworfen. Sie soll liefern, was vorher festgelegt war. Das Thema schlägt die Geschichte. Der Auftragskorridor die buntere Realität. Der Plan den Zufall.

Im Feature ist das anders.

(Ich falle mir mal kurz ins Wort. Wirklich nur kurz. Denn selbstverständlich gilt all das, was ich über das Feature sage, nicht für alle Features. Es gibt unvorstellbar viele bestürzend langweilige, lausig gemachte, mies aufgenommene, nichts dem Zufall überlassende Features, die nichts erzählen und nichts anderes sind, als auf 55 Minuten Länge aufgepumpte Magazinbeiträge. Zumeist zu irgendwelchen (wichtigen) «Themen». Wie für den Roman, die Novelle, das Gedicht gilt auch für das Feature die Voraussetzung seiner Potenzialität, (wiederum) eine Art von Phantasma. Keiner, der den Roman als Form und Möglichkeit preist, meint damit *schlechte* Romane.)

Es gibt ein Stück der großen österreichischen Featuremacherin Eva Roither aus dem Jahr 2011. «Die Herrinnen» heißt es, und es porträtiert zwei alte Damen in einem abgewohnten Schloss nahe Krems. Unterteilt in kurze Kapitel mit langen Titeln, bleibt der Autorinnentext spärlich, ansonsten beherrschen Aufnahmen knarzender Dielen, sich schließender Türen und fernen Vogelgesangs vor den Fenstern das Klangbild. Und vor allem: die Dialoge von zwei Frauen, die sich seit vielen Jahrzehnten kennen, einander irgendwie brauchen und innigst hassen. Ein akustisches Kammerstück gegenseitiger Abhängigkeit. Ein Doppelporträt von verpassten Leben. Das, folgt man der Jury des renommierten Prix Europa, die dieses Stück als bestes europäisches Feature des Jahres 2011 ausgezeichnet hat, «die ganze Geschichte des 20. Jahrhunderts in Europa in starker und allumfassender Art und Weise» darstelle.

Es ist anzunehmen, dass Roither und ihr Tonmeister keinem vorher festgelegten Auftrag folgten. «Über mehrere Jahre haben Autorin Eva Roither und Tonmeister Martin Leitner die beiden Damen besucht und Szenen einer ungewöhnlichen Beziehung aufgezeichnet», schreibt der ORF zu diesem Stück. Es ist anzunehmen, dass während Aufnahmen, die sich über mehrere Jahre hinziehen, viel Zufälliges geschieht. Wussten Roither und Leitner, wie sehr sich die beiden Damen verachten? Konnten sie von vornherein ahnen, dass sie hier ein Kammerstück aufnehmen und in welche Richtung die fertige Sendung gehen würde? Ich glaube kaum. Sie haben sich (über sehr lange Zeit) dem Zufall ausgesetzt, ein mögliches Scheitern freundlich als Option akzeptiert, die Ohren gespitzt, die Frauen immer wieder «besucht» und das Mikrofon angeschaltet gelassen. Sie haben «aufgezeichnet» und haben, sehr viel später, aus den hunderten von Materialstunden planvoll eine wunderbare Sendung gebaut.

Kein Zufall entsteht zufällig. Das gilt nicht nur für dokumentarische Genres wie das Feature, das gilt eigentlich immer. Es gibt Haltungen (oder Modi), die den Zufall verunmöglichen. Wer den kürzesten Weg von A nach B gehen will, wird vermutlich den Zufall nicht treffen, außer als Katastrophe. Es gibt keine Gewähr für den Zufall, aber er lässt sich locken. Hin und wieder, irgendwo *zwischen* A und B, stehen zu bleiben und in die Luft zu schauen, hilft der Zufallswahrscheinlichkeit enorm. Menschen ins Gesicht zu blicken auch. Das Haus zu verlassen gewiss. Das bekannte Land hinter sich zu lassen ebenfalls. Der Zufall will, dass man Kontakt zu ihm aufnimmt. Dass man ihn einlädt.

Die Featureautorin Johanna Fricke, ursprünglich Ethnologin, kam für ihre Magisterarbeit in Kontakt zu einem scheuen nepalesischen Nomadenvolk, indem sie auf einem Platz in der Nähe von deren Lagerplatz drei Wochen lang *herumsaß*. Zuerst kamen, neugierig, die Kinder. (Kinder sind großartige Zufallsboten.) Die brachten ihr die ersten Wörter ihrer Sprache Rauté bei; dann kam die Einladung ins Lager; dann die Gespräche. (Dann die Arbeit.)

Wer zuerst rumsitzt und sich dann einlässt, weiß nicht, wer nachher reinkommt oder was. (Vielleicht kommt auch niemand.) Wer zuhört, hört manchmal Sätze, mit denen er/sie nicht gerechnet hat und erlebt Dinge, die ihn von der Bahn abbringen. Das kann einer Featureautorin oder Ethnologin, das kann dem *Feature* nur guttun. Ließe man den Zufall im Dokumentarischen nicht zu, würde man immer nur hören, was man vorher geplant hat.

Dass aus diesen angelockten Zufällen verwertbares Material herauskommt, ist Teil des Spiels. Ungeplantes, zufälliges Material schließt die Komposition und den Plan nicht aus. Das zugelassene, zufällige, zugetragene Material ist es, mit dem der Plan (oder die Komposition) *spielt*. Der Zufall ist, eventuell, das Barthes'sche Punctum: Die Übernahme des Zufalls in die Komposition (die manchmal von niemandem bemerkt wird).

Als der Fußballer Ronaldo noch in Barcelona spielte (er war auf dem Höhepunkt seiner Schaffenskraft), hatte er das Unglück, auf den holländischen Trainer Luis van Gaal zu treffen. Van Gaal ist einer der Trainer, der das Kollektiv über den Individualspieler stellt. Eines Tages saß Ronaldo auf der Ersatzbank; van Gaal hatte ihn nicht aufgestellt. Barca verlor. Auch im nächsten Spiel saß Ronaldo auf der Bank, unverletzt und ohne anderen ersichtlichen Grund. Während der nachfolgenden Pressekonferenz wurde van Gaal von einem Reporter gefragt, warum er Ronaldo nicht einsetze. Van Gaal antwortete trocken, Ronaldo passe nicht in sein System. Kurze Pause. Spanische Fußballreporter besitzen Fußball-Sachverstand, und darum wussten sie: Van Gaal hatte recht. Ronaldo passt nicht ins System. Also noch mehr Schweigen. Dann eine Wortmeldung aus der letzten Reihe und die Frage: Herr van Gaal: Was ist das für ein System, in das der beste Fußballer der Welt nicht hineinpasst?

> Was, wenn aus dem Interview plötzlich ein Gespräch wird? Sich plötzlich der Zufall in den Plan einschleicht. ”

Das ist nicht nur auf die Liebe, die Arbeit und das Kochen übertragbar. Das gilt auch für die Herstellung radiophoner Dokumentationen.

Die Frage des Dokumentaristen / der Dokumentaristin ist, wie *lange* er/sie sich auf den Zufall einlässt. Wie groß der van-Gaal-Anteil, wie groß der Wunsch nach Ronaldo in ihm/ihr ist. Das ist (wie, ach, alles) eine Frage der Ökonomie, ganz banal, eine Frage der Finanzierung. Wer weiß, was er/sie will; wer wegschneidet, was nicht ins Konzept passt, wer nur Material sucht, von dem er/sie vorher schon weiß, dass es benötigt wird: Der ist zwar vielleicht ein bisschen unethisch, aber auf jeden Fall schneller fertig. Und wer schneller fertig ist, verdient (am Ende des Jahres) mehr. Wer dem Zufall die Führung überlässt, den Gesprächspartnern Raum gibt, den Polyvalenzen des Materials folgt und den Plan (erst einmal) verabschiedet, begibt sich möglicherweise auf eine weite Reise, die niemand finanziert. Und sitzt irgendwann in einem wackligen Kahn inmitten eines großen Material-Ozeans.

Die Frage des Dokumentaristen / der Dokumentaristin ist, wie lange er/sie sich auf den Zufall einlässt.

Feature-Redaktionen zahlen im Vergleich zu anderen Redaktionen, erst recht im Vergleich zu anderen Medien, gut. Sie sollten noch besser bezahlen.

Die jüngsten Großskandale des Dokumentarischen, der «Fall Relotius» und die Diskussionen über die nicht ausgewiesenen Spielszenen im Dokumentarfilm *Lovemobil*, haben viele Gründe. Einer davon ist, dass Dokumentarist*innen unter hohem Erfolgsdruck stehen, perfekte Bilder, soundfette Töne oder spannende Szenarien liefern zu müssen, um selbst sichtbar zu werden. Redaktionen und Publikum wollen Spektakuläres und die Autor*innen müssen dafür sorgen, das ist ihr Auftrag. Ein solcher Auftrag allerdings verschließt sich dem Zufall, und er verschließt den Autor*innen, möglicherweise, die Wirklichkeit. Denn das, was der Fall ist, ist in den meisten Fällen unspektakulär; es ist oft genug banal.

Im kleinen, randständigen Genre des Radiofeatures scheint es, nicht nur in letzter Zeit, eine Tendenz zu geben, das Spektakuläre zu verabschieden. Oder es anders zu definieren. Alltägliche Geschichten, intime Porträts ohne eigentlichen Sensationswert gab es in der beinahe siebzigjährigen Geschichte des Radiofeatures immer schon. Am großartigen Projekt «Wirklichkeit im Radio» des Deutschlandfunk-Redakteurs Ingo Kottkamp[5] wird das deutlich. Sendungen über den letzten Scherenschleifer Berlins, Rentner und ihre Kanarienvögel, die Schafschur im australischen Outback: Das Feature hat sich immer schon in den Nischen der Wirklichkeit eingerichtet. Aktuelle Autor*innen wie Dörte Fiedler, Jurate Braginaite oder Beate Becker gehen den Weg noch ein bisschen weiter: Sie sind explizit nicht mehr auf der Suche nach einer Großerzählung und einer «Bedeutung», für sie ist Wirklichkeit immer schon fragmentarisch und vermittelt. In seinen besten Momenten kann das Feature das «Sensationelle» neu definieren. Es ist dann nicht mehr die Meldung mit News-Wert, sondern eine Geschichte mit Resonanzraum. Das wirklich Sensationelle in ihnen ist das Menschliche. Das Intime. Persönliche. Hergestellt mit sehr viel Zeit und langem Atem – dem Scheitern als Option – mit brillanten Mikrofonierungen – einem Gespür für Rhythmus und Räume – und immer offen gegenüber dem Zufall.

1 Auf Ö1 sind das die samstäglichen «Hörbilder» und die «Tonspuren» am Dienstag; SWR2 sendet «Features» am Freitag und am Sonntag, jeweils eine Stunde.

2 Als berühmte Text-Feature-Autor*innen gelten Sibylle Tamin, Claudia Wolff, Friedrich Schütze-Quest, Ernst Schnabel oder Horst Krüger. Auch das sehr aktuelle Stück «Saal 101» des großartigen Regisseurs Ulrich Lampen (et al), in dem ausgewählte Protokolle des NSU-Prozesses vorgelesen und collagiert werden, ist ein Feature. Auch, wenn es unter dem Begriff «Hörspiel» gesendet wird. Die Grenzen zwischen (avanciertem) Feature und (progressivem) Hörspiel waren schon immer fließend.

3 Geschweige denn einen einheitlichen *Inhalt*: Von der «Genitalbeschneidung im Sudan» über ein Porträt Friederike Mayröckers bis hin zur «Bedeutung des Katzenfutters im ausgehenden 20. Jahrhundert» ist im Feature *inhaltlich* alles möglich. Redaktionen tragen gemeinhin den Namen ihres *Inhalts* (Sport; Kirche; Wissenschaft usw.) – nur Hörspiel- und Feature-Redaktion tragen den Namen ihrer *Form*. Darüber könnte man mal nachdenken.

4 Einen Höhepunkt der Formatierung erleben Audioproduktionen in *online-only-Podcasts*. Dieselben Hosts, die unveränderbare (zumeist antagonistische, also: gecastete/gescriptete) Charaktere haben, miteinander sprechen oder Footagematerial anmoderieren; dieselbe Gebrauchsmusik; dieselben Mikrofone und Mikrofonabstände: derselbe *sound*. Kein erfolgreicher Podcastmacher, der noch ganz bei Trost wäre, würde seine Hosts austauschen oder das Schnitttempo seines/ihres Podcasts variieren. Der Podcast arbeitet in seinen jeweiligen Folgen niemals mit *Überraschung und Zufall*, er arbeitet durchgehend mit *Wiedererkennbarkeit*. Man läge nicht ganz falsch zu sagen, dem (zukunftsträchtigen) Podcast wohne ein harter, konservativer Kern inne: Dass (soundtechnisch) alles auf immer so bliebe, wie man es kennt; dass sich nichts ändere. Ein Zeichen dafür ist auch das «Abonnementsystem» des Podcasts: Man ordert (und bekommt), was man kennt. Der Podcast ist eine Bestellung, das Radio ein Geschenk.

5 https://wirklichkeitimradio.de

Thomas Raab

VON DER MEINUNG ZUR MESSUNG ZUR MESSUNG DER MEINUNG

Über zwei Zufallsbegriffe

Fast jeder Einsatz der Wahrscheinlichkeitsrechnung in der Psychologie trägt einen Keim des Verzichts auf Einsicht.
Oswald Wiener, «Kybernetik und Gespenster» (2015)

Wenn uns die beiden letzten Jahre der Seuchenmessung, -mutmaßung und -meinung etwas gebracht haben, dann, dass neben Mutmaßung und Meinung erstmals auch das Problem der Messung in den matten Lichtkegel der öffentlichen Diskussion geriet. Alle drei M haben mit zwei Zufallsbegriffen zu tun, und ob, und wenn ja, wie diese zusammenhängen, möchte ich im Folgenden skizzieren.

Wissenschaftlich ist der Zufall, wenn man von speziellen Meinungsverschiedenheiten bei seiner axiomatischen Grundlegung in der Wahrscheinlichkeitstheorie absieht, in der Anwendung *grundsätzlich* unproblematisch. Zufälle werden postuliert, wenn man die Ursachen von Messwerten nicht kennt und Letztere also nicht errechnen kann, also bei *Strukturmangel*, der leider durch das schwere Gewicht, das seit Claude Shannon dem Begriff der Information beigemessen wurde, zu oft *Informationsmangel* genannt wird.

Diese Unterscheidung wird manchem/r beckmesserisch vorkommen, aber sie ist es durchaus nicht.

Information wird, selbst wenn sie, anders als bei Shannon, semantisch aufgefasst wird, intuitiv als *Maß* gedacht. Als Anzahl von Worten oder «Wissenselementen» oder «items» wäre sie demgemäß metrisch und daher messbar. Das Internet besteht aus einer, wenn auch kaum messbaren, Anzahl an Bytes. *Struktur* hingegen impliziert erstens Zusammenhänge innerhalb solcher «items» und *bewirkt* als solche eher das, was man in der Informationstheorie Redundanz nennt. Zweitens ist sie immer eingebettet in eine (nur in kleinen Teilen bewusste und zur Handlung zwingenden) Orientierung eines *einzelnen* Menschen. Kurz, Struktur oder Ordnung oder Modell sind Synonyme für das konkrete Wissen *einzelner* Menschen. Ob und wie «das Universum» strukturiert ist, können wir nur *als einzelne Menschen* wissen.

Während Information also gemessen werden kann und demgemäß aus *Daten* besteht, ist Struktur etwas, das man *erlebt*. Erst das strukturelle Wissen um Zusammenhänge lässt uns zielgerichtet handeln, und Einsichten, die sich oft erst nach langer Beschäftigung und Konfrontation mit (im Gegensatz zu «Aufnahme» von) Daten als neue Zusammenhänge einstellen und als Aha-Erlebnis erfreuen, werden *erlernt*. Dabei ist klar, dass dieses Wissen bei jedem Menschen anders, von diesem/r je nach Gegenstand unterschiedlich präzise realisierbar und vor allem immer nur ad hoc in einem Rekonstruktionsprozess aktualisierbar ist (Eder und Raab 2015).

Kurz, Wissen besteht aus Modellen, die sich in der (sozialen und/oder physischen) Welt bewähren müssen. Je «sozialer» und weniger «materiell» sie sich bewähren, desto mehr werden sie von Mutmaßung zu Meinung.

Messung

Bleiben wir bei den Daten, die man ehedem erst dann maß, wenn man als Wissenschaftler*in eine Mutmaßung belegen (das heißt *nicht falsifizieren*) wollte. Daten stammen von Messungen einer Variablen, die wir nicht weiter zerlegen können und die in einen hypothetischen funktionalen Zusammenhang – der Mutmaßung – gebracht wird. Als Grundlage bleibt immer, dass entweder das, was wir verstehen wollen, deterministisch ist («Realismusthese») oder zumindest unser Verstehen nur Verstehen genannt werden kann, wenn es deterministisch ist («Erkenntnisthese», Wiener 1996).

Erfüllt die Auswahl der Einzelmessungen nun jene Kriterien, die Richard von Mises 1928 in seinem Klassiker *Wahrscheinlichkeit, Statistik und Wahrheit* festlegte, so ist nicht nur ihre Stichprobe repräsentativ, sondern folgt auch einer als Funktion beschreibbaren Zufallsverteilung. Das wichtigste Kriterium ist ein klar umgrenztes Kollektiv, dessen gemessenes Merkmal, was Mittelwert und Streuung zum Beispiel betrifft, sich nicht durch *willkürliche* Auswahl aus der Stichprobe verändert. Ordne ich den Messwerten beispielsweise jeweils eine natürliche Zahl zu, darf sich die Verteilung durch eine Regel, die eine Untermenge eliminiert, nicht verändern. Nur dann sind die Messungen zufällig verteilt und die aus ihnen errechneten statistischen Parameter im Sinne der Ausgangshypothese deutbar.

Dass von Mises' Kriterien in der Wissenschaft und besonders in den Verhaltenswissenschaften, wo allein die Stichprobenauswahl sehr trickreich ist, nicht oft eingehalten werden können, liegt auf der Hand. Sehr oft nimmt man die Daten, die man bekommt, und liest ihre «Validität» an ihren Streuungsmaßen ab, als mache allein ihre Konsistenz Daten objektiv. Ein Taschenspielertrick, aber er «funktioniert», solange niemand die Studien auf ihre Repräsentativität prüft (Open Science Collaboration 2015).

In den Verhaltenswissenschaften kommt noch erschwerend hinzu, dass der/die Messende dasselbe «Wesen» hat wie das Gemessene, und die Variablenauswahl, -weglassung und -idealisierung daher auch einen psychischen Aspekt hat, der zur *Abwehr* bestimmter Deutungen dienen kann (Devereux 1978). Mutmaßungen und Messungen dienen dann zum Schutz vor anstatt zum Gewinn von Einsichten.

Die Wahrscheinlichkeitstheorie wurde von Daniel Bernoulli und Pierre-Simon Laplace im 18. Jahrhundert für das Glücksspiel und zur Besicherung von Schiffsladungen entwickelt (Hogben 1966: 647). Sie diente zur Berechnung von Risiken und nicht – wie später in der Wissenschaft – zu Prognosen. Ein Ereignis ist, wie angedeutet, *definitionsgemäß* zufällig, wenn ich gar keine oder keine angemessen sparsame Möglichkeit sehe, es aus materiellen Ursachen strukturell abzuleiten, was die Messung ja überflüssig machen würde. Die Mutmaßung zum Beispiel, ein Würfel sei gezinkt, erweist sich an der Ungleichheit der Wahrscheinlichkeiten der sechs möglichen Fälle seines Wurfs. Diese *herzuleiten* ist nicht nur unpraktisch, sondern insbesondere bei vielen interdisziplinären und komplexen, das heißt nicht auf einen funktionalen Zusammenhang reduzierbaren Problemen *unmöglich*. Auf Information (Daten und Statistik) wird mithin ausgewichen, *weil* es an Struktur mangelt. Das heißt jedoch nicht, dass es für das jeweilige Problem keine strukturelle Theorie gibt oder geben kann. Sie bleibt letztlich das Ziel jeder Wissenschaft (zumindest bis vor Kurzem).

Die praktische Definition von Zufall resultiert also aus dem Mangel an *Struktur*. Diese wiederum lässt sich nicht aus Daten «ableiten» und ergibt sich nur durch dauerhafte Beschäftigung mit einem vorstrukturierten Problem. Wenn sie dem/r Einzelnen in Form eines Einfalls plötzlich auftaucht, so sind daran viele bereits existente Strukturen beteiligt. Der Einfall erscheint *magisch*, weil viele dieser Strukturen unbewusst bleiben, wir auf ihrer Grundlage zwar handeln, sie aber nur selten explizieren (müssen).

Um den magischen Aspekt des produktiven Einfalls mit der wissenschaftlichen Prämisse, kognitive Prozesse liefen deterministisch ab (was übrigens auch gilt, wenn man sie als dynamische Systeme mit «emergenten» Eigenschaften konzipiert – eine nichtmechanistische Wissenschaft kann es nicht geben), widerspruchsfrei zu machen, prägte Oswald Wiener den Begriff des «gelenkten Zufalls» (2000: 43f.). Gelenkt ist der Zufall insofern, als ein Reiz aus der deterministischen Umwelt in spezifischer, hier für das Denken produktiver Weise, auf die ebenso deterministische, aber durch ihre Geschichte einmalige Orientierung eines Einzelwesens einwirkt. Man stelle sich zwei Schablonen vor, die so gegeneinander verschoben werden, dass nur in bestimmten Stellungen beider zueinander erkennbare Gestalten sichtbar werden.

Ich werde weiter unten erläutern, wie meiner Ansicht nach der mathematische Zufallsbegriff für Daten und der erkenntnistheoretische Zufallsbegriff zum Strukturerwerb in der Praxis zusammenhängen. In der englischen Sprache lassen sich diese beiden Zufallsbegriffe jedenfalls besser abbilden: Der gelenkte Zufall nennt sich dort «chance» oder «coincidence» (eben weil er «glücklich» gelenkt ist), der «mathematische Zufall» «randomness» (Blackburn 1994: 60 bzw. 318).

Strukturen entstünden also ohne gelenkten Zufall gar nicht. Sie sind ein evolutionäres Merkmal des menschlichen Gehirns in einer «überdeterminierten», weil *zu viel* Information liefernden Umwelt. Ihre Anwendbarkeit in der Außenwelt wiederum hat *keine* Wahrscheinlichkeit, da dort ja der zuvor dargelegte Zufallsbegriff für Information, also Messdaten gilt. Hypothesen, die man mathematisch formulierte Strukturen nennen kann, haben daher, anders als Karl Popper (1973) glaubte, überhaupt keine Wahrscheinlichkeit. Sie stimmen mit Daten überein oder nicht.

Alle Strukturen, auch wissenschaftliche, sind immer individuelle Mutmaßungen, wenngleich sie sich im ersten Augenblick als notwendig «aufdrängen».

Mutmaßung

Wenden wir den erkenntnistheoretischen Blick von der Wissenschaft zum Alltag. *Jedes* eigene Verstehen eines Zusammenhangs, auch einer bereits bestehenden Theorie, das heißt jedes Nachvollziehen einer «bekannten» (wem?) Einsicht führt also zu einer Struktur mit Datenmanko. Es wird wohl allen aufgefallen sein: Unsere Mutmaßungen «kommen» oft trotz wenig Information aus der Umwelt, oft durch Analogien mit bereits Kapiertem.

Jede Mutmaßung ist dabei immer kreativ, eine für den Einzelnen neue Struktur, und der «guess» muss keineswegs «educated» sein. Ich denke, jedermann und jedefrau kennt von sich selbst (aus der Schule et cetera), wie befriedigend das Nachvollziehen einer Struktur ist, ohne dass die Struktur *für andere*, geschweige denn *alle* neu sein muss. Nur Wissenschaftler*innen (und Kunstschaffende) streben bisweilen *neue* Einsichten an, wobei bei komplizierten, nicht als Funktionen darstellbaren Theorien auch die Kombination mehrerer Theorien neu sein kann.

Von der wissenschaftlichen Theorie zur Privatmutmaßung ist der Übergang fließend. Der Unterschied besteht nur in der Detailgenauigkeit, Präzision der Formulierung und sozialen Akzeptanz. Jedenfalls fällt im Alltag das Testen solcher Mutmaßungen durch Statistik aus. Die Mutmaßung des Privatmenschen ist so gut wie immer an anekdotischen Beobachtungen aufgehängt, während der oder die Forschende ihre Subjektivität mit Datensammlung und Statistik «objektiviert».

Allerdings zeigte bereits vor fünfzig Jahren Georges Devereux (dt. 1984), dass der Grad der Abstraktion der gewählten Variablen in den Verhaltenswissenschaften zwar hinter dem Konzept der «Operationalisierung» versteckt werden kann, demgemäß eine psychische Variable nicht direkt, sondern indirekt über sichtbares Verhalten gemessen wird, sich darin aber die *Angst* des oder der Forschenden vor dem Gegenstand und dessen mechanistischer Erklärung ausdrückt. Das klare, mechanistische Verstehen bringt seinen Gegenstand insofern «zum Schweigen», als er seiner Aura, seines Geheimnisses beraubt wird. Etwas zu verstehen ist ambivalent: Es reduziert Angst, weil es berechenbar macht, aber schluckt gewissermaßen den Zauber des Gegenstands. Devereux leitet weiter aus seinen Beobachtungen im Verhaltenswissenschaftsbetrieb ab, dass die Angst umso größer ist, je näher der Messgegenstand dem eigenen Ichgefühl auf den Pelz rückt. Die psychologische Selbstbeobachtung erzeugt wohl auch, aber nicht nur deswegen so viel Widerstände nicht nur in den Rezipient*innen, sondern auch im Selbstbeobachtenden. Sie ist, besonders wenn nüchtern und ohne Ich-Kitsch durchgeführt, unheimlich, weil das *eigene* Funktionieren mechanistisch erlebt wird.

Jedenfalls ist meines Erachtens in der Seuchenzeit auffallend, dass alle an der Diskussion Teilnehmenden – und das waren diesmal wirklich fast *alle* – den Streit um ihre Meinung mit Mutmaßungen belegten, die sie aus den veröffentlichten Daten ableiteten. Dass die Analyse von Daten selbst bereits ein theoretischer und subjektiver Akt ist, scheint außer den verbliebenen «seriösen» Wissenschaftler*innen kaum jemandem aufgefallen zu sein. Denn natürlich «suchen» sich alle Parteien jene Daten, die zu ihren Mutmaßungen passen. Natürlich sind jeder/s Mutmaßungen durch ihre/seine (politische) Meinung verzerrt. Natürlich ist diese Meinung zum größten Teil eine Folge von Sozialisierung und damit milieuspezifischer *Ängste*. So entstand im 17. Jahrhundert bereits die allererste Sozialstatistik, wie bereits Hans Zeisel (1975) im Anhang an Marie Jahodas berühmte Studie über *Die Arbeitslosen von Marienthal* ausführte, aufgrund der Ängste der feudalen Herrschaft, die «ihre» Untertanen nicht mehr wiedererkannten.

Statt über Daten und Statistiken hätte man besser offiziell über diese Ängste streiten sollen, was stattdessen privat in Familien und Freundeskreisen geschah. Auch Ängste sind schließlich Tatsachen, wenngleich man sie nicht messen kann. Ob und ab welchen Symptomen und Kosten man sie «neurotisch», sprich unökonomisch und damit «irrational» nennen soll, werden indes leider nicht einmal mehr Fachärzt*innen für Psychiatrie entscheiden wollen.

Daher der Deadlock in der Diskussion, als könne sich aus den Daten allein die «Wahrheit» herausschälen. Diese Neigung und die Ausweglosigkeit der (Impf-)Diskussion bringt krass zu Bewusstsein, dass «big data» – die gewonnen werden, weil es billig geht, und nicht, um Hypothesen zu belegen – zwar Wissenschaftler*innen Korrelationen und damit auch neue Mutmaßungen ermöglichen, Theorien jedoch nicht ersetzen können. Aus diesem Grund sprach Chris Anderson bereits 2008 etwas wehmütig vom «Ende der Theorie» (in der Wissenschaft).

In ökonomischer Deutung der These Devereuxs kann man freilich auch konstatieren, dass eine Mutmaßung umso einfacher zu haben ist, je *weiter* sie von ihrem Gegenstand entfernt ist und je weniger direkt ihre Auswirkungen uns betreffen. Je mehr Wohlstand, desto – ja – unwichtiger auch die Mutmaßung (Galbraith 1959).

Denn wie wenig wir fix wissen, so viel können wir uns meinungsmäßig leisten! Daher vielleicht die Massenunterhaltung qua «permanentem Meinungsaustausch». Ein Grund für die endlose, hasserfüllte, aber eben auch lustvolle Diskussion um Maßnahmen, Opfer und Täter ist wohl auch die, wenngleich hyperaktive, aber schon länger als die Seuche währende Langeweile.

Ein Motiv zu opponieren kann ja schließlich sein, dass dies schlicht *möglich* ist. Es gibt keine «Pflicht zur sozialen Moral».

Meinung

Eine Meinung schließlich hat, wenn ich es recht überlege, über die Mutmaßung hinausgehend noch einen technischen und einen moralischen Aspekt. Technisch, weil die Meinung im Sinn einer *techné* auf eine Veränderung der *Außenwelt* hinausläuft, während eine Mutmaßung oder Hypothese gerne «akademisch», sprich innerlich bleiben kann. Der moralische Aspekt äußert sich darin, dass man die eigene Meinung für richtiger hält als die anderer, während Hypothesen nebeneinander bestehen können (solange mit ihnen nicht um Ressourcen konkurriert wird und sie dadurch zu Meinungen degradiert werden).

Man mag es als paradox bezeichnen, aber gerade *weil* Meinungen aufgrund dieser beiden nach außen gerichteten Zusatzmerkmale *im Prinzip weniger* individuell sind, identifiziert sich der oder die Einzelne mit ihnen stärker. Es gibt keine teilnahmslose Meinung, sind diese doch, neben Erinnerungen, der zentrale Teil jedes Ichs. Meinungen sind daher auch *immer* politisch, was dazu führt, dass man ausgerechnet über das, was man am wenigsten genau weiß, am leichtesten in Streit gerät. Das etwas tragische Gefühl, immer verbissener zu streiten, obwohl man immer weniger weiß, worüber, ist gewiss allen bekannt.

Das erinnert unübersehbar an unser Pandemieproblem. Im gegenwärtig multipel verängstigten Klima ist es leider auch für Wissenschaftler*innen *de facto* unmöglich, Hypothesen *schlüssig* mit Daten zu belegen. Das liegt zum einen ganz praktisch daran, dass eine Seuche ein «Phänomen» ist, das offenkundig so viele wechselwirkende Aspekte besitzt, dass sie nicht in eine Gesamttheorie gebracht werden können. Die Verbreitung hängt mit Ängsten zusammen, die wiederum auf das Immunsystem rückwirken, was wieder mit der Pharmazeutikanachfrage korreliert und so fort.

Zudem wären, selbst *wenn* es eine hinreichende Theorie von Covid und vor allem seiner Ausbreitung gäbe, entsprechende Messungen aller Theorieteile praktisch nicht möglich. Dazu nur ein Beispiel: Eine genaue Probenahme zwecks genauer Modellierung der Aerosolverbreitung aus *einem* anatomisch spezifischen Mund, würde diese Verbreitung so stören, dass sie nicht mehr gemessen werden könnte. Dieselbe praktische Einschränkung gibt es in vielen Wissenschaften komplexer Systeme. Auch die Mechanik des Erdbebens ist vollständig bekannt, aber die Parameter können nicht statistisch hinreichend genau für eine Prognose ermittelt werden, ohne die Erdkruste bei der Probenahme so zu verändern, dass ein Erdbeben *ausgelöst* würde.

Es bleiben also nur Meinungen, weil ja gehandelt werden muss, allein um laufende Kontrakte einzuhalten (als Beispiel sei der «Zusammenbruch des Medizinsystems» genannt, der in erster Linie ein juristisches Problem darstellt).

An der gegenwärtigen Meinungsdynamik scheinen mir zwei Aspekte besonders interessant. Erstens, dass sich die beiden «emergenten» Gruppen – die «Ja-» und die «Neinsager*innen» – gegenseitig *definieren*. Da es keine endgültige Theorie gibt, ist es für beide Seiten offenbar emotional am billigsten, sich durch die vermeintlich falsche Mutmaßung der Gegenseite abzugrenzen. Zum Zweiten fällt auf, dass man, jedenfalls in Zentraleuropa, vergessen zu haben scheint, dass man etwas auch *ohne Grund* machen darf. Die meisten Dinge, die ich tue, könnte ich überhaupt nicht mit gutem Gewissen motivieren und müsste, wenn ich dazu genötigt werde, eine mehr oder weniger fadenscheinige Story dazu ersinnen. Gerade der Druck der Regierung und der ihr in den Pandemiemaßnahmen folgenden Mehrheit scheint dazu geführt zu haben, dass die Maßnahmengegner*innen, oft auch trotz gegenteiliger Bildung, bei eher originellen Theorien Zuflucht suchten. Der innere Druck, das eigene Verhalten ohne Not zu begründen, ist, so scheint es, eine westliche Sitte. Dabei ist gerade das ein äußerst zweifelhaftes moralisches Unterfangen (Freud 1999). Ist der Konformitätsdruck so groß? Man hätte auch ehrlich sagen können: «Ich weiß es nicht, aber ich habe ein ungutes Gefühl.» Das scheint nicht mehr up to date zu sein, und ich nehme zur Kenntnis, dass mich die Gesamtbevölkerung, geboostert durch eine Handvoll Expert*innen, in Sachen wissenschaftlicher Größenwahn rasant überholt hat.

Sicher, die Verschwörungstheorien sind übertrieben. Die Welt wird von selbst «im Inneren zusammengehalten», dazu braucht es weder ein kapitalistisches Mastermind noch Euphorie, Angst oder Doofheit (Wilson 2007). Doch immerhin geben solche «Theoriemeinungen» Halt in einer Situation, die eben weder durch noch mehr Messung noch durch eine Theorie *ad hoc* kontrollierbar ist und zur Angstbesänftigung nach jemandem schreit, der oder die *alles weiß*. Man sucht eben Drosten und Rat.

Denn wir *wissen schlicht nicht gewiss*, ob nun Maßnahmen die eine oder gar die einzige Ursache für den Infektionszahlenrückgang ist, wir mutmaßen es. Auch abgesehen von den statistischen Schlampigkeiten der Datendarstellung und dem Mangel an klarem Wissen, ist es zudem *unmöglich*, durch die Aggregatbetrachtung *juristisch hinreichend* auf das Einzelverhalten zu schlussfolgern. Die Infektions- und Erkrankungswahrscheinlichkeiten müssen ja, je nach körperlichem Zustand und, vor allem, Berufs- und Alltagsverhalten um ganze Größenordnungen unterschiedlich sein, woraus sich sehr viel Ungerechtigkeitsgefühl ergab, da nicht wenige in statistischen Stichproben *überhaupt nie vorkommen würden*, und daher die hygienischen Maßnahmen «hinter ihnen vorbeigehen». Zudem sind die Kausalketten, die für eine Beweisführung notwendig wären, nicht nur teilweise unbekannt, sondern, denke ich, prinzipiell gar nicht vollständig zu haben. Der Aufwand wäre zu groß und Messungen in der erforderlichen Dichte unmöglich.

Messung der Meinung

Das scheint mir der Kern des *politischen* Dilemmas zwischen Grundgesetz und Seuchenbekämpfung zu sein. Seltsamerweise liefert die Naturwissenschaft nur dann echte Kausalerklärungen, wenn die experimentellen Rahmenbedingungen künstlich sehr gut fixiert werden können, und das ist selbst beim experimentellen Nachweis der Fallgesetze bereits ein Husarenstück. *Gerade* die Naturwissenschaft kann nur künstliche Phänomene präzise vorhersagen.

Das Rechtssystem und die Bürokratie hingegen fußen notwendig auf Kausalketten, um ihre Logik überhaupt in Anschlag bringen zu können. Dort, wo dies nicht möglich ist, der Rechtsbrecher sich zum Beispiel nicht einsichtig zeigt, wird durch «Expertenurteil» und Schiedsspruch mehr oder weniger willkürlich, aber eben durch die Mehrheit (qua Stellvertreterwahl) sanktioniert, entschieden. Der oben genannte pragmatische Umgang mit nicht repräsentativen Daten scheitert, wo es nicht um Academia, sondern um Gewährleistung und Sicherheit geht.

Wie also ein Naturereignis mittels Bürokratie bekämpfen? Wie es überhaupt vom bürokratischen Ereignis trennen, wenn es beides ist?

Noch dazu, wenn, als wolle man das Problem der Wechselwirkung zwischen Messendem und Messung auf die Spitze treiben, die politischen und medialen Maßnahmen die Meinungen auf Ja- und auf Nein-Seite so *verstärken*, dass man bei einer Mittelmeinung, selbst wenn diese wie hier gar nicht auf Anwendung zielt, von beiden Seiten attackiert wird. Seit Langem ist bekannt, dass im Internetzeitalter jene «Filterblasen» entstehen, die jeder/jedem nur noch «seine» und «ihre», sprich ichsyntone Information auf Basis früherer Sucheingaben und Nutzerdaten liefert (Pariser 2011). In den letzten beiden Jahren kam *noch* dazu, dass durch die Rückkoppelung der Meinungsforschung auf die Meinenden die Grenzen noch krasser akzentuiert wurden.

Da diese in unseren Echokammern gerade *wegen* der «Medienvielfalt» verstärkt wurden, kommt es zu jenem «Double Groupthink» (Janis 1972), den wir heute gewärtigen und der auch mit der staatsgewaltigen Maßnahme von Pflichten nicht geändert werden wird können. Es bleibt bei: Ja oder nein? Dialog ist unmöglich, weil er Ängste schüren würde. Die eigene Meinung reiche, bitte, bis zum Horizont.

Alle diese gruppenpsychologischen und zugleich technologischen Faktoren führen in der Praxis, obwohl nachweislich *mehr* Daten verfügbar sind, für jede Gruppe und damit für jede/n Einzelne/n zu *weniger* Datenvielfalt. Und selbst wenn man gelenkte Zufälle nicht berechnen kann, sagt die Intuition: In einer informationsverarmten Umwelt müssten auch die Gelegenheiten, in denen die Außenwelt günstig für Erkenntnisse in unsere Orientierung eingreift, weniger werden. Wir haben *im Prinzip* mehr Information als je zuvor technisch verfügbar, sind aber ihr gegenüber psychisch jede Woche blinder und haben daher immer weniger kreative Einsichten.

Die «neuen» Politiker*innen scheinen diesen «Demoskopie-Loop» instinktiv gut zu nutzen, denn für das Zielgruppenmarketing reicht die oberflächliche Datenanalyse in Blasen ja aus. Der Erfolg von psychologisch so schwer zu charakterisierenden «Non-Entities» wie S. Kurz, der ja gerade *wegen* seiner Meinungslosigkeit punktet und jungfräulich sexy wirkt, wird sich daher mit anderen Non-Entities fortsetzen. In einer Technokratie scheinen auch Wahlen weder politische Effizienz noch Legitimität zu gewährleisten (Van Reybrouck 2016).

Wenn Wissenschaft Politik und Politik Wissenschaft macht, das heißt, wenn man ein Problem zwar «rational», aber ohne Einsicht, dass man Teil des Problems ist, behandelt, kommt leider keine rationale Politik heraus. Die Menschen wurden in der Pandemie als Messobjekte und Daten schlicht wegabstrahiert.

Doch ihre Ängste sind für jede/n von uns jeden Tag spürbar. Was diese Seuche zum ersten Mal, seit die Wissenschaft die Religion als Leitidee abgelöst hat, zeigt, ist, dass erstere wegen ihrer pragmatischen, kritischen und vor allem *prinzipiell* den Zufall umfassenden Weltsicht die (Pseudo-)Allwissenheit der Religion nicht ersetzen kann. Die laut Freud biologische Sehnsucht nach einer umfassenden und widerspruchsfreien Weltsicht – nach *totalitärer Sicherheit* mit anderen Worten – kann Wissenschaft *ihrem Prinzip nach* nicht bieten.

Die Lösung dieses Problems, das den Kern der Labilität aller demokratischen politischen Systeme ausmacht, kann nur in der *Bildung* einer Bevölkerung liegen, die sich genau dieses Problems wenigstens auf dem hier skizzierten feuilletonistischen Niveau bewusst ist.

Bis dahin könnte jede/r von uns versuchen, nicht so viel Druck auszuüben, dass der oder die andere zu einer unstrukturierten und uninformierten Meinung gezwungen wird. Wir könnten uns alle, auch und gerade unsere Expert*innen mehr als bisher mit dem guten, alten «Ich weiß es nicht» bescheiden.

Literatur:

Simon W. Blackburn, 1994. *The Oxford Dictionary of Philosophy*. Oxford: Oxford University Press.

Georges Devereux, 1984. *Angst und Methode in den Verhaltenswissenschaften*. Frankfurt am Main: Suhrkamp.

Thomas Eder und Thomas Raab (Hg.), 2015. *Selbstbeobachtung: Oswald Wieners Denkpsychologie*. Berlin: Suhrkamp.

Sigmund Freud, 1999. *Gesammelte Werke*. Frankfurt am Main: Fischer Taschenbuch.

John K. Galbraith, 1959. *Gesellschaft im Überfluss*. Zürich: Droemer/Knaur.

Lancelot T. Hogben, 1966. *Mathematik für alle*. Köln: Kiepenheuer & Witsch.

Irving L. Janis, 1972. *Victims of Groupthink*. Boston: Houghton Mifflin.

Richard von Mises, 1929. *Wahrscheinlichkeit, Statistik und Wahrheit*. Berlin: Springer.

Open Science Collaboration, 2015. «Estimating the reproducibility of psychological science». *Science*, 349, aac4716.

Eli Pariser, 2011. *The Filter Bubble*. London: Penguin.

Karl Popper, 1973. *Objektive Erkenntnis*. Hamburg: Hoffmann und Campe.

David Van Reybrouck, 2016. *Gegen Wahlen*. Göttingen: Wallstein.

Oswald Wiener, 1996. *Schriften zur Erkenntnistheorie*. Wien, New York: Springer.

Oswald Wiener, 2000. *Materialien zu meinem Buch VORSTELLUNGEN* (= *Ausschnitt* 05). Wien: Technische Universität.

Robert A. Wilson, 2007. *Lexikon der Verschwörungstheorien*. München: Piper.

Hans Zeisel, 1975. «Zur Geschichte der Soziographie». In: Marie Jahoda, Paul F. Lazarsfeld und Hans Zeisel, *Die Arbeitslosen von Marienthal*. Frankfurt am Main: Suhrkamp, 113–142.

Peter Jungwirth

EINEN ZUFALL NOCH
Fjodor M. Dostojewskijs Roman Schuld und Sühne

«Mich persönlich brachte ein Zufall auf diesen Gedanken, eine sozusagen ganz zufällige Zufälligkeit, die nun einmal da war, wie sie ebensogut auch nicht hätte dazusein brauchen.» Porfirij Petrowitsch, der Untersuchungsrichter, hat zwar keinen sicheren Beweis in der Hand, aber er ist psychologisch äußerst versiert und weiß, wie man Verbrecher verunsichert. Gerade sitzt er neben Raskolnikow, den er, ganz amikal, zu Hause in seiner winzigen Dachkammer aufgesucht hat, und redet und redet, scheinbar ganz harmlos, in einem fort. Und seine Worte sind freundlich, manchmal sogar wirklich schmeichelhaft. Aber eben deshalb bringen sie Raskolnikow mehr und mehr um den Verstand. Sogar der völlig absurde Gedanke, Porfirij könnte ihn für unschuldig halten, beginnt ihn «plötzlich zu ängstigen». Was ist wahr? Was falsch? Lügt Porfirij gerade? Pausenlos schießen, blitzartig, solche Fragen durch Raskolnikows gequälten Kopf.

Und von welchem Zufall redet Porfirij Petrowitsch – der übrigens eines der literarischen Vorbilder von Inspektor Columbo war – da überhaupt? Aber der setzt seine Rede fort – und beliebt, was jenen Zufall betrifft, der seinen Verdacht auf Raskolnikow gelenkt hat, zu schweigen: «Was das war? Hm! Ich glaube, auch darüber brauche ich nicht zu reden. All das, die Gerüchte und die Zufälle, brachten mich damals auf einen ganz bestimmten Gedanken.»

Es ist die dritte und letzte lange Begegnung zwischen Porfirij und Raskolnikow, immer näher ist der Untersuchungsrichter dabei dem Mörder gerückt, auch im wortwörtlichen Sinn, immer enger hat er ihn umkreist, aber auch dieses letzte Gespräch – denn ein Verhör, im eigentlichen Sinne, ist es nicht – führt, zumindest zunächst, zu keinem Geständnis. Aber es macht den bereits zutiefst verzweifelten Mörder, der an seiner Schuld beinahe schon zerbrochen ist, endgültig mürbe.

Schuld und Sühne ist – wenn man ihn denn diesem Genre zurechnen möchte – ein sehr seltsamer Kriminalroman. Man erfährt bereits im ersten Siebtel der rund siebenhundert Seiten langen Lektüre, dass Raskolnikow der Mörder der Pfandleiherin Aljona Iwanowna und ihrer Schwester Lisaweta ist, man weiß auch längst ganz genau, wie er gemordet hat und was seine Motive waren. Dennoch bleibt die Handlung spannend bis zur letzten Seite. Warum? Und welche Rolle spielt in diesem 1866 erschienenen Buch, das zu den einflussreichsten Werken der russischen Literatur – und zu den populärsten der Weltliteratur – zählt, das Phänomen Zufall?

Eine ziemlich große. Man könnte sogar sagen, eine geradezu kolossale. Denn die Zufälle, die den Figuren selbst auffallen, wie auch die, die von ihnen ganz unbemerkt bleiben, sind zahllos. Und sie werden, im Verlauf der Handlung, immer abenteuerlicher und unwahrscheinlicher. Überspannt Dostojewskij dabei den Bogen? Schieben wir die Frage zunächst beiseite. Und werfen kurz einen Blick auf den Autor.

Dostojewskij wurde als Sohn eines Armenarztes geboren, der von Leibeigenen ermordet wurde. Er hatte, wegen der Mitgliedschaft in einem revolutionären Geheimbund, eine Scheinhinrichtung und acht Jahre Verbannung in Sibirien hinter sich. Diese existenziellen Erfahrungen verwandelten Dostojewskij vom Atheisten in einen überzeugten Christen, und sie legen auch nahe, woher die Geschichte Raskolnikows, der aus materieller Not und ideologischer Verblendung zum Mörder wird, ihre authentische Wirkung bezieht. Dostojewskij, der lang in materieller Unsicherheit lebte und mehrmals vor seinen Gläubigern ins Ausland floh, wusste auch aus einem anderen Grund, wie es sich konkret anfühlt, wenn es in einem einzigen Augenblick um die gesamte Existenz geht: Er war «von Spielleidenschaft besessen. Im Sommer 1865 fuhr er mit den 3000 Rubeln, die ihm sein Verleger für die Herausgabe seiner Werke übergeben hatte, nach Wiesbaden und verspielte dort das Geld in wenigen Tagen.»

Um die Existenz, nichts weniger, geht es auch für Raskolnikow, als er sich, aufgrund eines von ihm als schicksalhaft empfundenen Zufalls, in fiebriger Verfassung entschließt, schon am nächsten Tag zu einer bestimmten Stunde zur Pfandleiherin Aljona Iwanowna zu gehen, um sie mit dem Beil zu erschlagen und zu berauben. Was er sich davon erhofft? Wir könnten hier vorgreifen und berichten, wie Raskolnikow bei der Gerichtsverhandlung seine Motive wahrheitsgemäß erläutert.

Aber so weit sind wir noch nicht. Interessanter ist ja zunächst die Frage, welcher konkrete Zufall Raskolnikow – der zwar bitterarm, von allen Seiten bedrängt und verzweifelt, aber auch zu edlen Gefühlen und Taten fähig ist und bis dahin auch kein Verbrechen begangen hat – dazu bewegt, seinen während eines Monats ausgeheckten Mordplan, vor dem ihm glaubhaft «ekelt» und den er darum eigentlich auch schon wieder verworfen hat, in die Tat umzusetzen. Wenn er sich später «Minute für Minute, Punkt für Punkt, Strich für Strich» an diese Zeit erinnert, weckt ein Umstand, der ihm später «immer wieder als eine Art Vorausbestimmung seines Schicksals erschien», in Raskolnikow «abergläubische Vorstellungen».

Der erwähnte Umstand besteht darin, dass Raskolnikow eines Abends, obwohl er bereits erschöpft ist, auf seinem Heimweg einen Umweg nimmt, um über den von ihm geliebten Heumarkt zu gehen, einen Marktplatz, auf dem gerade die Kaufleute ihre Läden dichtmachen. Und dort geht er zufällig gerade im entscheidenden Moment an einer miteinander in flüchtigem Gespräch stehenden Gruppe vorbei, um zu erfahren, dass die Pfandleiherin, bei der auch ihre Stiefschwester Lisaweta wohnt, am nächsten Abend, um sieben Uhr, allein zu Hause sein würde. «Selbst wenn er Jahre auf eine günstige Gelegenheit für sein Vorhaben gewartet hätte, so hätte sich ihm kein besserer Hinweis bieten können, wie dieses Vorhaben mit Sicherheit in die Tat umgesetzt werden könnte, als jener Wink, der ihm da gegeben worden war.»

Dostojewskij denkt nicht daran, seinen Protagonisten ungeschoren aus dieser Situation zu entlassen, in die er ihn mit einer Reihe von «hilfreichen» Zufällen gelockt hat. ”

Und dieser Wink betreffend die Pfandleiherin, den Raskolnikow allzu leichtfertig als schicksalhafte Ermutigung versteht, war nicht der erste. An dem Tag, an dem Raskolnikow zum ersten Mal zu ihr gegangen war, um dort, schweren Herzens, einen Ring zu versetzen, den ihm seine Schwester gab, war ihm an anderem Ort, ebenfalls zufällig, zu Ohren gekommen, dass die Pfandleiherin zum einen sehr viel Geld haben dürfte – und zum anderen gewiss einen boshaften Charakter habe. Für den nicht nur dem Aberglauben, sondern auch der Selbstherrlichkeit zuneigenden Raskolnikow macht schließlich genau diese letzte Information, so scheint es, den entscheidenden Unterschied.

Weniger als vierundzwanzig Stunden, nachdem Raskolnikow am Heumarkt zufällig aufschnappt, Aljona Iwanowna wäre allein in ihrer Wohnung anzutreffen, ist jedenfalls nicht nur die Pfandleiherin tot, sondern auch deren Schwester Lisaweta, die Raskolnikow eigentlich verschonen wollte, aber ebenfalls erschlägt, als sie zu früh heimkommt. Und das Entsetzen des Täters ist grenzenlos: «Raskolnikow war völlig außer sich; er griff nach dem Bündel, warf es wieder hin und eilte auf den Flur. Immer größere Furcht packte ihn, vor allem nach dem zweiten, völlig unvorhergesehenen Mord. Er wollte nur möglichst rasch weg von hier.»

Dostojewskij denkt natürlich nicht daran, seinen Protagonisten ungeschoren aus dieser grausigen Situation zu entlassen, in die er ihn so mühsam, mit einer Reihe von «hilfreichen» Zufällen, gelockt hat. Im Gegenteil. Jetzt wendet er das Blatt. Und Raskolnikow treten nun «verhängnisvolle» Zufälle in den Weg. Kaum will er aus der im obersten Stockwerk befindlichen Wohnung flüchten, hört er von unten Schritte. Dann klopft, wie befürchtet, tatsächlich jemand an die Tür. Und die beiden Klopfenden, es sind Kunden der Pfandleiherin, die sich zufällig auf der Treppe getroffen haben – einer davon ist übrigens ein angehender Untersuchungsrichter –, ziehen sofort die richtigen Schlüsse. Sie gehen nicht weg. Sie holen Verstärkung.

Raskolnikow glaubt, dass er in der Falle sitzt. Auch als Leser kann man sich nichts anderes vorstellen. Es gibt nur eine Treppe, die nach unten führt – und die steht jetzt unter Bewachung. Aber erneut wendet sich das Blatt, eine Verkettung von unwahrscheinlichen Zufällen – deren gestaltende Kraft übrigens über die aktuelle Situation hinausreicht, wie sich noch zeigen wird – bietet für eine Minute ein Schlupfloch.

Genau so geht es, ohne Verschnaufpausen, auf den folgenden sechshundert Seiten weiter. Nicht nur für Raskolnikow übrigens. Auch für viele andere der beinahe drei Dutzend Figuren des Romans geht es in den zwei Wochen im Juli 1865, in denen die Handlung von *Schuld und Sühne* auf der großstädtischen Bühne St. Petersburgs in hoch konzentrierter Form spielt und, gelenkt von unwahrscheinlichen Zufällen, immer wieder unerwartete Wendungen nimmt, um die nackte Existenz.

Raskolnikows Mutter und seine edelmütige, schöne Schwester Dunja, beide sind beinahe mittellos – unter anderem, weil sie Raskolnikow finanziell unterstützen –, geraten gerade in dieser Zeit in große Probleme: Sie sind nach St. Petersburg gereist und hier auf die – an unerfüllbare Bedingungen geknüpfte – Gunst des durch und durch scheinheiligen Verlobten von Dunja, Pjotr Petrowitsch Luschin, angewiesen.

Für andere Akteure sind diese Julitage sogar fatal. Der dem Alkohol verfallene ehemalige Beamte Marmeladow, den Raskolnikow ganz zufällig kennenlernt, kurz bevor er den Mord begeht, gerät betrunken unter die Räder einer Kutsche. Wobei Raskolnikow, wieder zufällig, gerade rechtzeitig zur Unfallstelle kommt, um ihn zu identifizieren – und die Arztkosten für ihn zu übernehmen. Überhaupt kreuzen sich die Wege der Familie Marmeladow und die von Raskolnikow nun ständig, und das in tatsächlich schicksalhafter Weise. Marmeladows schwindsüchtige Witwe, die nicht weiß, wie sie die Kinder durchbringen soll, landet bettelnd auf der Straße. Und Marmeladows schüchterne Tochter aus erster Ehe, Sonja, die vor Kurzem aus Not und aus Hilfsbereitschaft begonnen hat, sich zu prostituieren, wird überhaupt zum Dreh- und Angelpunkt der folgenden tragischen Handlung.

> Zu viel des Guten? Zugegeben, das geradezu höllische Tempo ebenso wie die geradezu himmlischen Wendungen sind verwirrend.
> ”

Aber vor allem seinen zwischen tatkräftiger Nächstenliebe und fatalistischem Zynismus hin- und hergerissenen Protagonisten lässt Dostojewskij bis zum Ende des Romans nicht mehr aus den Klauen. Kaum ist Raskolnikow nach einer schrecklichen Nacht, in der er verzweifelt Blutspuren auf seiner Kleidung sucht und dabei – wie Lady Macbeth – fast verrückt wird, erwacht, bekommt er eine Vorladung aufs Polizeirevier. Nicht wegen des Mordes, nein. Nur wegen einer – zufällig jetzt fällig gestellten – Wechselschuld. Aber als Raskolnikow, fiebrig, an diesem heißen Tag aufs Polizeirevier geht, um mit zitternder Hand seine Wechselschuld zu bestätigen, und dort gerade über den Mord an der Pfandleiherin gesprochen wird, fällt er in Ohnmacht. Was, naturgemäß, Verdacht erweckt und auch Porfirij Petrowitsch zu Ohren kommt und zu denken gibt. Im Übrigen gibt sich der impulsive Raskolnikow, der nach dem Mord wie von Sinnen ist, auch im Wachzustand alle Mühe, den Verdacht auf sich zu lenken. Mit Erfolg.

Dort wo Gefahr droht, wächst aber auch das Rettende. Dieses Prinzips bedient sich Dostojewskij permanent, aber nicht plump. Denn worin die wirkliche Gefahr besteht und was das Rettende ist, das steht selten schon im Voraus für die einzelnen, oft tumulthaften Situationen fest. Es zeigt sich oft erst in der Rückschau. Und nach und nach stellt sich heraus, dass vieles von dem, was Raskolnikow anfänglich als gefährlich, lästig oder hinderlich empfindet, ihm schließlich zur Rettung wird. Genau das gilt übrigens auch für die anderen Figuren.

Die riesige Pranke, mit der sie der sturzbetrunkene und sofort verliebte Rasumichin, der treue Freund Raskolnikows, schmerzhaft fest umklammert, erschreckt Dunja anfänglich bis ins Mark. Aber schon schickt sich Rasumichin, dieser kluge und herzensgute Hüne, an, ihr besonnen und tatkräftig – und tatsächlich sogar im Laufschritt – die Sorge um ihren kranken Bruder abzunehmen. Und am Ende wird er Dunja auch vor der Ehe mit Pjotr Petrowitsch bewahren und selbst heiraten. Wobei an dieser Stelle anzumerken wäre, dass *Schuld und Sühne* nicht nur voller Tragik, sondern auch voller Komik ist. Das schamvolle Erröten Rasumichins etwa, immer wenn von Dunja die Rede ist, zählt zu den entzückendsten Gesichtsverfärbungen der Weltliteratur.

Zuweilen geradezu erstaunlich heiter sind auch die drei Begegnungen Raskolnikows mit dem Untersuchungsrichter. «Gott hat mir nun einmal eine Gestalt gegeben, die auf andere unbedingt komisch wirkt; ich sehe aus wie ein Possenreißer.» Dieser Satz könnte auch von Columbo sein. Aber es ist Porfirij Petrowitsch, der so freimütig von sich spricht. Und an seiner rundlichen Gestalt ist tatsächlich nichts Furchterregendes. Äußerst hartnäckig, bestens informiert und unglaublich gerissen ist Porfirij allerdings, wie Raskolnikow schon bald entsetzt bemerkt. Darum fürchtet er jede Begegnung mit Porfirij, ja, er beginnt ihn zu hassen und möchte ihn einmal sogar auf der Stelle umbringen. Dabei meint es Porfirij wirklich gut mit ihm, als er ihm rät, sich rechtzeitig freiwillig zu stellen, weil das seine Strafe erheblich mildern würde. Was dann auch der Fall ist, weil Porfirij sein Wort hält.

Und sogar der undurchschaubare Swidrigailow, jener Falschspieler, Lebemann und Wüstling, der Dunja beharrlich nachstellt und beinahe vergewaltigt und den Raskolnikow noch mehr fürchtet als Porfirij, weil er – wieder durch eine Verkettung ganz unwahrscheinlicher Zufälle – von der Schuld Raskolnikows weiß, erweist sich als hilfreich. Und zuletzt, bevor Swidrigailow, der offenbar selbst gemordet hat, jenen finalen Schritt setzt, den Raskolnikow in derselben stürmischen Nacht erwägt, indem er Selbstmord begeht, wird er für Raskolnikow, Sonja und deren drei mittlerweile verwaiste – auch die schwindsüchtige Frau von Marmeladow ist gestorben – Stiefgeschwister zum veritablen Wohltäter. Man könnte sogar sagen, zum rettenden Engel.

Mit Logik allein lässt sich nicht begründen, warum sich Verbrechen nicht lohnt. Dazu bedarf es religiöser Gefühle. Das war die Ansicht Dostojewskijs, die er – in *Schuld und Sühne*, in den *Brüdern Karamasow* und auch in anderen Werken – immer wieder eindrücklich dargelegt hat. Dass er dazu den Zufall einspannt, um die Handlung zügig voranzubringen, zuweilen auch auf pfeilschnelles Tempo zu beschleunigen, erlaubt ihm die künstlerische Freiheit und ist legitim.

Legitim ist aber natürlich auch die Frage, ob er dabei den Bogen überspannt. Dass die Bibel der ermordeten Lisaweta ausgerechnet in die Hände von Sonja gelangt und sie dem – ungläubigen – Raskolnikow – auf dessen Verlangen – daraus die Geschichte von Lazarus vorliest, ist eine der Passagen in *Schuld und Sühne*, bei der man, wenn man sich Distanz bewahrt, diesen Eindruck bekommen kann. Dass Swidrigailow, der eben erst nach Petersburg gekommen ist, ausgerechnet direkt neben Sonja seine Wohnung nimmt und durch die verriegelte Tür, die sein Zimmer von ihrem trennt, hört, wie Raskolnikow Sonja den Doppelmord gesteht, ebenfalls. Und bereits die Flucht von Raskolnikow aus der Wohnung der Pfandleiherin führt eigentlich nicht bloß ein paar Stockwerke hinunter, sondern aus der Sphäre des glaubhaft gemachten Grauens schnurstracks in eine Sphäre unglaublich glücklicher Fügungen – dass just in dem Moment zwei junge Handwerker in Streit geraten, und – Hals über Kopf – aus der leeren Wohnung, die sie ausmalen sollen, ins Freie laufen, um sich dort zu verprügeln, und so dem Flüchtenden ein Versteck bieten, in dem er sich verbergen kann, während die Verfolger an ihm vorbei nach oben laufen, ist Dostojewskij nämlich nicht genug. Er setzt noch einen Zufall obendrauf und bringt einen der Handwerker, Nikolaj, einen religiösen Schwärmer, auf den Gedanken, den Doppelmord zu gestehen. Und dann, als gäbe es gar kein Gesetz der Wahrscheinlichkeit, platzt Nikolaj genau in dem Moment mit seinem «Geständnis» heraus, in dem Raskolnikow gerade beim Verhör sitzt und sich seines Verbrechens fast schon überführt fühlt.

> Die Zufälle setzt Dostojewskij, augenzwinkernd, jedenfalls so wie ein Komponist seine Noten. ”

Zu viel des Guten? Zugegeben, das geradezu höllische Tempo, das Dostojewskij manchmal wählt, ebenso wie die geradezu himmlischen Wendungen sind verwirrend. Selbst als aufmerksamer Leser verliert man zwischenzeitlich völlig die Orientierung, was noch gut und was schon böse ist. Die Trennlinie zwischen Glaubhaftem und Unglaubhaften ist in *Schuld und Sühne* verwischt, der Unterschied zwischen Traum und Wachzustand der Protagonisten mehrmals unkenntlich gemacht.

Und der Autor, Dostojewskij, behält zumindest er in der von ihm wahnwitzig schikanös erzählten Geschichte stets den Überblick? Es scheint zumindest so, denn jeder Zufall, auch der absurdeste, wirkt letzten Endes nicht nur doppelt, sondern dreifach begründet und dadurch im Gesamtgefüge so harmonisch, als würde der ganze Roman ohne ihn scheppernd zusammenkrachen. Die Zufälle setzt Dostojewskij, augenzwinkernd, jedenfalls so wie ein Komponist seine Noten. Vor allem die Zahl drei taucht, in vielen Variationen – einfach, verdoppelt, verdreifacht, verzehnfacht, verhundertfacht und so weiter – immer wieder auf. 3000 Rubel, nicht mehr, ist der Betrag, den Raskolnikow bei der Pfandleiherin zu erbeuten hofft. 3000 Rubel, nicht weniger, ist der Betrag, den die verstorbene – ermordete – Frau von Swidrigailow Dunja vermacht. Und 3000 Rubel übergibt Swidrigailow, bevor er sich das Leben nimmt, an Sonja, damit sie Raskolnikow nach Sibirien folgen kann. Dieses Prinzip des Festhaltens an der Zahl drei führt Dostojewskij dann vielleicht auch zu jener Idee, den Doppelmord mittels eines absurden Zufalls – zumindest symbolisch – durch einen dritten, gleichzeitig stattfindenden «Mord» zu ergänzen. Wir erinnern uns ja an die beiden Anstreicher, die seltsamerweise gerade rechtzeitig in Streit geraten und aus dem Haus laufen, um Raskolnikow die Flucht und Dostojewskij die Fortsetzung seiner Erzählung zu ermöglichen. Weshalb sind die beiden eigentlich in Streit geraten? Nikolaj, der später, aus religiöser Schwärmerei, ein falsches Geständnis ablegt, erklärt das: «... Das war so: wir beide malten den ganzen Tag bis acht Uhr und wollten schon weggehen, und da nahm Dmitrij den Pinsel und schmierte mir rote Farbe ins Gesicht. Er bemalte mir also die Fresse mit roter Farbe und lief davon, und ich rannte ihm nach ...» Was für eine Idee dieser Dmitrij da doch hatte! Hat je ein Anstreicher mit nur einem Pinselstrich so viel Farbe in die Literatur gebracht?

Interessant wären abschließend natürlich auch die folgenden Fragen: Was wäre eigentlich passiert, wenn Dostojewskij in Wiesbaden seine 3000 Rubel nicht verloren hätte? Welche Auswirkungen hätte das auf ihn selbst und seine damals noch ungeschriebenen berühmten Meisterwerke gehabt? Und welche auf die Weltliteratur?

Das könnte das Thema für eine weiterführende Erörterung sein. Aber – und hier gestatten wir uns, Dostojewskij noch einmal zu zitieren, der genau wusste, dass es mindestens eine Million mögliche Antworten gibt – «unsere Erzählung ist hier zu Ende».

Anmerkungen:
Alle Zitate aus *Schuld und Sühne* folgen der Übersetzung von Richard Hoffmann. Vgl. Fjodor M. Dostojewskij: *Schuld und Sühne*. München: dtv 1977 (Dünndruck-Ausgabe).
Das Zitat betreffend den Aufenthalt Dostojewskijs in Wiesbaden stammt aus dem Vorwort des von Hermann Röhl übersetzten Romans *Der Spieler*. Vgl. Fjodor Michailowitsch Dostojewski: *Der Spieler*. Frankfurt am Main: insel taschenbuch 515, Zweite Auflage, 1981.
Die Schreibweise des Namens des Autors variiert, wie allein schon aus diesen beiden Quellen ersichtlich wird – einmal Dostojewskij, einmal Dostojewski. Da dieser Text auf der Übersetzung von Richard Hoffmann basiert, scheint mir die Schreibweise des Namens mit einem «j» am Ende eher angebracht.

Gerald Schmickl

KOORDINIERTE EREIGNISSE, SINNVOLLE ZUFÄLLE

Vom Streben nach höherer Ordnung

Was für ein Zufall, dachte ich. In meinem Leben sind Dutzende solch merkwürdiger Dinge vorgefallen, und ich komme einfach nicht los davon, auch wenn ich mir noch so viel Mühe gebe. Was hat die Welt nur, dass sie mich ständig in diesen Unsinn hineinziehen muss?
Paul Auster, *Das rote Notizbuch*

Erst kürzlich: Beim Zappen durch TV-Programme bleibe ich bei einem Sender hängen, der gerade *Der kleine Lord* zeigt, den verfilmten Jugendbuchklassiker (von Frances Hodgson Burnett) mit dem griesgrämigen Alec Guinness in einer der Hauptrollen. Als ich weiterzappe, lande ich in einer Sendung, bei der Kabarettisten Filmklassiker nur mit Gesten darzustellen haben (und die Kollegen sollen den Film erraten) – und was wird gerade mit viel Gefuchtel und Mienenspiel nachzustellen versucht? – Alec Guinness in *Der kleine Lord*.

Oder das Erlebnis eines Kollegen, der ein Zeitungsexemplar aus der Tasche zieht, und dem dabei eine Beilage herausfällt, auf deren Titelseite Oskar Werner abgebildet ist. Das wäre an sich noch nichts Besonderes, aber der Kollege steht gerade in der Lenaugasse im achten Wiener Bezirk, schräg vor dem Gemeindebau, der nach Oskar Werner benannt wurde

Oder dieser Zufall, der sich justament ereignet, als ich einem Freund in einem Wiener Café vom Plan zu dem vorliegenden Zufalls-Text (und der gesamten *Wespennest*-Ausgabe) erzähle. Ich stehe knapp vor einer Brünn-Reise, wovon ich ihm auch erzähle, und wozu ihm sofort einfällt, dass dort der berühmte Mathematiker Kurt Gödel geboren wurde. Nur wenige Augenblicke später betritt der Wiener Mathematiker Karl Sigmund das Café, der die Texte zu jenen Tafeln verfasste, deren Anbringung an einigen Wiener Häusern (in welchen Kurt Gödel einst gewohnt hatte) besagter Freund organisiert hat.

Mathematiker, um gleich beim Thema und Fach zu bleiben, können mittels Wahrscheinlichkeitsrechnungen mit schwindelerregenden Zahlenreihen beweisen, dass es sich bei solch erstaunlichen Ereignissen und Koinzidenzen tatsächlich um Zufälle handelt. Unsereins, von derlei Belegen und Belehrungen eher ernüchtert, würde dahinter lieber zauberhafte Zusammenhänge vermuten, Andeutungen und Zipfel eines in klassischen Kategorien ansonsten nicht fassbaren Geschehens, das sich in solchen «Zufalls-Momenten» zeigt. Womit es sich, genau betrachtet (und wir wollen ja nicht gleich bar jeglicher Logik erscheinen und dastehen), gar nicht mehr um Zufälle im eigentlichen oder zumindest landläufigen Sinne handeln würde.

> Mathematiker können beweisen, dass es sich bei erstaunlichen Ereignissen tatsächlich um Zufälle handelt. Unsereins würde dahinter lieber zauberhafte Zusammenhänge vermuten. ”

Dieses *wishful thinking* hat Geschichte – und prominente Vorläufer. «Koordinierte Ereignisse» hat etwa der Schriftsteller Arthur Koestler (1905–1983), der sich intensiv mit den «Wurzeln des Zufalls» beschäftigte, derartige Phänomene genannt. Anders als der Biologe Paul Kammerer (1880–1926), der hinter solchen Zufällen ein «Gesetz der Serie» erkannt zu haben glaubte, und der Psychologe C. G. Jung (1875–1961), der (assistiert vom Physiker Wolfgang Pauli) darin eine akausale «Synchronizität» walten sah, wollte sich Koestler auf kein Prinzip festlegen, das diesen scheinbar sinnvollen Zufällen innewohnt, obwohl er einen inneren Zusammenhang vermutete. «Man könnte tatsächlich die Begriffe der ‹Serialität› und ‹Synchronizität› – mit ihrer Überbetonung der Zeitdimensionen – durch den unverbindlichen Ausdruck ‹koordinierte Ereignisse› ersetzen. (...) Was ihnen Bedeutung verleiht, ist, dass sie den Eindruck erwecken, kausal verbunden zu sein, obwohl sie es nachweisbar nicht sind – es liegt also eine Art Pseudokausalität vor.»

Über deren Herkunft oder Ursache äußerte Koestler in seinem Buch *Die Wurzeln des Zufalls* nur vorsichtige Vermutungen, weil er sich nicht, wie Kammerer und Jung, in dem Widerspruch verfangen wollte, ein akausales Prinzip zu postulieren, welches dann mit pseudokausalen Begriffen erklärt werden sollte. Daher sprach er lediglich von einer «Art von psychomagnetischem Feld», in dem wir leben, «das koordinierte Ereignisse durch Methoden bewirkt, die mit den klassischen Denkweisen der Physik nicht erfassbar sind. Zweck und Wesen des ‹psycho-magnetischen Feldes› sind uns unbekannt, aber wir fühlen, es hängt irgendwie mit jenem Streben nach einer höheren Ordnung und nach der Einheit in der Vielfalt zusammen ...»

Ja, es hängt scheinbar irgendwie zusammen – so fühlt es sich zumindest an, weshalb man sich bei der Erklärung dieser Phänomene auch lieber in den Bereich von Psychoanalytikern begibt als in jenen von Mathematikern (auch Freud hatte Sympathie dafür, allerdings mehr für die serialen Ausführungen des Biologen Kammerer als für die synchronistischen des Kollegen Jung ...). Man wird jedenfalls – auch terminologisch – sehr vorsichtig, wenn man sich diesen sogenannten sinnvollen Zufällen nähert, denn man will damit ja nicht leichtfertig den Okkultismus eines esoterischen Weltbildes teilen oder gar beschwören. Also bleibt man auf vage Vermutungen angewiesen, auf rätselhafte Andeutungen – oder man lässt alle Erklärungsversuche weg und vertraut einfach der phänomenalen Präsenz und Dramaturgie von Zufallsgeschichten, wie das etwa der US-amerikanische Autor Paul Auster in seinem Buch *Das rote Notizbuch* macht. Oder wie der österreichische Journalist Ernst Bieber, der ebenfalls Zufallsgeschichten (von anderen Leuten) sammelt, in seinem Buch *Die Jenseitsuhr*, aber auch ein Fenster für mögliche Erklärungen offenlässt: «Kluge Köpfe streiten also darüber, ob man das scheinbar plan- und regellose Zusammentreffen oder Eintreten von Ereignissen als Zufall bezeichnen darf. Im Grunde, denke ich, bleibt es eine Frage der Definition. Ich kleide dieses schier unerforschbare Gesetz der Einfachheit halber in das schlichte Wort Zufall und schließe damit freilich nicht aus, dass eine lenkende Hand, ein wissender Geist dahinter steht.»

Auch ich sammle und notiere seit vielen Jahren Zufallsgeschichten und pendle dabei zwischen diesen beiden Polen ständig hin und her. Einerseits gefällt mir der oft mit der Strahlkraft eines Blitzes oder der Wucht eines Donners einfallende Zufall, der für sich selbst steht – und in seiner Sinnhaftigkeit sogleich evident ist; andererseits grüble auch ich gerne über Erklärungsansätze der verschiedensten Art, um diese seltsamen Phänomene in ein verstehbares, möglichst rationales Wirklichkeitsprinzip einordnen zu können. Der Definition des französischen Schriftstellers Anatole France (1844–1924), wonach der Zufall ein Pseudonym Gottes sei, der selbst nicht unterschreiben wolle, kann ich außer einer gewissen poetischen Eleganz nur wenig abgewinnen. Sie ist mir buchstäblich zu hoch gegriffen, delegiert die «Erklärung» zu rasch und umweglos in die Sphäre eines allmächtigen Lenkers, wo es doch zwischen sinn-losem, nur den Naturgesetzen der Materie verhaftetem Wirken und einer den absoluten Sinn «verkörpernden» Göttlichkeit auch noch existenzielle, philosophische und eben psychologische Bereiche gibt, in denen der Zufall entstehen und sich gestaltreich entwickeln kann.

Aber vielleicht leben wir ja vielmehr, wie der deutsche Schriftsteller Wilhelm von Scholz (1874–1969) vermutete, ebenfalls ein Sammler von Zufallsgeschichten, in einer verkehrten Welt, in der die Rollen von Zufall und Kausalität vertauscht worden sind: «Während wir den Zufall als Unterbrechung kausaler Reihen auffassen, sei es in Wahrheit umgekehrt. Die Welt des Zufalls ist die eigentliche, die der Kausalität die abweichende. Ursprünglich sei das Netz bedeutsamer Beziehungen, das erst später durch Ereignisse kausaler Natur zerrissen wurde.» Der deutsche Autor und Journalist Henning Ritter (1943–2013), von dem dieses Zitat über den «Zufallsjäger» Scholz stammt, hat sich vor allem mit Paul Kammerers Buch *Das Gesetz der Serie*, das 1919 erstmals erschien, beschäftigt. Kammerer versuchte darin, die Existenz von Zufällen auf ein solides wissenschaftliches Fundament zu stellen. Damit wich er gleich in zweifacher Hinsicht vom damaligen Status quo der Wissenschaft ab. Als Biologe vertrat er nämlich den Lamarckismus, der – im Gegensatz zum Darwinismus – die Vererbbarkeit von erworbenen Merkmalen behauptet. Der Lamarckismus geriet allerdings ausgerechnet durch Kammerer selbst in Misskredit, als nämlich – unter bis heute nicht restlos geklärten Umständen – durch die Entdeckung einer Manipulation an einer Geburtshelferkröte der schwer zu entkräftende Verdacht entstand, der Forscher habe wissenschaftliche Ergebnisse gefälscht. Woraufhin Kammerer, der seine wissenschaftliche Reputation zerstört sah, Selbstmord beging. (Arthur Koestler hat den Fall in dem Buch *Der Krötenküsser* penibel dargestellt.)

Seinen hervorragenden wissenschaftlichen Ruf, der ihm fast eine Stelle am renommierten Moskauer Pawlow-Institut eingebracht hätte (wenn die Sache mit der Kröte nicht passiert wäre), hatte Kammerer allerdings schon mit der Veröffentlichung von *Das Gesetz der Serie. Eine Lehre von den Wiederholungen im Lebens- und im Weltgeschehen* riskiert. Deshalb sah er sich in der «Vorrede» zu einer Erklärung genötigt, «was mich bewog, mit einem Werk hervorzutreten, das sich so weit abseits von meinem engeren ‹Fache› ausbreitet». Und so erklärt er dort seine Absicht: «Bisher okkulte Dinge von Mystik zu befreien, nicht bereits erhellte Dinge mit einem mystischen Schleier zu bedecken, ist mir Ziel und Vorsatz.»

Zu diesem Zweck entwickelte Kammerer, der viele Zufallsbegebenheiten sammelte, von denen er sechzig bereits im ersten Kapitel auflistet, eine höchst ehrgeizige und ambitionierte Terminologie von «Serientypen» und eine «Klassifikation der Serien». Er glaubte, die Zeit wäre reif, seine Zufallsdeutung zu akzeptieren: «So oft ich in früheren Jahren jemand begreiflich machen wollte, dass im anscheinend spontanen Wiederkehren gleicher oder ähnlicher Ereignisse etwas Gesetzmäßiges liege, wurde ich ausgelacht oder überhaupt nicht verstanden. Jetzt dagegen stoße ich fast überall auf sofortige Verständnisinnigkeit: man besinnt sich sogleich auf eigene einschlägige Erlebnisse; es fällt dem Belehrten entweder wie Schuppen von den Augen, oder er bedarf der Belehrung nicht mehr, weil er bereits selbständig zur gleichen Einsicht kam.»

> Henning Ritter sah in der obsessiven Beschäftigung mit dem Zufall im Wien der Jahrhundertwende eine Art Mode, die typisch für die «ornamentale» Zeit zu Ende des Ersten Weltkriegs gewesen sei. ”

Die Zeit war trotzdem nicht reif für derlei Erklärungen, was vor allem an der bemühten naturwissenschaftlichen Herangehensweise lag, die in diesem Zusammenhang eher einer Parodie glich. So folgerte Kammerer etwa aus dem Umstand, dass man «Doppelgängern» ansichtig werde, fast ausnahmslos, dass man kurz darauf die «eigentliche» Person treffen werde. Erstaunlich genug, dass das tatsächlich oft der Fall ist, ein Gesetz wird man daraus allerdings eben gerade nicht machen können. Aber natürlich ist man aufgrund der puren Sensation eines solchen Ereignisses kurzzeitig geneigt, einen tieferen Zusammenhang zu vermuten, ja anzunehmen – im Sinne von «Das kann doch kein Zufall sein!». So wie ich einst, als ich in einem Lokal in München saß – und in einem hereinkommenden Gast, den ich nur von hinten sah, den (im vergangenen Jahr verstorbenen) Wiener Schauspieler Erich Schleyer zu erkennen glaubte. Er war es nicht. Aber wenige Minuten später kam Erich Schleyer tatsächlich herein.

Henning Ritter sah in der obsessiven Beschäftigung mit dem Zufall im Wien der Jahrhundertwende ein zeittypisches Muster, eine Art Mode – und meinte, dass die Art und Weise, wie Kammerer seine Fallgeschichten sammelte und in eine universelle Ordnung zu bringen versuchte, nämlich in Form eines «Weltmosaiks» und «Weltkaleidoskops», typisch für diese «ornamentale» Zeit zu Ende des Ersten Weltkriegs gewesen sei.

Eine kunstsinnige Interpretation von Kammerers Pseudo-Rationalität hat auch Arthur Koestler vorgenommen, indem er im *Gesetz der Serie* indes weniger Jugendstil als vielmehr Impressionismus eingewoben fand: «Ich möchte die Wirkung des Buches mit der Wirkung eines impressionistischen Gemäldes vergleichen, das aus einer gewissen Entfernung betrachtet werden muss. Wenn man zu nahe herantritt, sieht man nur grobe Pinselstriche ...»

Eine spezielle Affinität von Kunst und Zufall ergibt sich für mich wiederum aus der Erfahrung, dass Zufälle häufig mit Büchern korrespondieren, also in gewissem Sinne *koinzidieren*. Ich habe oftmals erlebt, dass Inhalte aus bestimmten Büchern seltsame Entsprechungen in meinem eigenen Leben fanden. So habe ich dem Wiener Autor Stefan Slupetzky in einer Korrespondenz einmal detailliert mitgeteilt, welch erstaunliches Echo die Lektüre seines Buches *Lemmings Zorn* bei mir auslöste. Und zwar buchstäblich von Beginn an: «Nun denn, begonnen habe ich die Lektüre am 1. Mai. Sie werden sich vorstellen können, wie überrascht, ja verblüfft ich war, als ich auf Seite 9 auf den Satz stieß: ‹Es ist der Erste Mai ...› Im Buch sorgt danach ein Hubschrauber für ohrenbetäubendes Getöse – und auch in meiner Wohnung war kurz danach Hubschrauberlärm zu vernehmen. Nicht geringer war mein Erstaunen, als in der Folge die D'Orsaygasse in dem Roman auftauchte, denn in jener Gasse wohnt besagte Freundin, die mich auf Ihr Buch aufmerksam gemacht hat.»

Ähnliches widerfuhr mir mit dem Roman *Die Arbeit der Nacht* von Thomas Glavinic. Darin fand ich eines Tages (vielleicht war es auch Abend) genau die Beschreibung jener Route wieder, die ich nur wenige Stunden vor der Lektüre absolviert hatte: Ich war in Wien über den Gaußplatz (und durch die Augartenstraße) in den Augarten gegangen, wo ich dann ein paar Seiten aus diesem Roman gelesen hatte. Danach fuhr ich zum Praterstern und ging durch die Prater-Hauptallee zur Jesuitenwiese. Im Buch befindet sich Jonas, der (einzige) Protagonist des Romans, auf diesen Wegen: «...Fuhr über die Brücke, die Augartenstraße entlang. Hatte einen Unfall am Gaußplatz (...) Er fand sich im Prater wieder (...) Er ging über die Jesuitenwiese ...»

Der spektakulärste Zufall im Zusammenhang mit einem Buch, eigentlich mit zwei Büchern, ereignete sich aber über den Wolken, in einem Flugzeug, und war durchaus dazu angetan, einem kurzzeitig den Atem zu nehmen, nicht nur wegen der luftigen Höhe, in der er sich ereignete. Ich saß neben einem jungen Mädchen, das in einem Buch las. Nach mehrmaligem Hinschauen konnte ich den Titel erkennen: *Arc de Triomphe* von Erich Maria Remarque. Dann vertiefte ich mich in meine Lektüre: *Der gelbe Onkel* von Andrea Grill, *Ein Familienalbum*, wie es im Untertitel und als Genrebezeichnung gleichermaßen heißt. Und darin stieß ich auf folgende Stelle: «Das Lieblingsbuch der Tante war seit zehn Jahren dasselbe. Seit zehn Jahren mochte sie ein einziges Buch und wurde es nie leid, darüber zu sprechen. ‹Arc de Triomphe› von E. M. Remarque war ihr Buch der Bücher ...»

Paul Auster erzählt in *Das rote Notizbuch* von einem Freund, der auf der Suche nach einem bestimmten Buch war, «einem außergewöhnlichen Werk, das er unbedingt lesen wollte» und das er nirgendwo fand, in keinem Katalog, in keiner Buchhandlung. Dann sieht dieser Freund eines Nachmittags plötzlich eine junge Frau – mit genau diesem Buch in der Hand. «Obgleich er normalerweise nicht zu denen gehört, die Fremde ohne weiteres ansprechen, war R. von diesem Zufall so verblüfft, dass er nicht schweigen konnte. ‹Ob Sie's glauben oder nicht›, sagte er zu der jungen Frau, ‹nach diesem Buch habe ich überall gesucht.›» Die junge Frau sagt darauf, dass sie gerade damit fertig geworden sei – und schenkt es dem Mann kurzerhand.

Ich habe oftmals erlebt, dass Inhalte aus bestimmten Büchern seltsame Entsprechungen in meinem eigenen Leben fanden. "

Mir selbst ist es wiederum mit Austers Buch, also dem «roten Notizbuch», ähnlich ergangen. Ich hatte in zahlreichen Buchhandlungen danach Ausschau gehalten, es aber nirgendwo gefunden. Da erreichte mich eines Tages ein Päckchen, in dem sich genau dieses Büchlein befand. Auf einer beigefügten Karte stand: «Sollten Sie als Zufall-Sammler dieses Buch nicht kennen – das wäre schon ein Zufall. Es hat 77 Seiten. Heute ist der 7. 11.» Unterzeichnet war es mit den Kürzeln «P. A.» – und «Gruß aus Brooklyn».

Die Freude, vom weltberühmten US-Schriftsteller, der bekanntlich in Brooklyn lebt, mit einer Postsendung bedacht worden zu sein, währte freilich nicht lange. Denn das Kärtchen, worauf Initialen und Gruß vermerkt sind, ist auf Deutsch verfasst – und das Kuvert, worin Kärtchen und Buch sich befanden, war in «1033 Wien» aufgegeben worden. Unwahrscheinlich, dass Paul Auster, der bis dato ein einziges Mal in Wien war (anlässlich einer Lesung im Ronacher am 1. Oktober 2008), unerkannt auf einer Stippvisite neuerlich hier gewesen ist und ein Päckchen für mich aufgegeben hat. Seitdem rätsle ich, wem ich dieses wunderbare Geschenk zu verdanken habe. Einmal waren meiner (Wunsch-)Fantasie noch Flügel verliehen worden, indem ich von jemandem darauf hingewiesen wurde, dass Paul Auster Verwandte in Österreich habe. Vielleicht hatten ja die in seinem Namen ...

Und tatsächlich stieß ich bei Recherchen auf ein Zitat – «Paul Auster, dessen Vorfahren aus Österreich kamen ...» –, allerdings auch auf ein Interview mit dem Schriftsteller, in welchem er eingestand: «... als ich klein war, sagte mein Vater, dass seine Vorfahren aus Österreich kämen, aber damit meinte er die ehemalige k.k. Monarchie. So bin ich damit aufgewachsen, dass meine Großeltern aus Österreich stammen! Was nicht wahr ist ...» Womit auch diese Spur mit *Auster* und *Austria* leider im Sand verlief.

Musik des Zufalls heißt ein weiteres Buch von Paul Auster. Und an diesen Titel musste ich denken, als sich dieser unglaubliche Zufall vor rund drei Jahren ereignete. Ein befreundeter Cellist erzählte mir bei einem Umtrunk von einem Start-up, für welches er tätig ist. Es nennt sich «Music Traveler» – und ermöglicht Musikern, via App (oder auf der Homepage des Unternehmens) passende Proberäume zu finden. So wird etwa in Wien darauf hingewiesen, in welchen Räumlichkeiten Klaviere zur Verfügung stehen. Für Pianisten ein wichtiger Hinweis. Zu den Förderern und finanziellen Unterstützern des Unternehmens zählen, wie mir der Cellist erzählte, auch Prominente, unter anderen der Schauspieler John Malkovich und der Sänger und «Pianoman» Billy Joel.

Danach, es war gegen Mitternacht, ging ich die Wiener Gußhausstraße entlang. Nach rund zweihundert Metern sah ich auf dem ansonst menschenleeren Gehsteig einen jungen Mann, dem ich zügig näherkam. Als ich zu ihm aufschloss, hörte ich Musik, die – so viel war rasch klar – nur aus dem Handy kommen konnte, das er in der Hand hielt. Zuerst ärgerte ich mich über diese Rücksichtslosigkeit, um diese Zeit auf diese Weise laut Musik zu spielen. Doch als ich ganz nahe war, schlug mein Ärger in pures Entzücken um. Denn was ertönte aus dem Mobilgerät des jungen Mannes? Es war unverkennbar der Song «Pianoman» von – Billy Joel!

Und dieser US-Künstler hat definitiv Vorfahren mit Bezug zu Österreich, nämlich einen Vater, der lang in Wien lebte.

Literatur:

Paul Auster: *Das rote Notizbuch*. Deutsch von Werner Schmitz. Erweiterte Neuausgabe. Reinbek bei Hamburg: Rowohlt 2009.

Ernst Bieber: *Die Jenseitsuhr. Zufalls-Treffen, -Treffer und -Betroffene*. Sulztal: Zoppelberg Verlag 2011.

C. G. Jung: Synchronizität, Akausalität und Okkultismus. München: dtv 1991.

Paul Kammerer: *Das Gesetz der Serie. Eine Lehre von den Wiederholungen im Lebens- und im Weltgeschehen*. Stuttgart und Berlin: Deutsche Verlags-Anstalt 1919.

Arthur Koestler: *Die Wurzeln des Zufalls*. Aus dem Englischen von Irmgard Schoppmeier unter Mitwirkung von Hans-Joachim Grünzig. Frankfurt am Main: Suhrkamp 1974.

Arthur Koestler: *Der Krötenküsser. Der Fall des Biologen Paul Kammerer*. Aus dem Englischen von Krista Schmidt. Wien/München/Zürich: Molden 1972; neu aufgelegt im Czernin-Verlag, Wien 2010.

Henning Ritter: «Der Zufallsjäger. Paul Kammerer und das Gesetz der Serie», in: *Merkur. Deutsche Zeitschrift für europäisches Denken*, Heft 6, Juni 2010, S. 477–489.

Wilhelm von Scholz: *Der Zufall, eine Vorform des Schicksals. (Die Anziehungskraft des Bezüglichen.)* Stuttgart: Hädecke 1924.

Anton Holzer

WAS MACHT DIE FLIEGE IM BILD?

Über den Zufall in der Fotografie

Da krabbelt die Fliege, dicht am Rand der Aufnahme. Deutlich sind ihre Beine und Flügel zu sehen. Aber sie bewegt sich nicht, denn sie befindet sich nicht *auf* dem Foto, sondern sie ist *im* Bild, eingeschlossen und fixiert wie in einem Stück Bernstein. Der Zufall will es, dass kurz bevor der Fotograf auf den Auslöser drückte, eine Stubenfliege auf die lichtsensible Negativplatte gekrochen ist und auf diese Weise – zunächst unbemerkt – mit aufs Bild geraten ist. Als der britisch-italienische Fotograf Antonio Beato diese Negativplatte im fernen Jahr 1870 in Ägypten belichtete, sah er offenbar dieses Tierchen nicht. Erst als er später das Negativ entwickelte, war die Fliege im Bild deutlich zu erkennen. Im Hintergrund der Szene sind monumentale Grabanlagen zu sehen, die der Lichtbildner eigentlich hatte fotografieren wollen. Gestört wird diese Monumentalität durch die schwarze Fliege im Vordergrund, die sich groß und fett in die Szene drängt. Erstaunlich ist, dass Beato das Foto trotz dieses Missgeschicks aufbewahrt hat. Der damals noch große Aufwand, Fotos zu machen, rechtfertigte es wohl, den unerwarteten Gast im Bild zu akzeptieren, war das restliche Bild doch höchst gelungen.

Die Fliege im Bild – ein Missgeschick? Sollten wir die Sache nicht ganz anders betrachten? Ist das Eindringen des Zufalls ins fotografische Geschehen nicht eigentlich der Normalfall jeder fotografischen Aufnahme? Jede Fotografie ist – ob wir das wollen oder nicht – letztlich eine Ansammlung von Zufälligkeiten, die sich zum Zeitpunkt der Aufnahme vor der Kamera versammelt haben. Auch wenn der Fotograf, die Fotografin die Bedingungen, unter denen seine oder ihre Bilder entstehen, noch so präzise kontrollieren will: Das Werk des Zufalls ist nicht zu bannen. Da ist eine unerwartete Bewegung fixiert, dort schiebt sich eine Hand überraschend ins Bild. Auf wieder anderen Abzügen ist eine seltsame Spiegelung zu sehen oder ein Hund, der sich im letzten Augenblick in die Szene vor der Kamera gedrängt hat. Von kleinen Details ganz zu schweigen: Schatten, von denen wir nicht wissen, wer sie geworfen hat, Schlieren, die in der Wirklichkeit nicht zu entdecken sind, Lichtzeichen, die sich irgendwie ins Bild geschwindelt haben. Manche der unerwarteten, ungeplanten Überschüsse an Bedeutungen und Details erkennen wir in der Regel erst, wenn wir die Bilder genauer betrachten. Oft sind sie nur unter der Lupe zu entziffern.

Wir haben uns angewöhnt, zu den Dingen und Details, die die Kamera in ihrer umfassenden Registrierwut blind zusammenträgt, Wirklichkeit zu sagen. Aber nicht selten unterscheidet sich die fotografisch festgehaltene Wirklichkeit grundlegend von der äußeren Wirklichkeit, die uns der Augenschein liefert. Es gibt Fotografien, in denen der Zufall nachträglich Spuren der Beschädigung hinterlassen hat, sodass das Bild nur mehr mit Mühe zu erkennen ist. Kratzer, Lichteinflüsse, Wasserflecken. Oft setzt der Zahn der Zeit dem Trägermaterial, in der analogen Ära meist Papier, gehörig zu: eingerissene Ränder, Löcher, Faltspuren, Fettflecke. Aber der Faktor Zeit macht auch vor den digitalen Daten nicht halt. Manche Bilder, die wir eine gefühlte Ewigkeit am Rechner hatten, erscheinen irgendwann, wenn wir sie per Mausklick wieder hervorkramen, irgendwie ramponiert, die Farben unecht, die Auflösung winzig, die Körnung so groß, dass das Bild unnatürlich erscheint. Nicht nur die analogen, auch die digitalen Bilder altern oft schneller, als wir glauben und wahrhaben wollen.

Wenn Zeit und Zufall die scheinbar so eherne Wirklichkeit der Fotografie immer wieder fundamental herausfordern, ist ein gewisser Zweifel an der Wahrheit der Bilder angebracht. Was ist mit dem Fingerabdruck, der sich unabsichtlich ins Negativ eingegraben hat und der als Störung am Abzug erscheint? Gehört dieser zum Bild oder nicht? Wie ist es mit der Bewegungsunschärfe? Schnelle Bewegungen konnten in der Frühzeit der Fotografie nur um den Preis verwischter Details festgehalten werden. Sind diese Wischeffekte Teil der Wirklichkeit da draußen? Wohl kaum. Aber wir haben gelernt, mit diesen Trübungen des Zufalls zu leben.

Wenn der Zufall konstitutiver Teil einer jeden Fotografie ist, sollten wir ihn dann nicht aktiv nutzen? Ja, sagten die Surrealisten, als sie im ersten Drittel des 20. Jahrhunderts begannen, das Dogma des blindwütigen Realismus, der das 19. Jahrhundert geprägt hatte, herauszufordern. Sie kombinierten scheinbar absichtslos, irgendwie zufällig, Dinge im Bild, die in der Wirklichkeit üblicherweise nicht zusammengehören: Beine und Kochtopf, Muscheln und Hände, Scheren und Köpfe. Oft gingen sie so weit, einfach nur Objekte auf das lichtsensible Papier zu legen und zu warten, welche unerwarteten Umrisse sich von selbst abzeichnen würden. Fotogramm wird diese fotografische Technik genannt, die darin besteht, dem Zufall die Regie zu übertragen. Das Ergebnis ist dann eine Übersetzung der Wirklichkeit in ein poetisches Bild.

Wenn uns das Ergebnis einer Fotografie Ähnlichkeit mit der uns bekannten Wirklichkeit verspricht, fragen wir meist nicht weiter nach, was noch alles zu sehen sein könnte. Erst die Neugierde oder der Verdacht veranlassen uns oft näher hinzusehen. Wir kramen dann vielleicht eine Lupe hervor und vergrößern ein Detail, von dem wir uns näheren Aufschluss erwarten über das, was da vor der Kamera war. Wir verwandeln uns für einen Moment in einen Detektiv, der, wie der Fotograf in Michelangelo Antonionis Streifen *Blow up*, von diffusen Verdachtsmomenten angetrieben, beginnt, das unscheinbare Foto einer Parkszene genauer zu betrachten. In der Vergrößerung scheint er Hinweise für ein Verbrechen gefunden zu haben. Eine Waffe, eine Leiche am Boden. Aber sitzt er nicht einer Täuschung auf? Je stärker das Foto vergrößert wird, desto stärker löst sich die angeblich eindeutig dokumentierte Szene der Gewalt in der Grobkörnigkeit des Bildes auf. Der Zufall hat zwar Spuren ausgelegt, die wir detektivisch verfolgen können. Aber letztlich führt der Versuch, so Antonioni, die Realität durch das Spurenlesen eindeutig zu entziffern, ins Leere. Was bleibt, ist ein diffuses Bildrauschen. Dem Zufall ist letztendlich nicht beizukommen. Das kann man als Verlust empfinden. Aber man kann die Macht des fotografischen Zufalls auch ganz anders lesen, nicht als Defizit, sondern als magische Kraft, die erstaunliche Wunderlichkeiten hervorbringt.

Die folgenden Szenen sind auf die eine oder andere Weise dem Zufall geschuldet. Ich schlage vor, sie nicht nur mit dem Blick des Historikers, der Historikerin zu betrachten, sondern mit einer Portion Staunen. Staunen über die unerwarteten Dinge, die der Zufall als Überraschungen, als Seltsamkeiten oder gar als Poesie in die Fotografie getragen hat.

Stillsitzen. Wieso sind in den allerersten Fotografien Kinder und Tiere rar? Weil die Belichtungszeiten noch sehr lang waren. Kinder und Tiere hielten sich nicht an die Vorgabe des Fotografen, minutenlang still zu sitzen. Wenn sie in Fotos der 1840er- und 1850er-Jahre dennoch auftauchen, erscheinen sie oft verwischt. In diesem Fall ist das anders. Das kleine Mädchen stützt sich an der Hand ihres Vaters auf und schafft es eine Zeit lang unbewegt zu bleiben. Der Kopf des Hundes hingegen ist unscharf, auch wenn der Mann ihm die Pfote hält, und das Pferd im Hintergrund ist vollkommen verwischt. Sein Körper war in Bewegung, als Licht im Apparat seine Umrisse aufzeichnete Werk. Die Zeit hat sich ins Bild eingeschrieben. Das Ergebnis ist ein Stück weit dem Zufall zu danken.

Anonym: Mann, Kind, Hund, Pferd, Daguerreotypie, um 1845, USA, National Gallery of Art, Wikimedia Commons.

Geister sehen. Eine Stiege, eine Tür, ein Fenster, durch das von der Seite her helles Licht fällt – und eine Gestalt, eingehüllt in ein weißes Tuch, die über die Treppe schreitet. Ein «Geisterbild», das 1899 in England aufgenommen wurde. Der fotografische Apparat wurde im 19. Jahrhundert oft als magischer Kasten beschrieben, der Dinge sichtbar mache, die wir mit freiem Auge nicht oder kaum sehen können. Um 1900 erfreute sich die Geisterfotografie großer Beliebtheit. Die lichtsensible Fotoplatte sei imstande, so hieß es, die Spuren von Geistern aufzuzeichnen. Stimmt das? Natürlich nicht. Das Bild entstand mittels einer Mehrfachbelichtung. Zuerst wurde der Innenraum aufgenommen, dann die Gestalt im weißen Tuch. Anschließend wurden die beiden Negative übereinandergelegt und belichtet. Die Konstruktion dieser Überblendung beruhte auf handwerklichem Geschick. Und dennoch kommt in ihr der Zufall zur Geltung. Jedes Bild verliert in dieser Anordnung für sich genommen die Autorität, die Wirklichkeit eindeutig zu zeigen. Die Szene gerät ins Schwirren. Ist nun der Raum real oder die Figur? Oder keines von beiden?

Anonym: Geisterfotografie, Großbritannien 1899, The National Archives, UK, Wikimedia Commons.

Spiegelungen. Am 4. Juni 1896 bestieg der Amerikaner Henry Ford zum ersten Mal zu Testzwecken sein neu konstruiertes Automobil, das er Quadricycle nannte. Einige Jahre später, 1910, ließ er sich auf einer Straße New Yorks auf seinem Gefährt, das sich ohne Pferdekraft fortbewegen konnte, ablichten. Was sehen wir? Den stolzen Industriellen. Ja, auch ihn. Aber der Zufall will es, dass im großen Glasfester des Geschäfts im Hintergrund noch viel mehr zu sehen ist: Die gegenüberliegende Häuserfassade und eine Reihe von Passanten. Lauter Männer, alle mit Hüten, weißen Hemdkragen und schwarzen Mänteln, es dürfte kalt sein an diesem Tag. Ich bilde mir ein, in der Spiegelung auch einen Polizisten zu erkennen. Und, wenn mich nicht alles täuscht, die Umrisse einer Kutsche, jenes Gefährt also, das Fords Automobil bald von den Straßen New Yorks verdrängen sollte.

Henry Ford auf seinem ersten Automobil, dem Quadricycle, New York 1910, Wikimedia Commons.

Unfall/Zufall. Eine aufsehenerregende Szene. Die schwere Lokomotive hat infolge eines Bremsversagens die abschließende Barriere des Stumpfgleises durchbrochen und ist über die hohe Stützmauer in die Tiefe gestürzt. Zahlreiche Uniformierte und Schaulustige bevölkern den Ort des Geschehens. An die Mauer sind mehrere Leitern gelegt, um den Bahn- und Behördenvertretern den Zugang zum «Tatort» zu erleichtern. Alles scheint sich um die Frage zu drehen, wie die Maschine in die Höhe gehievt und wieder auf die Geleise zurückgebracht werden kann. Das spektakuläre Eisenbahnunglück ereignete sich im November 1899 in Wien Heiligenstadt. Die Nachricht vom Unfall verbreitete sich in Windeseile, die Zeitungen berichteten über das ungewöhnliche Ereignis. Und auch Fotografen kamen zum Schauplatz, um die entgleiste Lokomotive zu fotografieren. Einer von ihnen war Emil Fukarek, von dem diese Aufnahme stammt. Er rückt das Aufsehenerregende der Szene ins Bild. Denn die frühe Pressefotografie liebte die Sensationen des Zufalls: außergewöhnliche Ereignisse, die ein wenig Aufregung in das bürgerliche Wohnzimmer brachten. Die bürgerliche Gesellschaft, die um Ruhe, Ordnung und gesellschaftliche und moralische Stabilität besorgt war, hatte zugleich auch ein untergründiges Bedürfnis nach Ausbruch und Exzess. Dazu zählen Mord und Totschlag, Unglücksfälle, aber auch Sex and Crime.

Emil Fukarek: Eisenbahnunfall, Wien 1899, Privatbesitz.

Riss im Bild. Fotografien stiften Gemeinsamkeit, heißt es. Immer dann, wenn Zusammengehörigkeit festgehalten werden soll, ist der Fotograf nicht weit. Hochzeiten, Familienfeiern, Mutter mit Kind, Frau mit Mann, Kind mit Katze. Unsere Aufnahme entstand um die Jahrhundertwende. «Atelier Adria, Wien, Lerchenfelderstraße 55», lesen wir auf der Rückseite des Abzuges. Und darunter: «Vöslau, He...» (hier ist ein Stück Papier abgerissen). Mehr ist über das Zustandekommen des Bildes nicht bekannt. Das Foto ist sichtlich als Doppelporträt eines Paares entstanden. Doch plötzlich wird diese Verbindung aufgelöst. Genau dort, wo sich die Körper der beiden berührten, kommt die Retusche zum Einsatz. Zufall? Wohl nicht. Die Frau verschwindet hinter einem grauen Schleier. Die Konturen des neuen Brustbildes sind mit Pfeilen markiert. Nun ist es der Mann, der, in ein neues Bild überführt, in der Erinnerung fortleben sollte. Wer weiß, vielleicht brauchte die Frau ein Totenbild – und opferte dafür das gemeinsame Andenken. Dann wäre der Zufall des Todes zu einer Art Notwendigkeit geworden, aus dem gemeinsamen vergangenen Bild ein neues getrenntes Bild zu machen. Wer weiß.

Doppelporträt mit Retusche, Atelier Adria, Wien, um 1900, Privatbesitz.

Magie des Gesichts. Ihren Kopf hat die junge Frau auf einen Polster gestützt, der Blick ist aus dem Bild in die Ferne gerichtet. Die österreichische Schauspielerin Elisabeth Bergner war knapp über dreißig, als diese Aufnahme entstand. Das Foto des Berliner Fotografen Hans Casparius entstand 1930 in Berlin, während der Dreharbeiten zum Streifen *Ariane*, Bergners erstem Tonfilm. Casparius war verzaubert von der Ausstrahlung der Schauspielerin. Ihre Aura wurde in der Zwischenkriegszeit oft beschrieben, etwa 1930 in der Zeitschrift *Film-Kurier*: «Seit ihren ersten großen Erfolgen ist um die Bergner etwas Geheimnisvolles. Sie nimmt im Leben ebenso nach den ersten paar Minuten gefangen wie im Film nach den ersten zwanzig Metern, wie auf der Bühne nach dem ersten Auftritt. Von ihrer Persönlichkeit geht ein Fluidum aus, das außer ihr nur ganz wenige Schauspielerinnen besitzen.» Können wir angeben, woher die Ausstrahlung der Schauspielerin in diesem Bild rührt? Ist es der entrückte Blick, der aus dem Bild hinausführt? Ist es die Wirkung der Kamera, die das gestreifte Kleid im Vordergrund unscharf lässt, um ganz das Gesicht in den Fokus zu rücken? Ist es die ungewöhnliche Haltung der Arme, die im Rechteck der Fotografie keinen Platz zu haben scheinen? Oder ist es einfach der Zufall, der den Zauber an diesem Nachmittag in Berlin in das Gesicht der Schauspielerin getragen hat?

Hans Casparius: Elisabeth Bergner, Berlin 1930, Privatbesitz.

Schwung. Mit voller Kraft schwingt der Mann in weißem T-Shirt und dunklen Jeans seinen Baseballschläger. Aufgenommen wurde diese Szene im Frühjahr 1940 am Black Mountain College in North Carolina. Der Porträtierte, Jack Kasik, war damals Kunststudent an diesem College. Hinter der Kamera stand Robert Haas, ein österreichischer Künstler und Fotograf, der ab 1939 in den USA Zuflucht vor der Naziverfolgung fand. Wie oft mag Haas an diesem Tag auf den Auslöser gedrückt haben, um den Schwung des Baseballschlägers gut ins Bild zu bekommen, einmal, zweimal, dreimal? Die Spitze des Schlägers ist ein wenig verwischt, denn sie wirbelte besonders schnell um den Körper des Spielers. Auch die Schuhe, die sich während des Schlags ruckartig bewegten, sind ein wenig unscharf geraten. Der Zufall hat aber noch weitere Spuren im Bild hinterlassen. Eine Lichtspieglung am Himmel und allerlei Verunreinigungen im Bild. Haas war ein großartiger Fotograf, aber schludrig in der Dunkelkammer. Zahlreiche seiner Aufnahmen weisen Flecken, Haare und andere Einsprengsel auf.

Robert Haas: Jack Kasik beim Baseball-Spiel, Black Mountain College, North Carolina, 1940, Wien Museum.

Die Augenzeugin. Am 22. November 1963 stand die 31-jährige Mary Ann Moorman in Dallas, Texas, am Straßenrand und drückte auf den Auslöser ihrer Polaroidkamera, als die Präsidentenlimousine mit John F. Kennedy an Bord vor ihr vorbeirollte. Das Bild muss, an den üblichen fotografischen Maßstäben gemessen, als missglückt bezeichnet werden. Die Belichtungszeit war zu lang, die Szene verwischt und grobkörnig. Das Auto und ein begleitendes Motorrad sind mit Mühe zu erkennen, was sich aber genau im Wagen und auf der gegenüberliegenden Straßenseite abspielt, bleibt rätselhaft. Moorman hätte das Foto wohl bald entsorgt, wenn der Zufall sie nicht zur Augenzeugin eines welthistorischen Ereignisses gemacht hätte. Einen Augenblick bevor sie das Foto aus einer Entfernung von fünf Metern schoss, schoss auch der Attentäter auf den Präsidenten. Der Rest der Geschichte ist bekannt. Statt im Papierkorb landete das Foto am Tag darauf in der Zeitung und wurde seither immer wieder abgebildet. Der Zufall will es, dass Moorman in dem Moment, als sie selbst auf den Auslöser ihrer Polaroid-Kamera drückte, von einer anderen Kamera erfasst wurde. Sie taucht einen Augenblick lang in einem kurzen Farbfilm auf, den ein Schaulustiger an diesem Tag aufgenommen hat. Die Fotografin steht neben ihrer Freundin auf einer grünen Wiese und zückt die Kamera.

Mary Ann Moorman: Die Limousine des US-Präsidenten John F. Kennedy, Dallas, 22. November 1963, Wikimedia Commons.

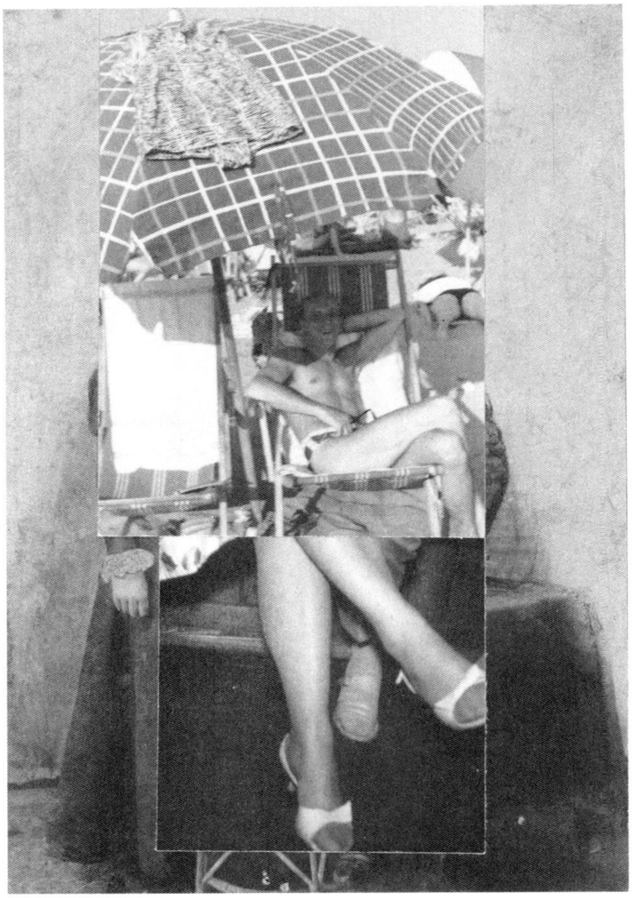

Drunter und drüber. Unten die abgeschnittenen Damenbeine, beschuht mit weißen Sandalen. Darüber ein entspannt dreinblickender Herr in Badekleidung, der es sich im Liegestuhl gemütlich gemacht hat. Was haben die beiden Fotos miteinander zu tun? Gar nichts, auf den ersten Blick. «übrigens/by the way» hat der in Wien lebende Künstler Lechner Johannes alias Lejo diese fotografische Collage genannt, die im Jahr 2016 entstand. Alte Fotografien faszinieren ihn schon seit vielen Jahren. Seit den 1990er-Jahren begann er historische Aufnahmen zu sammeln, Einzelbilder am Flohmarkt, oft auch ganze Alben. Lejo baut aus alten Bildern, die er beschneidet und bearbeitet, vielschichtige, assoziativ zusammengesetzte Bildwerke. Die Baupläne seiner derart konstruierten Szenen folgen ein Stück weit dem Prinzip des Zufalls. Unsere Szene wirft Fragen auf: Wem gehört der Damenbadeanzug, der am Dach des Sonnenschirms trocknet? Und wem das weiße Handtuch im Liegestuhl? Der Frau des sich sonnenden Herrn? Übrigens: Hinter den beiden aufgeklebten Fotos lugt noch eine andere, weitgehend verdeckte Szene hervor. Wir sehen nur einen langen Rock und eine Hand. Der Künstler, der die Szene überklebte, ist wohl der Einzige, der Auskunft geben könnte.

Lejo: «übrigens/by the way», Collage, 2016, Galerie Gugging.

Wolken, Wolken. Lukas, mein Neffe, schnappte sich die kleine Kamera und hielt sie in die Luft. Klick, klick, klick. «Was machst du da?», wollte ich von ihm wissen. «Ich fotografiere Wolken.» Große, kleine, feste, zerzauste, dazwischen viel blauer Himmel. Immer wieder richtete der Kleine den Apparat in die Höhe. Lukas war zu diesem Zeitpunkt sechs Jahre alt. Als er vier war, griff er zum ersten Mal zur Kamera. Damals beschäftigte er sich mit dem Boden. Er jagte den Schatten, die unsere beiden Körper auf den Asphalt vor dem Haus warfen. Immer wieder versuchte er sie festzuhalten: Klick, klick, klick. Dann beugte er sich über Pferdemist, ging mit dem Apparat nahe heran. Zwei Jahre später interessierte ihn der Boden nicht mehr, er hat die Lüfte entdeckt, alles, was sich über seinem Kopf bewegt. Er richtete das Objektiv auf die Krähen, die in großer Höhe über dem Haus kreisen. Immer wieder drückte er auf den Auslöser. Wir sahen uns die Ergebnisse gemeinsam am Display der Digitalkamera an: «Nichts, gar nichts ist zu sehen», stelle ich enttäuscht fest. Das Federvieh in der Luft war schnell genug, um der Kamera zu entkommen. «Das stimmt nicht!», widerspricht Lukas vehement. «Da sind Wolken, lauter Wolken.»

Lukas: Wolken, Wolken, 2009, Privatbesitz.

« … **Was ist Zufall?** Was fällt uns zu? Was von uns angezogen wird. Der wesenhafte Mensch hat eine Schwerkraft der Seele, des Geistes, der Sinne. Dem Photographen begegnet der Zufall, der ihm zukommt. Wie oft staunen wir, daß einem bedeutenden Photographen gerade immer jene Dinge begegnen, die ihm begegnen sollten, wenn die Welt in Ordnung wäre! Dann erkennen wir das Spiel, das hier getrieben wird. Das Spiel von Zufallen und Zukommen, von Koinzidenz und Konvenienz. Der Photograph weiß, daß Zufall das äußere Signum seines Schaffens ist. Er weiß aber auch, daß kein Schaffen nur auf Zufall bauen kann. Die Quadratur des Zirkels, die ihm auferlegt wird, ist die Zähmung des Zufalls, das Einverständnis mit dem Zufall. …»

Aus dem Vorwort von Elisabeth Brock-Sulzer zu Gotthard Schuhs Buch *Begegnungen*
(Erlenbach-Zürich, Stuttgart: Rentsch 1957)

wespennest **bat sechs Fotograf:innen, ein Foto aus dem eigenen Archiv beizusteuern, das zufällig entstand oder in dem Zufall eine Rolle spielte, und es mit einem kurzen Text, einer Aussage, einem Statement zu begleiten, die entweder auf die Entstehung dieses einen Bildes eingehen oder auf die Bedeutung, die der Zufall für das eigene Arbeiten hat.**

Christine de Grancy

Zufall als gereifter Instinkt

Mutter und Sohn, die unter den Augen von Kaiser Franz I. vorbeispazieren. Zigeuner. Unsere Wege kreuzten sich. Zufällig? Jeder eilig seinem Ziele zu. Ich, noch immer auf der Suche, mein Buch über die Wiener Götter* zu einem Ende zu bringen. Dem Herakles auf der Spur. Nur acht seiner legendären zwölf Heldentaten sind im Inneren Burghof und am Michaelerplatz zu sehen. Angetan hat es mir nur seine beherzte Tat, Prometheus zu retten.

Lustig ist das Zigeunerleben, faria faria ho.
Brauchen dem Kaiser kein' Zins zu geben, faria faria ho.
Lustig ist es im grünen Wald, wo des Zigeuners Aufenthalt,
faria faria, faria faria, faria faria, faria faria ho.
...

Zurückblickend auf mein Leben ist da immer wieder die Frage, wie dieses Lied in den kaum älter als vierjährigen Mädchenkopf kam. Ich sang es zwei alten Menschen vor, verlässliche Freunde meiner Mutter, die mich schützend in ihrem Jagdhaus nahe Oberstdorf im Allgäu aufgenommen haben. Aus dem brennenden Berlin, evakuiert auf dem flachen Land der Lüneburger Heide, in die allgäuischen Berge. Die gleiche Sprache hatte einen unvertrauten Klang. Die hohen Berge ängstigten mich. Die Mutter und meine zwei älteren Brüder entfernten sich schnell. Für lange Zeit ein Abschied. Inzwischen fand sich eine Bleibe für die junge Witwe und ihre vier Kinder, bei unserer Großmutter in Graz. Das war 1946/47. Der Vater war drei Wochen vor Kriegsende gefallen.

Wie verwandelt Erinnerung das Erlebte in uns? Wie werden massive Eindrücke zu schwer deutbar bleibenden Bildern? Wie wird Gehörtes zu einem vagen und unvergesslich prägenden Ereignis? Und wie wird Vergangenes zur immer wiederholten, unmerklich variierten Erzählung? Auch dieses Lied blieb – und das, was es in mir angestimmt haben muss. Damals, als verwaistes Kind, sang ich «Lustig ist das Zigageunerleben». Die Alten lachten gutherzig. Sie lachten mich nicht aus. Sie verbesserten mich. Unbeirrt singe ich meine Version weiter, bis ich, größer geworden, alle Strophen kenne, die ich vermutlich mit anderen Kindern im Sommerferienlager gesungen habe. Zigeunern war ich noch lange nicht begegnet. Es gab keine in unserem Umfeld. Gelegentlich waren herabwürdigende Worte vernehmbar, die ich nicht verstehen konnte, weil keine Wäsche in einem vorhandenen Garten zum Trocknen hing, die man klauen konnte. Dazu diente bei uns der Dachboden. Ein Kinderparadies.

Das Lied erzählt von Freiheit, von Bitterkeit, die mit ungebrochener Energie zu überwinden möglich ist. Romantik verzerrt die Wahrheit. Der Widerspruch zeigt sich in der Wirklichkeit, wie ich später erfahren sollte. Bis in die heutigen Tage sind Roma, die einstigen Zigeuner Europas, ein geächtetes Volk. Wie aber kam dieses Lied zu mir? Von der Mutter, den Brüdern habe ich es nicht singen gehört. Einen Kindergarten habe ich nicht kennengelernt. Es war Krieg, es folgten verwirrende Nachkriegsjahre. Die Gesellschaft war aus allen Fugen. Wir Kinder waren als Binnenflüchtlinge in einen plombierten Waggon, der in Eschede in der Lüneburger Heide kurz anhielt, über das Fenster in das Innere des Zuges geklettert. Noch ein Abenteuer. Damals, in diesen wirren Zeiten, eine rare Möglichkeit, in den Süden, über Bayern, nach Österreich zu gelangen, um ein Dach über dem Kopf zu finden. In den langsam anrollenden Zug gelang es der Mutter, mit Hilfe beherzter Menschen, doch zu uns zu kommen und uns nicht zu verlieren. Der Schrecken, die Angst in ihren Augen bleibt unvergessen. Kein Schutz, keine Geborgenheit, besonders Frauen mit ihren Kindern so ausgeliefert, ein ewiges Bild und eine Erfahrung, die unauslöschbar ist. Rührt daher diese Aufmerksamkeit, das Interesse diesem fahrenden, immer gefährdeten Volk gegenüber? Vielleicht hat jemand, heimatlos geworden wie viele, in diesem Waggon, auf der lange andauernden Reise, dieses Zigeunerlied zur Aufheiterung gesungen?

«Der gereifte Instinkt», wie es Henri Cartier-Bresson so treffend formuliert hat, macht es möglich, meine Konzentration auf den Halbgott Herakles abgelenkt sein zu lassen, um das Bild der vorbeiziehenden Romni mit ihrem Sohn unbedingt festhalten zu können. Eine Situation, die ich reaktionsschnell – zufällig? – mitnehmen konnte. Immer wieder der Blick auf dieses Volk – an die zwölf Millionen Menschen sind Teil der Europäischen Union –, seine Fähigkeit zu überleben, die Vitalität, das Eigene zu bewahren, um der Kaltherzigkeit standzuhalten ...

* Christine de Grancy: *Über der Welt und den Zeiten.* Wien: DIE2 – Mercedes Echerer 2021; bestellung@die2online-com

Eine Romni und ihr Sohn queren den Inneren Burghof, Wien 2004 © Christine de Grancy, Wien

Heidi Harsieber

Anders erlebe

2005, ich durchstreife London mit meiner Leicaflex in der Absicht, Straßen- und Indoorszenen und für mich formal interessante Details aufzuspüren und zu fotografieren.

Eine Idee zu «zweimal leben»: Den Film zurückspulen – noch einmal belichten – mit dem Zufall spielen.

Die Fotos überlagern. Das Ergebnis überrascht mich, und es passt zu mir, finde ich.

Einer Gefühlsregung folgend habe ich diese Fotos mit Schriftfragmenten auf Folie versehen.

Heidi Harsieber: «anders erlebe, 2005». Aus der Serie: «love has changed, not so desire», 2005

Anastasia Khoroshilova

Früher war hier ein Meer

Es ist früh am Morgen. Gestern war ich noch in Moskau, heute bin ich in der Gegend um Novgorod. Nach zwölf Jahren kehre ich hierher zurück. Schnellen Schritts gehe ich zur Anlegestelle am Ilmensee, wo uns ein Boot erwarten soll. Unausgeschlafen, wie ich bin, schmerzen mir alle Glieder, bleischwer zieht der Rucksack die Schulter hinab, in den Händen baumelt unbequem das Stativ. Ich verfluche mich wegen dieser urplötzlich aufgekommenen Idee, die Insel Lipno zu besuchen. Man hätte doch bestimmt auch irgendwann später dorthin fahren können.

Am Steg treffe ich auf eine Gruppe von Menschen. Wir machen uns miteinander bekannt. Wie sich herausstellt, ist der Mann im gestreiften Hemd ein bekannter russischer Schriftsteller. Meine Begleiterin, mit Strohhut, ist Restauratorin, die Frau eines Archäologen. Zu ihnen gesellt sich noch eine Künstlerfamilie, die mit ihren in Decken gewickelten verschlafenen Kindern zum Steg gekommen ist. Sie wollen auch nach Lipno.

Jetzt verdunkelt sich auch noch der Himmel! Die Wolken werden dichter, ein Gewitter scheint aufzuziehen. Schon mehr als eine Stunde sind wir hier. Elena, die Museumskuratorin, die uns begleitet, sagt, wir sollten noch etwas warten. Mir tut der Magen weh, ich habe es nicht geschafft zu frühstücken. Eine weitere halbe Stunde vergeht.

Schließlich kommt ein Fischer aus dem Nachbarhaus. Ich beobachte, wie er gemächlich zwei sehr alte, ganz simpel gebaute Boote aneinanderbindet. Dann beginnt er, mit einer abgeschnittenen Plastikflasche die Boote leerzuschöpfen. «Bis dorthin muss man lange fahren», sagt er.

Das war's! Ich verweise auf das Risiko einer solchen Fahrt für meine Fotoausrüstung und verzichte. Die Frau mit Hut will auch nicht fahren. Die anderen tauschen Blicke und sind offenbar bereit aufzubrechen.

Auf dem Weg ins Hotel freue ich mich darauf auszuruhen. Bereits in der Innenstadt angekommen, spüre ich auf einmal einen Blick. An der Anlegestelle sehe ich den Besitzer eines Kutters, der vermutlich Fahrten auf dem Volchov anbietet. Er schaut mich an. Es ist viel zu früh für Touristen. Mir wird plötzlich klar, dass ich die Insel sehen *muss*.

Ich bin auf der Insel Lipno. Ich schlage mich querfeldein durch hohes Gebüsch und Gras. Brennnesseln versengen mir die Beine. Einen Weg gibt es nicht. Es herrscht große Hitze, der Rucksack klebt am Rücken. Ich schaue zum Himmel: Das Gewitter hat sich verzogen. Plötzlich erblicke ich eine Kuppel, dann die Apsis, schließlich stehe ich vor einer Kirche. Ringsum herrscht Stille. Nur hin und wieder sind Vögel zu hören. Elena öffnet die Tür, und wir betreten die Kirche.

Die Fenster tauchen den Kirchenraum in ein natürliches Dämmerlicht. Langsam gewöhnen sich die Augen an die Dunkelheit. Die Umrisse eines alten Gerüsts für Restaurationsarbeiten werden sichtbar. Nach und nach erkenne ich Fresken. Ich höre, was Elena über die Kirche erzählt. Etwas später bemerke ich, dass ihre Worte klingen, als kämen sie aus weiter Ferne.

Schweigend greife ich zum Fotoapparat. Kein Mensch weit und breit. Stille, hin und wieder Klicken, ich fotografiere wenig. Ich begreife, dass mir dieser Tag lange im Gedächtnis bleiben wird.

Ich trete hinaus, Sergej kommt näher. Gemeinsam mit seiner Mutter lebt er auf der Insel Lipno. Sie überwintern hier, versorgt mit Proviant und allem Notwendigen, ohne Strom und Telefon. Andere Bewohner gibt es nicht.

Sergej missfällt, dass wir ihn gestört haben. Auf meine Bitte, sich fotografieren zu lassen, reagiert er prompt, fällt mir rüde ins Wort, wendet sich ab und geht. Dies seien «seine Insel» und «seine Kirche». Für ihn sind wir zufällige, lästige Touristen.

Wir kehren zum Kutter zurück. Am Ufer begegnen wir unseren morgendlichen Bekannten, dem Schriftsteller und der Malerfamilie. Sie haben es also doch hierhergeschafft. Am Lagerfeuer steigt der Rauch von Schaschlik auf. Wir reden vom Wetter und über Moskau. Der Steuermann des Kutters schaut missmutig auf die Uhr.

Anastasia Khoroshilova: Aus der Serie «Früher war hier ein Meer», 2017–2019, (analoger) C-Print 60 × 75

Kurt Hörbst

Der Zufall und der Fotograf

2005 in Bangladesch.
2008/2009 wieder in Bangladesch.
Bau eines Freilicht-Studios.

Eine Familie beim Fototermin.
Nur ein Foto mit der Plattenkamera.
Blick nach unten, Blick nach hinten, Blick in die Kamera, Hand vor dem Mund.
Lichteinfall links, Bambus und Stoff rechts.
Bildauswahl.
Alles Zufall?

Vieles entwickelt sich, wird geplant, arrangiert, inszeniert ... dennoch viel Zufall.
Gut so.
Sehr gut so!

Dhala Babu, 32, Bauer. Shafali Rani, 27. Prya, 8. Polak, 4.
Bangladesch, Rudrapur 2009
Aus dem Projekt «Bideshi Photostudio» von Kurt Hörbst & Alexandra Grill
https://bideshi.hoerbst.com

Elfie Semotan

Man kann sich auf den Zufall nicht verlassen

«Kann nicht auch die Unbeschwertheit etwas Herausragendes hervorbringen?»
«Das mag sein – es gibt sicher Bilder, die aus Zufällen entstehen und die als Einzelphänomen absolut gut sein mögen, aber ein gutes Bild, eines alleine, reicht nicht aus, da müssen schon viele solcher Bilder folgen.»
Aus dem Interview von Ruth Horak mit Günther Selichar, *EIKON* Nr. 112 (2020)

Ob Zufall in der Fotografie eine große Rolle spielt, ist nicht eindeutig zu beantworten, genauso wenig könnte ich die Frage zum Zufall in meinem Leben mit ja oder nein beantworten.

Eine Freundin sagte, deine Wegwerffotos sind doch reiner Zufall!

Ja, dass ich abgedrückt habe, um den Film weiterspulen zu können, ja, aber dass ich dann diese Filmschnipsel aufgehoben habe und dann später unter vielen genau die ausgesucht habe, die zu sehen sind, ist wiederum kein Zufall.

Wo also anfangen, ab wann ist es reiner Zufall?

Im Laufe eines Lebens entwickeln sich gewisse Fähigkeiten, die von Person zu Person verschieden sind, die Aufmerksamkeit gewissen Geschehnissen gegenüber erhöht oder vermindert sich, das geschieht, zumindest am Anfang, ohne dass man ausdrücklich davon Notiz nimmt. Irgendwann in meinem Leben habe ich das festgestellt, ich konnte es allerdings auf nichts zurückführen.

Heute denke ich, dass es bei mir eine gesteigerte Aufmerksamkeit gibt, sowohl in meinem Leben als auch speziell in meinem Sehen.

Ich sehe und verstehe schneller, das hat nichts mit Zufall zu tun.

Gleichzeitig muss ich aufrecht halten, dass nichts ohne den Zufall passiert, auf den ich manchmal warte, zum Beispiel, dass der Wind in den Plastikvorhang fährt oder die zu fotografierende Person vollkommen von dem Gedanken an das, was sie darstellen möchte, abgelenkt wird.

Ich würde gerne eine philosophische Abhandlung über den Zufall schreiben, ich bin sicher, die gibt es, leider ist sie mir nicht bekannt.

Alle Argumente, die ich finde, sind für und gegen die Existenz des Zufalls. Ob ein Leben sich gut oder unglücklich entwickelt, ist meist kein Zufall. Eines ist aber sicher, man kann sich auf den Zufall nicht verlassen, man kann nicht mit seinem positiven Auftreten rechnen, das wäre ganz gefährlich, aber auch das nicht immer.

Elfie Semotan, o.T. (Stilleben), BGLD, 2017, Courtesy Studio Semotan

Peter Rigaud

Im Idealfall ein Schwebezustand

Anfang Oktober 2020 hatte mich der *Spiegel* beauftragt, Alexej Nawalny zu fotografieren, ein Studio Set-Up mit klar definiertem Ausgang. Unter kontrollierten Bedingungen sollte ein Cover entstehen, ein Prozess also, wie er bei Begegnungen im Rahmen von Presseinterviews oft abläuft.

Das Porträt wurde kurz nach Nawalnys Entlassung aus dem Krankenhaus aufgenommen. Alexej Nawalny, noch stark gezeichnet vom Giftanschlag, befand sich bis wenige Wochen davor im Koma.

Der Fototermin wird für sechs Uhr früh angesetzt. Genau in dem Moment, als das Shooting erfolgreich beendet ist und die Anwesenden sich voneinander verabschieden, strahlt die Morgensonne in die Redaktionsräume. Nawalny, eskortiert von den unzähligen Sicherheitsbeamten, die ihn begleiten, zwängt sich durch die Glastür – und schaut, vom Sonnenlicht geblendet, in die Kamera.

Das «Korsett» der präzisen Vorbereitung trifft auf den Zufall. In der Verdichtung des Aufnahmemoments werden die Wechselwirkungen dieser beiden Herangehensweisen deutlich.

Sei vorbereitet, sei bereit – und reise stets mit leichtem Gepäck: Dann kommt dir manchmal der Zufall zu Hilfe und stellt idealerweise einen Schwebezustand her, der niemals erzwungen werden kann.

Alexej Nawalny, 2020 © Peter Rigaud

Sören Altstaedt

WÜRFELSPIELE, PROGNOSEN UND DER REGEN VON MORGEN

Über moderne Zufalls-bewirtschaftung

Man könnte meinen, dass der Zufall in modernen Gesellschaften kaum mehr eine Rolle spielt. Natürlich gibt es zufällige Ereignisse, Begegnungen und grundlegende Ungewissheiten, aber nahezu alles erscheint inzwischen irgendwie erwartbar. Im Moment eines scheinbar unvorhergesehenen Ereignisses treten Expert*innen auf den Plan, die schon seit Jahren über ein solches Ereignis und seine Konsequenzen nachgedacht haben und der Öffentlichkeit und privaten Sektoren dann beratend zur Seite stehen. Ein aktuelles Beispiel ist die Coronapandemie. Wenige Monate bevor das SARS-CoV-2-Virus in Wuhan 2019 auftrat, luden die Johns-Hopkins-Universität, das Weltwirtschaftsforum und die Bill & Melinda Gates-Stiftung zur «Event 201»-Szenarioübung, einer hochkarätig besetzten Veranstaltung zur Frage, was im Falle einer globalen Coronavirus-Pandemie zu tun sei. Epidemiolog*innen diverser Einrichtungen hatten schon Jahre zuvor gewarnt, dass mit an Sicherheit grenzender Wahrscheinlichkeit noch in diesem Jahrhundert eine globale Pandemie die Gesellschaften, Wirtschaften und Staaten ernsthaft bedrohen werde. Verschwörungsgläubige wittern angesichts der «Event 201»-Übung den ultimativen Beweis für das Agieren einer globalen Elite. Das eigentliche Problem war jedoch, dass Staaten, Gesellschaften und Unternehmen trotz dieses umfänglichen und weit zirkulierenden Zukunftswissens eher nur dürftig vorbereitet waren.

Es scheint, als habe die «Wahrscheinlichkeit», also das Maß, welches bestimmt, mit welcher Erwartbarkeit ungewisse Ereignisse eintreten können, den «Zufall» verdrängt. Entgegen diesem Eindruck werde ich in diesem Essay allerdings zeigen, wie stark der Zufall das Handeln und Denken, das Träumen und Fürchten auch der modernen Gesellschaften strukturiert. Durch den Zufall bewahren wir uns Gestaltungsmöglichkeiten und erkennen die potenzielle Andersartigkeit des Gegebenen. Zudem widersprechen sich Zufall und Wahrscheinlichkeit nicht, im Gegenteil, durch die Idee der Wahrscheinlichkeit wird der Zufall, wie wir sehen werden, für politische sowie gesellschaftliche Entscheidungsfindungen produktiv gemacht.

Aber wieso sollte der Zufall überhaupt eine gesellschaftliche Bedeutung haben? Schon in der griechischen Antike wusste man ihn für die soziale Ordnung zu nutzen. Die Vorstellung des Zufalls war damals eng mit der Idee des Schicksals, also der göttlichen Fügung, verbunden, und die Athener legten ihre Demokratie in die Hand dieses Göttlichen, indem sie die öffentlichen Ämter in ihrer Polis per Losverfahren, also per Zufall, verteilten. Sie hatten hierzu eigens das Kleroterion entwickelt – eine ausgeklügelte Losmaschine, welche sich auf dem zentralen Marktplatz der attischen Agora befand. Durch die zufällige Verlosung von Ämtern erlangte die attische Demokratie gleichsam einen gerechten Platz in der göttlichen Ordnung des Kosmos.

Einzig der Orakeln oblag die Deutung zufälliger Ereignisse und ungewisser Schicksale, ob sie nun schon geschehen waren oder noch geschehen sollten. Denn das Zeichenlesen galt als alleiniger Zugang zur Bedeutung des Zufalls. Hierzu wurden zum Beispiel Würfel geworfen. Die gefallenen Würfel galten als göttliches Symbol, mit dessen Deutung man versuchte, den Schleier des Zufälligen zu lüften, um einen vagen Blick auf die göttliche Ordnung, also den tieferen Sinn zufälliger Ereignisse, erhaschen zu können. Was der politischen Lotterie oder der Weissagung durch Würfeln in der Antike völlig abging, war die Idee der Wahrscheinlichkeit, die heute alles Mögliche so erwartbar erscheinen lässt. Wahrscheinlichkeitsrechnungen, wie wir sie heute kennen, waren zu dieser Zeit schlicht noch nicht bekannt.

Stellen wir uns vor, es sei das Jahr 431 vor Christus, der Vorabend des peloponnesischen Krieges. Ich würde im Auftrag Athens ein Orakel um den ungewissen Ausgang einer nahenden Schlacht befragen – damals eine gängige Praxis. Die Priesterin würde drei zehnseitige Würfel werfen, die natürlich weder ungleichmäßig noch gezinkt sind. Die Würfel fielen und offenbarten eine Acht, eine Vier und eine Fünf. Die Priesterin würde mir daraufhin allerlei Fantastisches über eine kommende Schlacht berichten, womit ich wenig anfangen könnte. Wenn ich ihr dann erzählte, dass mich das Ergebnis nicht völlig überrasche, weil die Augensummen 16 und 17 mit einer Wahrscheinlichkeit von jeweils 7,5 Prozent immerhin die wahrscheinlichsten aller möglichen Summen in diesem Wurf sind, würde ich vermutlich für Irritationen sorgen. Wenn ich die Priesterin fragte, ob es nicht eine Beleidigung der Götter sei, ihren schier unergründlichen Kosmos qua Würfelwurf auf nur eintausend mögliche Ergebnisse zu reduzieren, würde man mich wohl öffentlich auspeitschen lassen.

> Es scheint, als habe die «Wahrscheinlichkeit» den «Zufall» verdrängt.

Dieses Beispiel ist natürlich völlig aus der Luft gegriffen, aber es hilft zu verstehen, dass es einen nicht unerheblichen Unterschied macht, wie Gesellschaften den Zufall deuten und wie sie mit ihm umgehen. Die Deutung des Zufalls in modernen, aufgeklärten Gesellschaften obliegt bekanntlich nicht mehr den Priester*innen, sondern Wissenschaftler*innen; genauer Mathematiker*innen, die in Fragen der Wahrscheinlichkeitstheorie – der Probabilistik – spezialisiert sind, einer relativ jungen mathematischen Methode, die auf der grundsätzlichen Erkenntnis beruht, dass selbst im Ungewissen des Zufalls gewisse Regeln am Werk sind. Der Zufall hat eine Struktur, die sich mathematisch ergründen lässt und die wir nutzen können, um die Erwartbarkeit von ungewissen Ereignissen abzuwägen. Wenn ich einen ungezinkten, sechsseitigen Würfel werfe, liegt die Wahrscheinlichkeit, eine Vier zu würfeln, bei 1/6 oder ungefähr 16,7 Prozent. Das ist die Struktur des Zufalls bei einem Würfelwurf, die banal erscheint, die jedoch historisch betrachtet revolutionär ist.

Trotz ihrer jungen Geschichte ist die Wahrscheinlichkeit inzwischen eine wirkmächtige Kategorie. Das zeigt allein der häufige und weitverbreitete alltägliche Gebrauch des Wortes «wahrscheinlich» als ein Synonym für «realistisch». Die Losziehung oder das Würfelspiel sind eine Sache. Eine völlig andere Sache ist, wenn es morgen mit einer Wahrscheinlichkeit von achtzig Prozent regnen wird. Dann werde ich vermutlich den Parkspaziergang mit der Freundin verschieben und eventuell doch schon heute Abend einkaufen und nicht erst morgen Nachmittag. Oder wenn sich (rein hypothetisch!) ab Januar 2022 binnen vier Wochen mit einer Wahrscheinlichkeit von neunzig Prozent 300 000 Menschen in Deutschland pro Tag mit COVID-19 infizieren werden. Dann werden Regierungen Maßnahmen ergreifen, die Millionen von Menschen direkt in ihren Handlungsmöglichkeiten betreffen. Oder wenn Gesellschaften weltweit so weiterleben wie bisher und sich infolge dessen das Erdklima mit einer Wahrscheinlichkeit von mehr als 95 Prozent bis zum Ende dieses Jahrhunderts um durchschnittlich mehr als zwei Grad Celsius im Vergleich zur vorindustriellen Zeit erwärmen wird. Davon geht der Weltklimarat der Vereinten Nationen tatsächlich aus. Dies fordert insbesondere die Wohlstandsgesellschaften heraus, bestimmte Lebens- und Produktionsweisen jetzt umzustellen, und es lässt insbesondere junge Menschen massiv gegen den Irrsinn in scheinbar selbstverständlichen Ideen wie unendlichem wirtschaftlichen Wachstum und Konsum protestieren. Die Wahrscheinlichkeit von 95 Prozent, welche in der Wahrnehmung vieler den Realismus der Modelle signalisiert, erzeugt in diesem Falle ein weitverbreitetes Dringlichkeitsgefühl. Sie prägt somit unser Denken und Handeln, unser Fürchten und Träumen.

Aber was bedeuten diese Wahrscheinlichkeiten, und was haben eigentlich Klimamodelle noch mit dem Zufall zu tun? Ein Klimamodell an sich bringt noch keine probabilistischen Aussagen hervor, es ist zunächst nichts weiter als eine mathematisch-physikalische Konstruktion, die ein bestmögliches Abbild der komplexen Dynamiken des globalen oder eines regionalen Klimasystems zu geben versucht. Hierfür werden die klimarelevanten Parameter von Atmosphäre, Ozeanen und Landmassen integriert, deren Zusammenspiel sich auf Grundlage thermodynamischer und fluiddynamischer Gesetze relativ präzise modellieren lässt. Diese Modellierung kann daraufhin mit Daten aus historischen und aktuellen Messungen gefüttert werden, die von Satelliten, Sonden, Wetterstationen, Bojen und anderen über den gesamten Planeten verteilten Geräten erhoben werden. Diese mit Daten gefütterten Modelle erlauben es dann, zukünftige Entwicklungen im Klimasystem zwar nicht exakt, aber annähernd abzubilden, wobei die Modellierung naturgemäß fehleranfälliger wird, je weiter sie in die Zukunft reicht. Das Erdklima in einer Woche lässt sich präziser berechnen als das in fünfzig Jahren.

Das Spannende ist, dass Modelldurchläufe, also Simulationen, mithilfe von Hochleistungsrechnern prinzipiell unendlich oft wiederholt werden können. Und hier kommt der Zufall ins Spiel. So kann man beispielsweise 10 000 Simulationen mit jeweils zufällig bestimmten Parametern durchspielen. Diese zufällige Bestimmung geschieht nicht völlig willkürlich, sondern innerhalb eines plausiblen Rahmens, der durch die uns bekannten physikalischen Gesetze und die Logik gesteckt ist. Man kann zusätzlich unterschiedliche Modelle mit je anderen Gewichtungen des in ihnen abgebildeten Zusammenspiels klimarelevanter Parameter viele tausende Male laufen lassen und auch hier jeweils den Zufall die Werte für bestimmte Parameter festlegen lassen. So wird aus den Modellen ein Zufallsexperiment unter gleichbleibenden Voraussetzungen, wie ein sehr komplexes Würfelspiel mit vielen Würfeln. Man stellt dann fest, dass sich bestimmte Ergebnisse signifikant häufiger einstellen als andere. Wenn beispielsweise 9 500 von 10 000 Simulationen ergeben, dass sich das Erdklima bis zum Ende des Jahrhunderts durchschnittlich um mehr als zwei Grad Celsius erwärmen wird, können wir auf der Basis des Modells mit einer relativen Wahrscheinlichkeit von 95 Prozent davon ausgehen, dass es sich so verhalten wird.

Klimamodellierungen und darauf aufbauende Prognosen sind die komplexesten Modelle, die die modernen Wissenschaften bislang hervorgebracht haben. Die hier sehr vereinfacht dargestellten Erläuterungen reichen jedoch aus, um zu veranschaulichen, dass der Zufall jetzt auf eine Art und Weise genutzt wird, wie es vor der Entstehung der modernen Wahrscheinlichkeitstheorie nicht möglich war. Probabilistische Verfahren erlauben es, den Zufall um einen beliebigen Problemkomplex herum prinzipiell ins Unendliche zu vervielfältigen. Mittels dieser Vervielfältigung lassen sich dann Regelmäßigkeiten erkennen. Dies ist nicht nur möglich bei der Einschätzung von Klimaentwicklungen, sondern auch bei der Vorausberechnung pandemischer Dynamiken, des Wetters von morgen und übermorgen, oder der Entwicklung von Märkten. Zugegebenermaßen bestehen bei der Interpretation von Simulationen einige Ungewissheiten, und gerade Marktmodelle geraten seit Jahren zu Recht in die Kritik bezüglich ihrer zum Teil intransparenten und problematischen Grundannahmen. Der wesentliche Punkt in allen Fällen ist jedoch, dass durch seine simulative Vervielfältigung der Zufall für diese verschiedensten Bereiche gesellschaftlich und politisch handhabbar gemacht wird. Das soll nicht heißen, dass er vorhersehbar oder gar kontrollierbar wird, aber die Strukturierung mittels Wahrscheinlichkeitstheorie ermöglicht eine intersubjektiv nachvollziehbare Umgangsweise mit dem Zufall und der Ungewissheit. Die moderne Probabilistik steckt den Horizont für gesellschaftliche Aneignungen des Zufalls ab: Wir erkennen Möglichkeiten und Risiken zukünftiger Entwicklungen und können dementsprechend in der Gegenwart informierte Entscheidungen treffen, um nach bestem Wissen Einfluss auf zukünftige Entwicklungen zu nehmen. Vieles erscheint dann zwar erwartbar, aber gerade nicht, weil der Zufall eliminiert, sondern weil er vervielfältigt wurde. In der probabilistischen Strukturierung und der simulativen Vervielfältigung steckt also die spezifisch moderne Vergesellschaftung des Zufalls. Diese besteht nicht in Divination wie in der Antike, sondern in der Integration des Zufalls in säkulare Institutionen, welche ihn produktiv für gesellschaftliche, wirtschaftliche, politische Entscheidungsfindungen macht.

> Vieles erscheint erwartbar – nicht, weil der Zufall eliminiert, sondern weil er vervielfältigt wurde. ”

Was lernen wir aus all dem? Im antiken Griechenland legte man die Demokratie in die Hand des Zufalls als göttlicher Fügung. Heute integriert man den Zufall als strukturierte Ungewissheit in gesellschaftliche Entscheidungsfindungen. Mittels probabilistischer Verfahren vervielfältigt man den Zufall, öffnet also die gesellschaftlichen Zukunftshorizonte und führt uns die politische Gestaltbarkeit unserer Lebensumstände vor Augen. Daher ist es so wichtig, wer über die Deutung des Zufalls verfügt.

Kein Zufall allerdings ist es, dass die autoritären Kräfte der Gegenwart die COVID-19-Pandemie und die Klimakrise für Verschwörungen halten und dass sie gezielt Epidemiolog*innen und Erdsystemwissenschaftler*innen angreifen. Laut ihrer Verschwörungserzählungen ist es das Schicksal der «Schwachen», an Krankheiten zu sterben. Es sei auch Schicksal und «historische Mission» eines Volkes, sich unter sich ändernden klimatischen Bedingungen gegen andere Völker zu behaupten. Solche sozialdarwinistischen Mythen sind ein Versuch, Zufälle und Wahrscheinlichkeiten dem angeblich determinierten Schicksal von Rasse und Kultur unterzuordnen. Es ist ein Versuch, die Gestaltbarkeit gesellschaftlicher und politischer Umstände zu verleugnen und dem Zufall genau jene Offenheit abzusprechen, welche die moderne Wahrscheinlichkeitstheorie offenbart hat. Ein aufgeklärter und wissenschaftlicher Umgang mit dem Zufall, wie die moderne Wahrscheinlichkeitstheorie ihn ermöglicht, schützt also nicht zuletzt die Demokratie vor autoritärem Determinismus. Es macht eben einen Unterschied, ob der Zufall den Göttern gehört, ob er durch das Schicksal eines Volkes oder einer Kultur bestimmt ist oder die Vielen ihn qua ihrer politischen Handlungsmacht zumindest formen, wenn auch nicht vorwegnehmen können.

Dana Grigorcea

ZUFÄLLIG NELU

Den Sommer lang dieselben Leute zu sehen, am liebsten nur die auf unserer abschüssigen Bahnhofstraße – das waren gediegene Ferien. Von den Liegen im Garten unseres Ferienhauses aus blickten wir zu den parzellierten Gärten der Nachbarn wie auf eine Modellanlage, wobei mein Freund Cristi, der ganz oben beim Schlagbaum des Bahnübergangs wohnte, im Haus des Bahnwärters, und mehrfach am Tag auf seine kleine Veranda trat, nicht recht wusste, ob ich zu ihm schaute oder etwas höher zu den Karpaten, und in lustiger Pose, mit gehobener Hand zum Gruß, erstarrte.

Einen Garten weiter unten grüßte Nelu, der sich aber nicht beirren ließ und laut rief: «Hey! Hallo! Hallo, die Damen! Hier bin ich!» Nelu soll früher, im Kommunismus, gefürchteter Direktor der örtlichen Papierfabrik gewesen sein, was ich mir nicht so recht vorstellen konnte. Auf jeden Fall gehörte das stattlichste Haus in der geteerten Bahnhofstraße ihm und seiner Frau Marioara – ein einstöckiges Haus mit Glasveranda und einem weiten Vorgarten, in dem keine Kartoffeln, Zwiebeln oder Liebstöckelsträuche wuchsen, wie bei den Nachbarn, sondern, ganz nach städtischer Art, Rosen! Entlang des immer sorgfältig gekehrten Wegs von der Pforte zum Haus fanden sich, wie in den Parks von Bukarest, Primeln und Begonien. Was die Kinder der Nachbarschaft aber beeindruckte, waren die vielen Sträucher, mit Himbeeren, doppelt so groß wie die üblichen – von der Straße gut einsehbar, wegen der hohen Zaunlatten hingegen fast nicht zu erreichen. Wenn niemand im Hof war, versuchten meine Freunde Cristi und Gigi nach den Himbeeren zu haschen, mittels langer Gräser und dünner Zweige; ein Kunststück, das selten genug gelang.

«Schöne Himbeeren!», sagte ich mal zu Nelu, der für Lob sehr empfänglich war, den zu loben sich allerdings keiner von seinen Nachbarn getraute.

Ob ich von den Himbeeren essen wolle, fragte er.

«Aber gerne!»

Ich dürfe sie alle essen, wenn ich wolle, sagte er. Den Vögeln blieben die vielen Sauerkirschen im Hinterhof.

Ob Marioara und er denn keine Früchte essen würden, fragte ich.

«Sicher nicht», sagte Nelu, sie haben beide ein leidiges Magengeschwür und vertrügen nur Gekochtes.

«Also Marmelade?», fragte Cristi, als ich ihm Himbeeren vorbeibrachte.

«Nein, sie mögen auch nichts Süßes.»

«Was machen sie mit dem vielen Obst?»

«Sie schauen es sich an, aus der Glasveranda, und haben ihre Freude daran.»

Das konnte Cristi nicht verstehen. Und der pummelige Gigi noch weniger. Aber sie waren beide vom Schlage jener gutmütigen Menschen, die das, was sie nicht verstehen, nicht gleich verschmähen, sondern eher noch bewundern.

Und wenn Nelu oder Marioara in der gebückten Haltung der vom Magengeschwür geplagten Menschen an ihnen vorbeigingen, richteten sie sich sogleich auf und riefen respektvoll: «Küss die Hand!» Und auch die Erwachsenen beeilten sich zu grüßen, einige mit der flachen Hand an der Schläfe, denn vielen Nachbarn soll Nelu früher geholfen haben, und Marioara nannten sie, nach ihrem Mann, «Frau Ingenieur».

«Ist Nelu da?», fragte Marioara mit vom Schmerz gelöschter Stimme, bevor sie sich bei uns auf die Hausbank setzte. «Nicht da? Gut! Dann kann ich in Ruhe bei euch sitzen.»

«Ist Marioara da?», fragte seinerseits Nelu und riss noch ein paar Büschel Unkraut auf dem Weg zu unserer Sitzbank aus. «Bravo! Dann habe ich ein bisschen Frieden bei euch.»

Meine Großtante brachte ihnen Tee und Kekse und den Aschenbecher. Und sie rauchten Kette und erzählten, was sie an dem Tag getan hatten, geteert, gestrickt und gekocht, denn sie mochten es beide, tüchtig zu sein. Großtante und Großmutter taten jedes Mal ganz erstaunt, «so viel, ihr Lieben!», und sie antworteten, «ja sicher, anders geht es ja nicht».

In allem sahen sie sich ähnlich: in ihrer Tüchtigkeit, dem Behagen bei einem Lob, im müden Gang, wenn sie die Straße zu uns hinabkamen, dem kurzen Heben der Hand, wenn jemand grüßte, in der leicht gebückten Haltung, ja sogar in den petroleumfarbenen Strickjäckchen, deren knopflosen Flügel sie übereinanderschlugen und mit über den Bauch gekreuzten Armen festhielten. Zur Abwechslung von ihrer Arbeit kamen sie immer nur zu uns «Bukarester Damen», legten den Arm über die Pforte, um den Knauf von der Innenseite zu drücken und kamen rein, mit verstimmter Miene, auch wenn wir andere Gäste hatten. Erst bei der Sitzbank fragten sie, ob der andere da sei und taten gleichsam erleichtert, wenn wir «nein» sagten. Beide äußerten sie Gefallen an uns und Missfallen aneinander.

Sie blieben aber bei uns, auch wenn sie hier aufeinandertrafen. Dann redeten sie zunächst nicht miteinander, mit fortschreitendem Gespräch aber sehr wohl, vor allem, wenn es um die Telenovela *Die Sklavin Isaura* ging. «Ich mache mir jetzt große Sorgen», sagte Nelu, und Marioara nickte zustimmend: «Was dieses arme Mädchen alles erleben muss ... und es hört nicht mehr auf.» Manchmal kamen Nelu dabei die Tränen, und Marioara sagte: «Hör bitte auf, sonst muss ich auch weinen.»

Beide rauchten die gleiche Zigarettenmarke, Carpați, Marioara die mit Filter, Nelu die ohne. Sie rauchten in großen Zügen, fröstelnd, und stießen beide den Rauch mit einem tiefen Rauschen aus. Dazu nahmen sie einen Kamillentee an, mit Keksen, manchmal auch ein Butterbrot mit extra Salz drauf, sie wollten nichts anderes.

«Jetzt kann ich eine Woche nichts mehr essen», sagte Nelu.

Und wenn meine Großtante protestierte, sagte Marioara gleich: «Ist doch wahr, ich fühle mich wie eine gestopfte Gans ...»

Nelu inspizierte den Garten und das Haus, ob er etwas reparieren könnte, verlangte nach einem Hammer, nach einem Seil. Marioara könne doch später die Blumensaat vorbeibringen, für die nackte Ecke da, und ob ich wisse, wie man eine Steinschleuder mache.

«Setz der jungen Dame keine Flausen in den Kopf», rief Marioara verärgert.

Er frage ja nur ... «Ich habe gar kein Taschenmesser dabei.»

Marioara verdrehte die Augen.

Auch als Direktor der Papierfabrik sei er so gewesen, sagte Marioara: tüchtig und hilfsbereit, aber albern.

Gern erzählte uns Nelu von der Papierfabrik, als über dem Eingangstor noch ein roter Stern prangte und unter den Fabrikarbeitern ein Gedicht dazu herumging ...

«Von wem wohl?», fragte Marioara.

«Zufällig von mir!», sagte Nelu verschmitzt.

Und das Gedicht besagte, dass bei Tageslicht alle Sterne am Himmel verschwinden, nur der eine Stern, der von ihrer Fabrik, blöde zurückbliebe. Was hätten sie alle darüber gelacht! Aber gefährlich sei es gewesen, so was zu sagen. Weit gefährlicher, als beim Papierklauen erwischt zu werden. Klar hätten damals alle Papier geklaut, er hätte auch beide Augen zugedrückt, besonders wenn es Nachbarn von unserer Bahnhofstraße waren, aber geklaut habe man damals mit Maß ... Und richtig gearbeitet habe man damals, nicht wie heute ...

Hier verdrehte Marioara wieder die Augen und sagte: «Ist gut, Herr Ingenieur.»

Nelu und Marioara hatten eine Tochter, Wanda, die Ingenieurswesen studierte in einer nahen Stadt und die ganzen Sommerferien bei ihren Eltern auf ihrem Zimmer blieb und büffelte. Wenn sie mal ans Tor kam, um mit einer Nachbarin zu reden, hielt sie Bücher über dem Bauch, ganz in der gequälter Haltung ihrer Eltern, die an Magengeschwüren litten. Sie hatte langes, sehr dichtes Haar, das ihr als kunstvoll geflochtener Fünfstrangzopf bis zur Hüfte schwer hinabhing.

Bei einem unserer wenigen Gespräche sagte sie mir, dass man im Schlaf den einen Arm hochgestreckt und den andren Arm am Körper halten sollte, um auf diese Weise möglichst viel Energie aus dem Weltall zu sammeln. So mache sie es, um Kraft zu sammeln für ihre Pläne ...

Zu ihren Plänen schien aber nicht der zu gehören, den ihre Mutter als den wichtigsten Lebensplan einer jungen Frau erachtete, nämlich, sich umzuschauen «nach einem guten, tüchtigen Mann von Stand». Ob wir denn einen passenden kennen würden, fragte sie uns – was bei meiner erzählfreudigen Großtante zahlreiche Geschichten von früher hervorrief, als man auch in ihrem Umkreis Ehen zu arrangieren versuchte und damit oft auf abenteuerliche Weise scheiterte. Nein, nein, beharrte Marioara: Wir müssten der armen Wanda einen Mann finden, sie selbst sei nur mit ihrem Ingenieursstudium beschäftigt. Man müsse einen Mann «von Stand» finden, immerzu sagte sie «von Stand», was uns sehr belustigte.

Marioaras Mutter soll es für sie ja auch arrangiert haben, und bis zuletzt über ihr Haus gewacht; obwohl sie dann doch etwas enttäuscht war, dass der große Genosse Ingenieur seiner Angetrauten kein Bidet einbaute. Ein richtiges Haus habe ein Bidet zu haben, alles andere sei unanständig!

Also schritt auch Marioara für ihre Tochter zur Tat: Sie, die auf Geheiß ihrer Mutter immer ihr eigenes Schlafzimmer gehabt hatte, zog mit Nelu in ein gemeinsames, im Untergeschoss, quartierte Wanda in der Glasveranda ein, an der sie kunstreiche Strickvorhänge anbrachte, und richtete die obere Etage für Gäste ein, vorzugsweise Sommerfrischler aus Bukarest.

> Nelu soll früher, im Kommunismus, gefürchteter Direktor der örtlichen Papierfabrik gewesen sein. ”

Dauerten die Besuche nichtsahnender Feriengäste ein, zwei oder gar drei Sommer lang? Ich weiß es nicht mehr.

Im Garten hatten sie einen Grill errichtet, davor konnte man Nelu antreffen, vom roten Stern auf der Papierfabrik erzählend im blauen Rauch, mit Schürze und buntem Baseballcap. Im Hinterhof unter den Bäumen waren lange Tische aufgestellt, eigens von Nelu gezimmert und lackiert. Und keine sauren Kirschen fielen den Gästen auf den Kopf, denn Marioara kochte jetzt aus allen Früchten Marmelade, wovon sie auch uns mitbrachte. Auch Rosenmarmelade machte sie, die schmeckte am besten.

Weiterhin kamen sie täglich zu uns, Nelu und Marioara, und saßen mit verstimmter Miene vor ihrem dampfenden Tee und den qualmenden Zigaretten. Manchmal kamen sie auch, um die *Sklavin Isaura* zu sehen, denn in ihrem lärmigen Haus war das kaum noch möglich.

Wie sich manche benahmen!, klagte Marioara. Als hätten sie sich mit Vollpension einquartiert! Dabei verlange sie nur einen modesten Preis ... Aber was nehme man nicht alles auf sich für das Wohl des Kindes! Später würden sie Wanda und ihrem Mann den ersten Stock überlassen, wo jetzt die Gäste seien; da hätten sie alles ... zwar kein Bidet, aber das könnten sie sich noch einbauen, nicht wahr? Nelu würde ihnen dabei helfen.

Auch Seife machte Nelu im Hof, als Erlebnis für die Gäste, und er gab ihnen kiloweise Seifen mit, was Marioara sehr ärgerte, denn es gab ja diesen Aberglauben, wonach Seifen zu verschenken Streit bringe.

An so manchem frühen Morgen ging Nelu in kurzer Hose, Wanderschuhen und einem rosa Baseballcap der New York Yankees, das ihm jemand geschenkt haben musste, mit den Gästen in die Berge. Einmal lud er mich mit ein, «komm doch mit Wanda mit», und ich erinnere mich noch, wie uns Nelu alle lehrte: zunächst einen guten Wanderstock zu finden und dann mit kleinen Schritten hinaufzugehen hinter ihm, gleichmäßig zu atmen und möglichst wenig zu reden. Am wenigsten hielt sich Wanda an diese Lehren, denn sie sagte unablässig, ihr sei kalt und sie sei müde, sie wolle umkehren. Sie war zwar dick angezogen, mit Stricksachen, aber die Nächte in der kalten Glasveranda setzten ihr wohl zu. Sie nörgelte auf dem Waldweg und fragte, wo wir denn überhaupt hingingen, sie möge es nicht ziellos, stolperte über Wurzeln und ekelte sich vor den kleinen Fliegen, die sie umschwirrten. Sie habe zu lernen und außerdem

Kopfschmerzen, nicht mal ihren Kaffee habe sie am Morgen austrinken können ... Aber Nelu hatte Kaffee mitgenommen, in der Thermoskanne, überhaupt trug er in seinem riesigen Rucksack Essen und Getränke für uns alle mit. Und ich ging gleich hinter ihm, mit Wanderstock und kleinen, gemäßigten Schritten, den Blick auf seine dicken Waden gerichtet, aus denen die Krampfadern hervorquollen.

Wo sollen wir denn sitzen, jammerte Wanda, auf Ameisenhaufen? Sie wolle zurück. Der eine Student, mit blondem Lockenkopf, zog sich den Pullover aus, damit sie sich draufsetzte. Da waren wir auf einer Bergwiese, von der aus man über die ganze Gegend schauen konnte, und Nelu breitete auch eine Decke aus und belegte sie mit Papptellern und Wurstbroten, Käsebroten und Marmeladebroten sowie drei Thermoskannen samt Pappbechern. Als er kurz abseits ging, um eine Carpați-Zigarette ohne Filter zu rauchen, verdrehten einige Sommerfrischler die Augen über Wanda, die nun dem blonden Studenten vorwarf, dass sein Pullover aus Schurwolle arg pikse, schlimmer als alle Ameisen ...

> Und richtig gearbeitet habe man damals, nicht wie heute ... ”

Mit kleinen Schritten stiegen wir dann weiter hinauf, zu den Bergkiefern unter dem Caraiman-Kreuz, ließen uns die Stimmung nicht trüben von Wandas Jammern, sie habe jetzt genug und wolle nach Hause. Auch kamen wir zu einem Hang, der gelb leuchtete von Johanniskraut, und Nelu, der gleich eine Handsense auspackte und sich große Garben über den Rucksack band, erläuterte uns die heilende Wirkung dieser Teepflanze für Magen und Gemüt. Er pflückte auch gleich Feldthymian für die gefüllten Zucchini, die Marioara den Gästen servieren wollte.

Als wir am späten Nachmittag hinabgingen, mit kleinen Schritten, von Nelu gemahnt, dass Hinabsteigen anstrengender sei für die Muskeln als Hinaufsteigen, entdeckten wir eine Quelle, im Unterholz kaum zu erkennen. Und der eine Student, der freundliche, ohne Pullover, sagte «jeeee», als hätte er ein kleines Tier entdeckt. Und überhaupt waren wir alle gerührt, und wir beschlossen, dem Flüsschen das Bett zu reinigen, damit es Fahrt hat, was auch Nelu gut fand. Nur Wanda stand ungläubig und mit gekreuzten Armen daneben und verdrehte die Augen.

Wer sollte denn jemals Gefallen finden an so einer freudlosen Frau?

Doch dann geschah es: Der blonde Student rief Wanda, sie solle auch kommen, kaltes Wasser wärme die Hände, und Wanda antwortete, nun gut, sie werde auch gleich ihr Bernsteinarmband spülen, damit die Informationen darauf gelöscht werden und es sich wieder aufladen könne. Und der Student lachte vergnügt und sagte, so was habe er noch nie gehört. Ich weiß noch, wie sich Wanda zu uns hockte und uns über die heilende Kraft der Bernsteine unterrichtete, dass sie nämlich gegen Ängste und Schwermut wirkten, das Gemüt beruhigten und Lebensfreude spendeten, worauf der begeisterte Student, dessen Name mir entfällt, weil wir ihn von da an nur noch Herr Ingenieur nennen sollten, sagte, so eine Kette bräuchte er unbedingt auch. Worauf Wanda ihm einfach die ihre gab.

Die Tage darauf sahen wir den jungen Herrn Ingenieur mit Nelu im Hof werkeln. Er konnte messen und hämmern, wusste Schlösser zu wechseln und sägte auch die vertrockneten Zweige der Kirschbäume ab. Abends dann, wenn er mit Wanda Hand in Hand spazieren ging, trug er, wie sie, ein weißes T-Shirt und weiße Turnschuhe.

«Die Kinder sind auf ein Eis gegangen», sagte Marioara zufrieden. «Kinder halt!»

Schließlich brachte Nelu den jungen Herrn Ingenieur auch zu uns, auf einen Tee, «er lässt mich immer allein rauchen», sagte er mit Schalk. Dafür schätze der junge Ingenieur die Kekse und den Kuchen – und Nelu schlug ihm herzhaft auf die Schulter und sagte, «nicht, dass die Damen denken, es gäbe bei uns nichts zu essen». Dann reparierten sie zusammen unsere Elektroleitung, was der junge Herr Ingenieur sehr gut konnte, denn er war wohl Elektroingenieur.

Für Nelu und Marioaras vierzigjährigen Hochzeitstag wusste er deren ganzen Garten mit einer Laterneninstallation zu umringen. Da sah ich Marioara zum ersten Mal mit Kleid, einem mädchenhaften Volantkleid mit farbigen Blumen und Punkten. Das sei ein Kleid von vor mehr als vierzig Jahren, sagte sie meiner Großtante, und kein Gramm hätte sie seitdem zugenommen, es passe ihr perfekt. Sie hatte roten Lippenstift aufgetragen und sah ganz anders aus als sonst, mit breit lachendem Mund. Nelu steckte in einem steifen Anzug, und so gerade, wie er stand, überragte er fast alle. «Ein Mann zum Anlehnen», sagte jemand von den Gästen, alles Bukarester, worauf ein spitzes Jauchzen ertönte – von Marioara!

Es war ein fröhliches Fest, «guter Mensch und reifer Baum», sang es aus den Boxen, «die hatten kein Glück, hey». Marioara und Nelu forderten gleich zum Tanz auf, zu einem langsamen und dann immer schnelleren Reigentanz. Beim Rock'n'Roll und Twist nahmen sie wieder ihre gebückte Haltung ein, schwangen aber die Arme, «I got a girl named Sue / She knows just what to do ...», und Marioaras Absätze schleuderten Erdbrocken und Grashalme herum, auf die pulsierenden Farbtupfer mehrerer Diskoleuchten. Vom Zaun gafften die Nachbarskinder herüber, darunter Cristi und Gigi.

«Es ist nicht mehr so wie früher», rief Marioara, «aber schlecht sind wir auch nicht.»

Nach jedem Tanz küsste ihr Nelu die Hand.

«Hoch lebe das Paar», riefen wir mit erhobenem Glas.

Der junge Herr Ingenieur legte Musik auf, er hatte zwei Kassettenrekorder und Stapel von Kassetten; manchmal trat er vor sein Pult und hüpfte von einem Bein auf das andere, die Arme um Wanda geschlungen, die an ihrem Glas nippte und lachte.

Und dann ging das Licht am Caraiman-Kreuz an, und wir schauten alle hinauf, manche schwankten dabei, über uns ein Sternenhimmel, so nah, als hätte man ihn mit der Hand begradigen können.

«Stell mal die Spielzeuge aus!», rief Nelu. Und der junge Herr Ingenieur löschte alles mit einem Knopfdruck.

Ich erinnere mich, wie es mir in den Ohren sauste, das plötzliche Ausbleiben der Musik, und dass unsere Stimmen dumpf klangen, wie in einer niedrigen Höhle. «Schaut mal da! Der Orion!» «War das eine Sternschnuppe?» «Und schaut, wie hell, das Kreuz!» «Nelu war damals dabei, sag doch, Nelu!»

Und Nelu erzählte, wann das Kreuz gebaut und zum ersten Mal mit elektrischem Licht versehen wurde, er sei dabei gewesen. Und als wir dann um den Tisch saßen, die bunten Lichterketten über uns wieder an, erzählte er vom Stern auf der Papierfabrik und von dem Gedicht, das damals kursierte, zufällig von ihm, dem Direktor, das sei nicht ungefährlich gewesen ...

Und während Nelu so erzählte, rief Marioara unverhofft «bitte keine Politik am Tisch», was aber nicht etwa Nelu galt, sondern, wie ich später mitbekam, dem jungen Ingenieur. Die Stimmung schlug um.

Ich habe es nicht mitgekriegt, vielleicht habe ich auch weggehört – ich hatte ja Ferien. Und überhaupt: wozu über Vergangenes reden, wer was war damals ... als würde es wem noch nützen, über eine längst als Ruine dahinbröckelnde Papierfabrik zu reden – über eine längst als Ruine dahinbröckelnde Vergangenheit.

Mit einem lauten Klirren schmiss Wanda ihr Besteck auf den Teller und lief ins Haus.

«Tut mir aufrichtig leid», sagte der junge Ingenieur. «Ich nehme das mit dem *Genossen Direktor* zurück. Kein Mensch ist ohne Sünde ...»

Da stand auch Marioara auf und ging ins Haus.

Der junge Ingenieur entschuldigte sich nochmals, und Nelu sagte versöhnlich «ach, was» und fing an, von seiner Schulzeit in Buşteni zu erzählen, von einer schönen Erdkundelehrerin, in die alle Jungen verliebt waren. Sie kannte jeden Berg und jeden Grat und jeden einzelnen Riss im Fels, konnte zwar nicht rauf mit ihnen, Wandern sei nicht üblich gewesen, er aber habe die Orte aufgesucht, auf eigene Faust ... Wo seine schöne Lehrerin wohl sei, ob sie noch lebe? Er ermutigte uns alle zu essen und schenkte Wein ein, beharrlich, bis alle Flaschen leer waren.

«Keine Sorge», sagte er bei der Verabschiedung der Gäste, «ich kann hier allein aufräumen, ist schnell gemacht.»

Im Sommer danach, als ich wieder nach Buşteni kam, traf ich weder Wanda noch den jungen Herrn Ingenieur, was mir nicht weiter auffiel. Marioara und Nelu kamen zu uns wie gewohnt, immer einzeln, gebückt und mit verstimmter Miene, fragten nach einander und waren erleichtert, wenn der andere nicht da war. So konnten sie endlich ihre Ruhe haben und mit uns reden.

Irgendwann hörte ich, dass Wanda mit ihrem Mann in die Arabischen Emirate ausgewandert sei. Ihr Mann sei dort Ingenieur, und Wanda liebe die Wärme.

Wespennest-Thema im November 2022: **Gefälscht**

Martin Reiterer

Japaner im Geiste oder Reisen in den inneren Osten

Igort: *Berichte aus Japan 1-3*
Eine Reise ins Reich der Zeichen. Aus dem Italienischen von Myriam Alfano. Berlin: Reprodukt 2016 [OF: 2015]
Ein Zeichner auf Wanderschaft. Aus dem Italienischen von Myriam Alfano. Berlin: Reprodukt 2018 [OF: 2017]
Moga, Mobo, Monster. Aus dem Italienischen von Lukas Elstermann und Benedetta Picarone Fabris. Berlin: Reprodukt 2021 [OF: 2020-2021]
Igort: *Kokoro. Der verborgene Klang der Dinge*. Aus dem Italienischen von Myriam Alfano. Berlin: Reprodukt 2020 [OF: 2019]

War alles nur Zufall? Schicksal? Oder war es doch Bestimmung? Schon als Jugendlicher entwickelt Igort eine unbändige Begeisterung für ein Land, das ihn fortan begleiten und das er ein Leben lang bereisen wird, immer wieder aufs Neue: Japan. «In einem vorigen Leben musste ich Japaner gewesen sein [...]», schreibt der Zeichner in *Berichte aus Japan - Eine Reise ins Reich der Zeichen*. Von seiner Übersetzerin Midori zitiert er einen Traum, in dem sie in der Meiji-Zeit durch Tokio laufend in einem Stoffgeschäft eine Frau entdeckte: «[E]ine Stimme in meinem Kopf flüsterte: ‹Diese Frau ist Igort.›» Das lässt an Fügung denken. Den Zufall verknüpft der Autor an anderer Stelle mit Sorgfalt, mit einer «Sorgfalt, die dem Zufall die Tür öffnet und das Unvorstellbare willkommen heißt». Der Zufall ist ein Verbündeter des Zeichners als Reisender.

Igort, eigentlich Igor Tuveri, geboren 1958 in Cagliari, zwischendurch wohnhaft in Paris, ist einer der berühmtesten gegenwärtigen Comiczeichner*innen. Seit 2015 (auf Deutsch 2016) sind drei Bände der *Berichte aus Japan* erschienen, mit den Untertiteln *Eine Reise ins Reich der Zeichen*, *Ein Zeichner auf Wanderschaft* und *Moga, Mobo, Monster*, eine Art von Reiseberichten oder Reisetagebüchern, durch die Igorts unversiegbare Flüsse aus Bildern und Texten mäandern. Thematisch eng verflochten damit ist der Band *Kokoro - Der verborgene Klang der Dinge*, ein Album im Querformat, in dem der Autor eine Reihe gleichsam verloren gegangener Kostbarkeiten nachträgt.

Igorts erste Auftritte als Comicautor datieren aus den 1980er-Jahren. Die 1990er-Jahre sind geprägt durch seine Aufenthalte in Japan sowie eine langjährige Zusammenarbeit mit dem Tokioter Verlag Kōdansha. Ergebnis ist die erfolgreiche Serie des kleinen Roboters *Yuri*. Im deutschsprachigen Raum bekannt geworden ist der Zeichner, inzwischen Mitbegründer des Comicverlags Coconino Press, mit seinem Mafiakrimi *5 ist die perfekte Zahl* (avant-verlag, 2003), auf der Frankfurter Buchmesse 2003 als «Comic des Jahres» ausgezeichnet. Tuschezeichnungen mit flächigen Kolorierungen in Blauschwarz und japanisch anmutendem Strich sind seine Kennzeichen. Es folgte *Fats Waller* (2005), ein Zeitporträt des schwarzen Jazzpianisten der 1930er-Jahre in rotbraunen Pastellfarben. Nach längeren Aufenthalten in den ehemaligen Sowjetrepubliken hat Igort mit *Berichte aus der Ukraine* (Reprodukt 2011) und *Berichte aus Russland* (2012) neue Wege des dokumentarischen Comics beschritten. Mit einer für den Reportagecomic eigenen Bildsprache und einer eindringlichen Sensibilität beschreibt er darin die Grauen des ukrainischen Holodomor der 1930er-Jahre sowie des Zweiten Tschetschenienkriegs und deren Spuren in der Gegenwart.

Mit derart schwerem Stoff aus Geschichte und Politik werden die Japan-Comics nicht beladen. Was die *Berichte aus Japan* mit den vorausgehenden *Berichten* - im Italienischen *Quaderni* («Hefte») - verbindet, ist ihre Heft-Ästhetik mit linierten Blättern. Neu ist der autobiografische Ton. Da erfährt man, dass der Zeichner 1991 zum ersten Mal in Japan war, doch zuvor «schon über zehn Jahre von

Igort: *Berichte aus Japan*, Band 1 (S. 2/3, Huldigung an die Kunst des Zeichnens).

Igort: *Berichte aus Japan*, Band 3, S. 55.

Igort: *Berichte aus Japan*, Band 3, S. 17.

diesem Land geträumt (hatte)». 1994 ist es dann so weit, und ein Arbeitsvertrag mit dem Manga-Verlag wird «Igoruto-sans» «Japan-Sehnsucht» für einige Zeit stillen.

Das Genre ist damit noch nicht hinreichend umrissen, die Japan-*Berichte* sind auch Essay, soziologische Betrachtung, journalistische Reportage. Insgesamt bilden die Bände, 2021 im Schuber erschienen, eine Einheit. Sie als Comic zu bezeichnen, lässt die mediale Vielfalt, mit der sie gestaltet sind, allerdings kaum erahnen. Eine Fülle von Material ist hier ästhetisch miteinander verwoben: Einzelbilder mit abgesetzten Texten, Comicsequenzen mit Schwarzweißzeichnungen, andere mit Kolorierung, eingebettete Zitate, Collagen, Fotos, nachgezeichnete Film-Stills und Screenshots von Animes, Postkarten, eingescannte Artefakte. Der Wechsel schafft den Rhythmus. Zeichnungen und Aquarellzeichnungen, oft doppelseitig, zwischendurch weiße Seiten laden zum Verweilen ein. Sie entschleunigen oder unterbrechen, synkopenartig, die Lektüre. Igort lässt Leser*innen und Betrachter*innen an einer Bilderreise durch die japanische Kulturgeschichte teilhaben, als wäre es eine private Führung des Beobachters, Lesers, Zeichners.

Die farbenprächtige Hommage an das Land seiner Träume ist insbesondere eine Huldigung an die Kunst des Zeichnens. Weite Landschaften, durch die Figuren mit überdimensionalen Zeichenutensilien, ob Feder, Pinsel oder Tuschfässchen, schreiten, rahmen die drei Bände. «Japan war zur Schatulle meiner Wünsche geworden, ein Koffer gefüllt mit den verschiedensten Dingen. Aber vor allem war es eins: das Paradies der Zeichner.» Begründet liegt das in der langen grafischen Tradition des Landes, die in Katsushika Hokusai einen Meister hat, der bereits im frühen 19. Jahrhundert tausende Skizzen angefertigt hat, die er als «Manga» bezeichnete. Hokusai ist somit ein Vorläufer jener Kunstform, der sich Igort selbst bedient. Doch die «hybride Sprache», die Schrift und Bild im Comic miteinander verbindet, sieht der italienische Zeichner im Japanischen, einer Kultur, «in der Schrift und Zeichnung eins sind», noch viel tiefer verwurzelt. «Was sind Ideogramme schon anderes als Zeichnungen? Nicht umsonst bedeutet das japanische Verb kakimasu sowohl schreiben als auch zeichnen.»

Im Untertitel des ersten *Berichte*-Bands zitiert Igort Roland Barthes' Japanessay *Das Reich der Zeichen* (1970). Barthes' diptychongleiches Satzpaar «Der Text ist kein ‹Kommentar› zu den Bildern. Die Bilder sind keine ‹Illustrationen› zum Text» schwebt gleichsam als ästhetisches Programm über den Panels. Vom französischen Semiotiker übernimmt der Zeichner den kindlichen Blick: Barthes sei, so der Autor, «wie ein Kind» nach Japan gereist. Diese Haltung einer völligen Hingabe an die Dinge und Erscheinungen scheint auch Igorts Herangehensweise zu beschreiben. In dieser Weise erfasst er kleine Ereignisse, wie die Ankunft des Tofu-Verkäufers, Spaziergänge zu den Schreinen oder ins Zen-buddhistische Zentrum ebenso wie seine Besuche in den mehrstöckigen Buchhandlungen Tokios, jenen «kultische[n] Ort[en] längst vergangener Zeiten», oder die Beziehung zu seinem Redakteur von Kōdansha. Dazwischen ist Raum für Schlüsseltexte der japanischen Moderne, Porträts von Filmregisseuren, Exkurse über den großen Haiku-Dichter Matsuo Bashō oder Begegnungen mit «Gekiga»-Zeichnern wie Yoshiharu Tsuge, Shigeru Mizuki, Yoshihiro Tatsumi, Jirō Taniguchi, die den Manga in den 1950er-Jahren aus seiner Selbstbeschränkung für Unterhaltung herausgeführt haben. Zur Sprache kommen ebenso dunkle Seiten Japans wie die erstaunliche Geschichte der Burakumin, einer kaum bekannten Kaste von Unberührbaren, und eine Reihe weiterer sozialer Phänomene, die ein grelles Licht auf Japans Gesellschaft werfen, wie die «Hikikomori», Menschen, die alle Kontakte zur Außenwelt abbrechen, die neuen «Eremiten der Megacitys». Sie sind den abschätzig so bezeichneten «Pflanzenfresser»-Männern nicht unverwandt, die sich dem Alleinsein verschrieben haben und sich nur virtuellen Partnerfiguren von «Love Plus» anvertrauen. Aber auch jenen Menschen, die den Tod durch Überarbeitung, «Karōshi», sterben.

Angeregt durch das Reisetagebuch des Wanderpoeten Bashō, *Auf schmalen Pfaden durchs Hinterland* (1689), bereist der Japaner im Geiste 2015 den Archipel ein weiteres Mal. Wie Bashō haben in der Vergangenheit viele japanische Dichter «das Reisen zu ihrem ständigen Aufenthalt» gemacht. Auch Igort, der Japan «von Anfang an» als «Ort des Reisens» erlebt hat, liebäugelt mit der Wanderschaft als Lebensform. Die reale Reise befördert die Reflexion. Im Lauf der Trilogie dekliniert der Zeichner einige Facetten des Reisens durch. Die Studien von Hokusais Skizzenbücher etwa sind «für mich wie Reisen», die alten Meister «meine Reisegefährten». «Dieses Buch», heißt es am Ende des ersten Bandes, «war für mich wie eine Zeitmaschine – zwei Jahre lang konnte ich damit in die Vergangenheit reisen, in meinen inneren Osten.» Indes beginnt Band zwei, *Ein Zeichner auf Wanderschaft*, mit einer tatsächlichen Reise in die Berge als «Reise in die Stille», als «Zeitreise» in das alte Japan. Immer wieder «landet» der Autor, eine alte Postkarte betrachtend, den Linien alter Meister folgend, «in einem anderen Jahrhundert». Die Gegenwart erscheint als zarte Membran. «In Japan sehe ich durch den dünnen Schleier der Gegenwart immer die Vergangenheit scheinen.»

Band drei schließlich wird zur «Expedition» in den japanischen Untergrund und in ein verbotenes Japan, das wie ein unterirdischer Fluss das 18. Jahrhundert mit dem modernen, gegenwärtigen Japan verbindet. Dabei verknüpft der Autor das «Reisen» mit einer Art der Verwandlung, die sich angesichts der Lektüre (etwa verbotener Hefte) vollzieht: «Bereits als Kind hatte ich begonnen, die Leben anderer zu leben», erinnert sich der Autor, «Lesen [war] für mich [...] wie Zauberei.» Nun ist es das Mädchen Momo aus einem Trickfilm, das auf dem Dachboden seines Onkels «Kibyōshi» entdeckt. Die gedruckten Hefte aus der Edo-Zeit sind Vorläufer der heutigen Erwachsenencomics, in denen sich unterschiedlichste «Yokai», Geister und Monster des japanischen Volksglaubens, tummeln. Von hier aus wandert Igort einen Grat entlang, der zwischen Popularität und Tabu verläuft und mit der traditionellen Druckgrafik des «Ukiyo-e» («e» bedeutet «Bild») verbunden ist. Von den Darstellungen erotischer Liebesstellungen («Shunga»), die schon sehr früh das Groteske und Obszöne feierten, führt ein Weg zu den «Muzan-e», den «blutigen Bildern», und «Kinbaku», einer erotischen Kunst des Fesselns, die im auslaufenden 19. Jahrhundert die ästhetische Sprache zuspitzten. Die Meister des Nonkonformismus werden heute in der «Ero-Guro»-Bewegung von Künstlern wie Suehiro Maruo, Takato Yamamoto oder Toshio Saeki wiederentdeckt. Letztlich findet die gesamte «Moga-Mobo»-Bewegung («Modern Girl, Modern Boy»), der japanische Modernismus zu Beginn des vorigen Jahrhunderts, der in der Gegenwart weiterlebt, hier seine Wurzeln. In einem flirrenden bunten Bilderbogen lässt Igort diese Entwicklungen vor unseren Augen vorüberziehen und zeigt, dass das, was auf den ersten Blick als abgründig erscheinen mag, im nächsten Augenblick als spannende ästhetische Volte einer kulturellen Wandlung zu erkennen ist. Und so schließen die *Berichte aus Japan* mit einer rebellischen Geste.

Johanna Öttl

Vor dem Auge des Zyklopen

Waltraud Haas: *Mit der Axt in der Hand*. Lyrik und Prosa. Wien: Klever 2021

Frauen haben es in der griechischen Mythologie oft nicht leicht: Sie werden vom Vater geopfert, vom Sohn geheiratet, müssen zwanzig Jahre keusch auf die Rückkehr des Ehemannes warten, der sich derweil auf einer griechischen Insel vergnügt. In dem frühen Prosatext «nie komme ich nach theben», erschienen in Waltraud Haas' zweiter Buchpublikation *Weiße Wut* (edition wespennest 1995), deutet die Autorin in einer Reihe von prägnanten Bildern an, was Frauen angetan werden kann – von Männern, von anderen Frauen, von Müttern, von gesellschaftlichen Erwartungen. Der Text zeigt die Begegnung einer Enkelin mit ihrer verwirrten und verstörten Großmutter, deren bruchstückhafte Erzählungen wie eine Mischung aus individueller und kollektiver Erinnerung wirken und dergestalt Gewalterfahrungen von Frauen einer Kriegsgeneration in den Raum stellen, ohne sie jedoch im Detail zu benennen. Dabei ist Theben nicht nur mythologischer Resonanzraum, sondern auch ein konkreter Ort: Am Zusammenfluss von Donau und March, rund fünf Kilometer Luftlinie entfernt von Hainburg, befindet sich die Burg Theben (slowakisch Hrad Devín). In Hainburg wurde Waltraud Haas 1951 geboren, der Eiserne Vorhang in unmittelbarer Umgebung und damit wohl Teil der Kindheitstopografie. Auf slowakischer Seite wird die Idylle der Burgruine Theben, gelegen auf einem steilen Felsen am Flussufer, heute durch keine militärisch befestigte Grenze mehr gestört. Stattdessen erinnert ein imposantes Mahnmal am Fuße der Burg an die Toten der ČSSR-Grenze, an diejenigen, die beim Versuch der Flussdurchquerung erschossen wurden.

«theben», so lautet auch der Titel einer der Prosaminiaturen in Haas' jüngst erschienenem Band *Mit der Axt in der Hand*: «die grenzgänger treiben die donau hinunter mit einem loch im kopf, bäuchlings. ich starre vom rücken des braunsbergs über die eiserne grenze in ein land, das ferner nicht sein könnte.» Solch konkrete Topografien – Donau, Braunsberg, Eiserne Grenze – sind in Haas' Lyrik selten. Es dominieren Räume mit wenigen konkreten Markierungen, nicht selten sind es Erinnerungsräume. Auch Theben ist im kollektiven Gedächtnis weniger ein konkreter und auf einer Landkarte auffindbarer Ort als ein Erzählraum voll archetypischer Figuren – in der griechischen Mythologie ist sie die Geburtsstadt etwa von Herakles, Ödipus und Antigone.

Diese Figuren aus der antiken Mythologie lassen unweigerlich an Familiendramen denken, und auch in Waltraud Haas' Lyrik werden Familie und Kindheit nicht als Quelle nostalgischer Erinnerungen kenntlich. «meine kindheit liegt / in schutt und asche», so hebt eines der Gedichte in *Mit der Axt in der Hand* an, und in der Tat ist die Figur einer übermächtigen und despotischen Mutter, die bereits in früheren Büchern von Waltraud Haas auftritt, auch in diesem Band wieder vertreten. Sie stellt sich hier neben einen Vater, der sich bald aus dem Leben des sprechenden Ich verabschiedet hat. Beide, Vater wie Mutter, sollen aus dem in zwei Gedichten genannten «kinderwald» dieses sprechenden Ich vertrieben werden: «es bedarf einer kettensäge, um vater und mutter endgültig mundtot zu machen und aus dem kinderwald zu vertreiben».

Die nachwirkende Unterdrückung vor allem durch eine kontinuierlich auftauchende Mutterfigur prägt die literarische Kindheit bereits in früheren Bänden von Haas. «zeit meines lebens // sitze ich festgezurrt / auf meinem kinderstuhl / und warte / daß er kippt», heißt es in *Selbstporträt auf rotem Grund* (Klever 2012). In solchen Kindheitsgedichten kommt eine Ambivalenz von Bindung und Abhängigkeit zum Ausdruck, aus der es kaum ein Entkommen gibt. Bindung ist in *Mit der Axt in der Hand* Thema auch in Gedichten über Liebesbeziehungen, sie sind im Ton mal melancholisch, mal abgeklärt, mal spielerisch und ironisch. «ich fühle mich verlassen / wie der berüchtigte stein auf der straße // mein blut pocht und meine liebe klebt / auf dem kopfsteinpflaster // ich habe zwei augen auf dich geworfen / doch keines ist hängengeblieben» – Abhängigkeit von der Anerkennung eines Gegenübers ist auch in diesem Gedicht Teil der emotionalen Zuwendung des sprechenden Ich und wird auch hier enttäuscht, ist allerdings nicht existenziell bedrohlich.

Rund ein Drittel von *Mit der Axt in der Hand* machen Prosatexte aus: der umfassendere Teil Miniaturen, verfasst zwischen 2018 und 2021, sowie vier Texte aus den 1980er-Jahren. Sie unterscheiden sich nicht nur formal und in ihrer Länge – die aktuellen sind selten länger als eine halbe Buchseite, während die älteren acht bis zwölf Seiten umfassen –, sondern auch in ihrem Ton: Die Miniaturen sind lakonisch und stark verdichtet, in ihrer Tonalität der im gleichen Band veröffentlichten Lyrik sehr ähnlich. Die Prosa aus den 1980er-Jahren ist narrativer, sie lässt die Leichtigkeit der aktuellen Arbeiten ebenso vermissen wie deren subtile Ironie und Witz. Gerade die Knappheit der meist nur wenige Zeilen umfassenden aktuellen Gedichte oder Prosaminiaturen schafft es oftmals, mit nur wenigen Worten prägnante Bilder oder Miniaturszenen vor den Augen der Lesenden entstehen zu lassen: «wo die liebe hinfällt / wächst kein gras mehr / sagt sie und poliert / ihren verlobungsring / hingebungsvoll», heißt es etwa. Dabei speisen sich Prosa wie Lyrik aus einer schlichten Lexik; kühne Metaphern, pflichtbewusste Neologismen oder bemüht originelle Zeichensetzung sucht man in Haas' Gedichten vergeblich.

Dass Haas' Lyrik dabei nicht solipsistisch ist, zeigt ein Blick auf die Widmungsgedichte in *Mit der Axt in der Hand*, die eine Sympathie der Autorin zu Kleinverlagen und Literaturzeitschriften offenlegen. Der 2018 verstorbenen Künstlerin Ingrid Wald, Mitbegründerin der Zeitschrift *freibord* (in der Haas einmal im Jahr 1995 veröffentlichte), ist das liebevoll-melancholische Gedicht gewidmet «liebe / wen verwöhnst du / jetzt / mit deinem lachen». Dem Mitherausgeber der Literaturzeitschrift *Zeitzoo* und der edition zzoo Nikolaus Scheibner widmet Haas ebenfalls ein Gedicht – in der edition zzoo erschien übrigens 2010 Haas' Band *mit brandroten schuhen*. Das wiederum macht sie zu einer Verlagskollegin von Michaela Hinterleitner, deren Debüt *Räuber der Meere* ebenfalls in der edition zzoo erschien und das zahlreiche Fischbilder enthält; auf sie antwortet Haas «ich bin / ein solitärfischchen / drunten / im tiefen dunklen meer».

Solch eine ironisch-reflektierte Selbstbeschreibung ist auch charakteristisch für jene Gedichte von Waltraud Haas, die sich mit dem Schreiben befassen: Schon in *zwerchfellgewitter* (Klever 2009) dichtete sie: «ich sitze am schreibtisch / wie das huhn / das eben geschlachtet worden ist / durch den garten läuft / zwiebeltänze vollführend / auf der suche nach seinem kopf», und auch in ihrem aktuellen Band finden sich ähnliche Kurzpoetologien des eigenen Schreibens: «das gedicht ist / ein schlag vor den bug / es zwingt mich innezuhalten / und oft auch / den kurs zu ändern». Dieses Bild bringt eine Offenheit zum Ausdruck, die sich im Prozess des Schreibens nicht von Beginn an auf einen bestimmten Weg festlegt, sondern sich diverse Routen offenlässt und sich so eine Ungewissheit dem eigenen Schreiben gegenüber erhält. Solch eine Poetologie lässt sich beim Lesen dort nachvollziehen, wo einen die Gedichte mit unerwarteten Wendungen überraschen; dort wird kenntlich, dass das Unvorhersehbare Teil von Haas' Poetologie ist: «mein lieblingsgedicht // ist immer das / das ich morgen / schreiben werde».

Überraschende Wendungen bieten auch jene Gedichte, in denen das sprechende Ich sich als aufmüpfiger Schelm zeigt. Seit *Weiße Wut* entwickelt es sich zu einem Ich, das jene, die ihm schaden wollen, mit zunehmender Wachsamkeit registriert und dabei alles andere als hilflos und passiv ist – «ich höre / das gras / ich schärfe / die sichel», heißt es etwa in *ping pong* (Klever 2016). Zu den poetologischen Werkzeugen Waltraud Haas' zählen neben der Sichel die bereits genannte Ironie sowie die unerwarteten Wendungen, und sie sind es, die Haas' Gedichte vielerorts auch zu einer auf kluge Art witzigen Lektüre machen. In *Mit der Axt in der Hand* dichtet die Autorin «im siebzigsten jahr // führe ich mich / innen noch jung / hinters licht», witzt indes auch schlicht: «kühe im nebel // ich höre nur / ihr sanftes *muh*».

Bei allem Humor berichtet Haas auch aus Grenz- und Zwischenwelten, wo Verletzungen und Selbsterkundungen, ja – verunsicherungen sich vermischen: «fragebogen // was wollten Sie als kind werden? // unerbittliche / kriegsberichterstatterin / an den grenzen thebens», schreibt sie in *Weiße Wut*. Bemerkenswert dabei ist, dass das sprechende Ich in den Jahren von Waltraud Haas' Schreibarbeit deutlich widerborstiger und aufmüpfiger wird. Es stärkt sich an seiner Selbstbeschreibung und behauptet seine Position, wenn auch lakonisch: «hunger // ich beiße / auch die hand / die mich füttert», heißt es in *Selbstporträt auf rotem Grund*, und dieses scheinbar einfache Bild zeigt die kompromisslose Haltung einer Sprechenden, die ihre eigenen Stärken und Schwächen seziert. Aus solch einer Selbstkritik folgt oft jene Unberechenbarkeit, die so besonders an Haas' Lyrik ist: «ich habe nichts // worauf ich zurückgreifen könnte / habe nicht gehortet / nicht gesammelt / besitze nur / was ich auf dem kopf trage / weißes haar / das mir zu berge steht» (in: *schlaglichter*). Angelpunkt ist die Weltsicht eines Ich, das sich gegen Konventionen stellt und seine Position vertritt, das die Widersprüchlichkeit der umgebenden Wirklichkeit erkennt, nicht daran zerbricht, sondern sie poetisch fruchtbar macht. Die Ablehnung des Erwartbaren, das Aufbegehren gegen Vorhersehbares und Zwänge – auch in poetologischer Hinsicht – ist eine der beeindruckenden Eigenschaften dieser Lyrik; in *zwerchfellgewitter* dichtet Haas: «vor / des zyklopen auge / tanze ich / rock 'n' roll».

Hazel Rosenstrauch

Nachgetragene Liebe

Monika Czernin: *Der Kaiser reist inkognito. Joseph II. und das Europa der Aufklärung.* München: Penguin Verlag 2021

Joseph II. ist – zumindest in den Kreisen, die sich für progressiv halten – der beliebteste, wahrscheinlich der einzig beliebte Monarch des einst so großen Habsburgerreichs. Joseph der Aufklärer, der Revolutionär auf dem Thron, der leider mit vielen seiner Reformen gescheiterte Kaiser der Habsburgermonarchie, Kaiser des Heiligen Römischen Reichs Deutscher Nation.

Monika Czernin hat sich einige seiner Reisen genau angeschaut, nicht alle, das wären zu viele. Zu ihrem und unserem Glück hat der Kaiser ein Reisejournal geführt. Er ist ja nicht nur kreuz und quer durch Europa, in die Erzherzogtümer und Herzogtümer Steiermark, Kärnten und Krain, nach Tirol und Vorarlberg gereist, zum Bruder und Nachfolger Leopold II. in die Toskana, dem Musterland der Aufklärung, in die Lombardei und nach Rom, nach Schlesien, Slawonien, Dalmatien, nach Böhmen und Mähren, Ungarn sowieso, in das mit der räuberischen Teilung Polens 1772 neu eroberte Galizien, bis nach Siebenbürgen und ins Banat. Er fährt nach Frankreich zu seiner «schönen schmetterlingsgleichen Schwester», die noch immer keine Kinder geboren hat, besucht die österreichischen Niederlande und fährt aufgeregt an die Neiße, um den bewunderten Feind Friedrich II. zu treffen, den er für «den bedeutendsten Menschen seiner Epoche» hält. Besonders abenteuerlich und besonders anspielungsreich ist die Beschreibung der Fahrt nach Russland 1787, einschließlich eines Besuchs der Krim, samt Erläuterung der komplexen Beziehungen zu Katharina II., ihrem Günstling Fürst Potjomkin und deren aggressiver Eroberungspolitik. Bei jeder Station erhält der Leser auch Nachhilfe in Geografie, Geschichte und Politik der Monarchie, stets verbunden mit Passagen über die Gefühle ihres Protagonisten.

Hätte Monika Czernin alle Reisen beschrieben, so hätte sie kaum abarbeiten können, worum es ihr geht: Jede der Stationen ist Anlass, um ein zentrales Thema der josephinischen Reformpläne zu erklären. Joseph verstand sich als Aufklärer, war belesen, pflegte Kontakte zu Philosophen und Künstlern, die ihm weitaus lieber waren als die Hofgesellschaft. Vernunft, Toleranz, Modernisierung und ein neues Verständnis von Herrschaft sollten so rasch wie möglich umgesetzt werden, zu rasch, wie nicht nur spätere Historiker, sondern auch seine Mutter, Maria Theresia – mit der er sich bis zu deren Tod die Herrschaft teilen musste – fanden. Sie und er waren «Protagonisten im Wettstreit zwischen neuem und altem Herrschaftsverständnis, zwischen vormodernem und modernem Staat, zwischen Feudaldenken und Aufklärung». Joseph wollte das riesige Reich mit seinen unterschiedlichen Völkern, Sprachen, Lebensbedingungen und Verwaltungen vereinheitlichen und in einen modernen Beamtenstaat umwandeln. Er stieß damit nicht nur auf den Widerstand seiner Mutter und ihrer Berater am Wiener Hof, sondern fast aller etablierten und privilegierten Figuren in dem komplexen Staatsgefüge.

Man erfährt viel über Josephs Auseinandersetzung mit Leibeigenschaft und das daraus resultierende Elend der Bauern, aus denen er tüchtige Untertanen machen möchte, über seine Ideen, die Grundherren zu entmachten, die Schulpflicht einzuführen und Lehrer besser beziehungsweise überhaupt erst auszubilden. Joseph hat Untersuchungskommissionen eingesetzt und von den in den verschiedenen Gebieten jeweils verantwortlichen Fürsten oder Beamten Rechenschaft gefordert, was für seine Zeitgenossen, vor allem die mächtigen, unerhört war. Er plädiert für egalitäre Abgaben und würde gerne auch den Adel zu Steuern heranziehen, aber der Widerstand der traditionellen Eliten ist zu groß. So werden nach und nach alle wichtigen Maßnahmen, die er durchsetzen konnte, thematisiert – die Einschränkung der Robotleistungen, die Aufhebung der kontemplativen Klöster, das Toleranzpatent, die Pockenimpfung, die Gründung des Allgemeinen Krankenhauses und diverse Wohlfahrtseinrichtungen, Wirtschafts- und Steuerreformen oder sein Bemühen zur Abschaffung des sogenannten «Wasserschubs», bei dem Landstreicher, Schmuggler und «liederliche Weibspersonen» an die Grenzen des Habsburgerreichs abgeschoben wurden. Er hatte nicht viel Zeit, von 1765 bis 1780 war er Mitregent Maria Theresias, ab 1780 Alleinregent, er starb 1790 mit 49 Jahren, nach nur zehn Jahren, in denen er ohne Einspruch seiner Mutter einen Teil seiner Ideen umsetzen konnte.

Der Kaiser reist inkognito, wie der Titel sagt, das erspart ihm, mit großem Tross zu reisen und an jedem Ort die vorgeschriebenen Rituale und Empfänge zu absolvieren. Als Graf Falkenstein sammelt er Daten, notiert er die Missstände, die er sieht, nimmt Bittschriften einfacher Untertanen entgegen und erkundigt sich nach den Lebensumständen von Bauern, Tagelöhnern oder notleidenden Müttern. «Das blasierte Selbstwertgefühl» in Magnatenfamilien hingegen «nervt über alle Maßen». Manchmal verteilt er Geld «aus eigener Tasche», um die ärgste Not zu lindern. Er denkt ununterbrochen über Verbesserungen nach und sendet Berichte und Denkschriften nach Wien. Er reist, um die Zustände und die Bewohner in den ererbten Landen kennenzulernen, vielleicht auch, um sich so oft wie möglich vom Wiener Hof absentieren zu können – das aber hält Monika Czernin für eine böse Unterstellung.

Es mangelt ja nicht an Literatur über Joseph II. und Maria Theresia, Monika Czernin kennt die Werke, sie zitiert aus der Biografie von François Fejtő und aus der erst vor Kurzem erschienenen Studie über Maria Theresia von Barbara Stollberg-Rilinger, die von Josephs schwierigem Charakter berichten, auch aus vielen anderen Werken – die alle in Anmerkungen genannt werden. Auf ein Literaturverzeichnis hat der Verlag leider verzichtet, aber es gibt ein Personenverzeichnis – in dem Joseph von Sonnenfels fehlt, jener zum Katholizismus konvertierte Rabbinersohn, der zwar nicht mitgereist ist, aber viel zur Abschaffung der Tortur, zur Emanzipation der Juden und zur Verwaltungsreform beigetragen hat.

Monika Czernin weicht in wesentlichen Punkten von den Historikern ab: Die Autorin hat zwar offenbar alles gelesen, aber sie schreibt nicht aus der Distanz, sondern ist stets dabei, sie weiß, was er denkt, wenn er die Post in der Kutsche erledigt und Pläne schmiedet, wann er lächelt, wie er im Zelt schläft, weder Hunger noch Kälte spürt, ein «bescheidenes Mittagsmahl» einnimmt oder sich «schlaflos von einer Seite der Bettstatt zur anderen rollt».

Es menschelt sehr, insbesondere wenn Josephs Gedanken zu Isabella von Parma «flüchten», seiner ersten Frau und großen Liebe, die, wie wir aus anderen Büchern wissen, ihn nie geliebt, sondern schmachtende Briefe an ihre Schwägerin geschrieben hat. Von der zweiten, ungeliebten Frau ist kaum die Rede. Ebenso wenig von seinen erfolglosen militärischen Unternehmungen und Expansionsgelüsten. Er sehnt sich, würde gerne geliebt werden, wird von den Frauen nicht verstanden. Monika Czernin kann sich in ihren Helden hineinversetzen, sie ist bei ihm, wenn er «sein müdes Haupt auf ein karges Kissen bettet», sie sitzt in seinem Kopf, denkt, träumt und seufzt mit ihm im Präsens. Naturbeschreibungen und nachgefühlte Stimmung erinnern an Liebesromane. «Getreideähren wiegen sich im Sommerwind», die Nachtigallen singen, Joseph liebt die Vögel und «Schwäche, so schlussfolgert Joseph, nun doch von den wärmenden Strahlen der aufgehenden Sonne in einen Halbschlaf versetzt, rentiert sich einfach nicht». Innig angelehnt an ihren Helden galoppiert die Autorin mit dem Kaiser durch Europa und die tragische Geschichte des aufgeklärt sein wollenden Absolutismus.

Die in anderen Werken beschriebenen Charakterschwächen Josephs und seine Leidenschaft für die Datenerhebung, Ursprung des Spitzelwesens, fehlen hier. Sein einziger Fehler war, dass er es zu eilig hatte und zu viel wollte. Josephs Ungeschick im Umgang mit Frauen wurde in vielen Büchern beschrieben. Bei François Fejtő steht: «Die Liebe bleibt ihm alles schuldig.» Monika Czernin aber liebt ihn.

Stephan Steiner

Sprengungen und Bergungen

Anton Tantner: *Von Straßenlaternen und Wanderdünen. Miniaturen aus dem abseitigen Wien*. Wien/Berlin: Mandelbaum 2020.

Legt man den hier zu besprechenden Band nach der Lektüre seiner knapp zweihundert Seiten aus der Hand, fragt man sich, was man da eigentlich gelesen hat, welchem Genre die versammelten vierzig ebenso espritvollen wie kurzweiligen Texte wohl zugehören mögen. Streckenweise erinnern sie an Vorläufer: in ihrem sozialen Engagement an aufmüpfige Reportagen aus der Zwischenkriegszeit, in ihrer Hinwendung zu kuriosen Details an anekdotenreiche «Alt-Wien»-Sammlungen, in ihrer Sprachgewandtheit an das klassische Feuilleton. Jedoch ist Vorsicht geboten, denn alle diese Ingredienzien treffen zwar Aspekte, aber nicht den Kern dieser Prosa. Der Autor selbst spricht von «Miniaturen», aber auch dies scheint irgendwie daneben gewogen und ganz ungerechtfertigterweise für zu leicht befunden. Angemessener wäre es wohl, von «Capriccios» zu sprechen, denn bei diesen handelt es sich um voll Eigensinn komponierte Stücke, die die Verbindung zu mancherlei Traditionen und Konventionen zwar nicht gänzlich aufgeben, sich diesen aber nur zeitweilig und höchst unwillig beugen, um sich ansonsten dem Unerhörten zu öffnen.

Tantners Capriccios sind voll von Widerständigem und Eigensinnigem, das aus dem faden Eck der Selbstreferenz, der Äquidistanz, der Positionslosigkeit und die Gesetze der Literatur wenn schon nicht ver- so doch missachtenden Mainstream-Geschichtsschreiberei weit hinausführt. Auch braucht man keine Hörsaalbänke gedrückt zu haben, um zu verstehen, warum die verhandelten historischen Gegenstände von Belang, weil voll von Gegenwartsbezügen, sind. Unter diesen Voraussetzungen verwundert es nur wenig, dass die meisten Texte ursprünglich in der Straßenzeitung *Augustin* erschienen sind. Tantner fasst seinen Schreibimpuls so zusammen: «Angeregt von Benjamins geschichtsphilosophischen Thesen sollen Fragmente aus dem Kontinuum der Geschichte herausgesprengt beziehungsweise – weniger martialisch – *geborgen* werden, soll historisches Wissen einem Virus gleich in die medialen Kanäle der Gegenwart eingeschleust und für deren Erkenntnis, vielleicht sogar Veränderung mobilisiert werden.»

In diesem wirbelnden Reigen der Sprengungen und Bergungen, der unter vielem anderen auch eine Frühgeschichte des Radweges, ein Porträt des Hausmeisters als Suchmaschine, eine Lektion in *Dark Tourism* oder einen Besuch in einem Trockenrasenmuseum offeriert, sind die unterschiedlichsten Tonlagen erlaubt. Einmal spricht die liebevoll ihren Gegenständen ganz zugeneigte Stimme eines Stadthistorikers, ein andermal hört man den jovialen Tonfall eines Ironikers. Bisweilen kann es auch sarkastisch werden, besonders dann, wenn Untertanenmentalität und, mehr noch, wenn der Prozess der Erschaffung und Erschaffbarkeit ebendieser verhandelt werden. Für das Endprodukt dieser Zurichtungen hat der Autor die feingeschliffene Wendung der «Subjektwerdung durch Verbeamtung» erschaffen.

Die belebte und unbelebte Natur hat zwar mit Geografie, Landschaftsarchäologie, Flora und Fauna ihre Gastauftritte in den Capriccios, deren wesentliches Spielmaterial ist jedoch die Geschichte des Habsburgerreichs und insbesondere das gegen Ende des 18. Jahrhunderts sich langsam aufklärende, langsam aufgeklärt werdende. Viele der damals erscheinenden emanzipatorischen und partizipatorischen Silberstreife gingen über das «lange 19. Jahrhundert» (der Historiker Eric Hobsbawm prägte diesen Begriff für den Zeitraum zwischen 1789 und 1914) in Verdunkelungen und Katastrophen zuschanden. Tantner zeichnet auch diese Verfallsprozesse nach und scheut sich nicht, die Dinge beim Namen zu nennen: «Niedertracht» diagnostiziert er etwa dem für Postüberwachung zuständigen Geheimen Ziffernkabinett der habsburgischen Staatsschützer; «Bosheit» einer Bürokratie, die die Kenntlichmachung jüdischer Häuser durch die besondere Art ihrer Nummerierung erdachte; und den sich in die gute alte Zeit des Mittelalters träumenden Schlosspark von Laxenburg führt er als infantiles «altdeutsches Disneyland» vor, ästhetisch und moralisch gerade gut genug, um Erzherzöge die bereits überstandenen und die sich über ihren Köpfen noch zusammenbrauenden Revolutionen vergessen zu machen.

Tantners diesem Band vorangegangene Arbeiten, ob nun zu «Schlurfs» als Gegenbewegung zur Hitlerjugend oder zu Vorläufern von Suchmaschinen, zeichneten sich immer schon durch eine von ihm selbst diagnostizierte «wissenschaftliche [...] Obsession für Abseitiges und Unbekanntes» aus. Seine intensiven Studien zur Einführung der Hausnummerierung und den damit in Verbindung stehenden frühen Volkszählungen entpuppten sich als ein ganz besonderes Reservoir von «unerhörten Begebenheiten». Die Archive mit ihren zu Papier gewordenen Zeugnissen vergangener Leidenschaften erwiesen sich als ein Spinnennetz, in dem sich Einzelschicksale verfingen, die eingehendere Recherchen geradezu herausforderten. Niederschläge davon finden sich auch in den Capriccios: Splitter aus den schwierigen und erniedrigenden Lebensumständen eines Hermaphroditen in der Zeit Maria Theresias etwa oder die irrwitzigen Peripetien von Projektemachern, einer Kategorie von teils windigen, teils ihrer Zeit vorauseilenden Visionären, heute würde man sie wohl in der Start-up-Szene wiederfinden.

Auch das Neueste von Gestern, die Tagespresse von einst, hat es dem Autor angetan und dient ihm als niemals versiegende Quelle zum Auffinden verschütteter Lebensspuren. Ein Capriccio widmet sich ganz einem solchen Pressprodukt selbst, den *Vaterländischen Blättern*, die es sich zu Anfang des 19. Jahrhunderts zur programmatischen Aufgabe gemacht hatten, «Vaterlandsliebe durch Vaterlandskunde zu befördern». Unmittelbar einleuchtend nutzt Tantner die Gelegenheit, einen Bezug zur grauslichen Gegenwart, nein, nicht *herzustellen*, sondern ihn schlicht *aufzufinden*, wenn er schreibt: «Chauvinismus wird in Österreich bevorzugt durch Krawallblätter verbreitet, die mit ihrer Menschenverachtung und Vaterländerei bis heute die österreichische Zeitungslandschaft kennzeichnen. Was in Gegenwart Sportbegeisterung und Rassismus leisten, besorgte einst die Berichterstattung von den zahlreichen Kriegen, in die die habsburgische Politik ihre Untertan_innen schickte.»

Das Kuriose ist bei Tantner meist nicht bloß kurios, sondern trägt zur Entzifferung auffordernde Zeichen von gesellschaftlicher Verwundung, Spuren staatlicher Gewalt. Dabei ist, ausgesprochen und unausgesprochen, immer die Warnung gegenwärtig, dass das, was an Randgruppen, an «unnützen Gesellen», an in Zuchthäuser Gesteckten, an in die Peripherien Abgeschobenen erprobt und für diese zur verordneten Normalität wird, schon bald und leicht, allzu leicht in den Alltag der Mehrheitsgesellschaft überschwappen kann. Der Blick in die Normierungshöllen der anderen kann sich schnell als einer in den Spiegel erweisen. Derart dystopische Aussichten tauchen immer wieder auf, der Autor lässt es aber nicht einfach damit bewenden, sondern sucht (und findet) «Lücken, die der Teufel läßt» (Alexander Kluge). Am schönsten vielleicht veranschaulicht in jenem Capriccio, das davon erzählt, wie parallel zur Einführung der Nummerierung von Häftlingen auch deren Widersacher, die Polizisten, mit einem Zahlencode versehen wurden und dadurch für einen ordentlichen Umgang mit dem Staatsbürger oder der Staatsbürgerin haftbar gemacht werden konnten.

All das Disparate, von der Wolfsplage über den Baumkataster bis zur Silologie (der Kunde von den einst das ländliche Erscheinungsbild prägenden Getreidespeichern), das in Tantners Texte Eingang gefunden hat, fügt sich über die Seiten zu einem Panorama, dessen Fluchtpunkt die Widersprüchlichkeit der Moderne ist. Ihre fatale wie ihre das Leben erleichternde Seite findet sich in den erzählten Geschichten, über denen mehr als einmal die Maxime «Widerstand lohnt sich» stehen könnte. Jedenfalls sind es Bausteine zu einer Kunde vom demokratischen Staatsbürgertum, das manchmal bloß negativ in dessen Verhinderung oder Beseitigung, manchmal aber auch hoffnungsfroh als eine immer von Neuem beanspruchte Ursehnsucht in Erscheinung tritt.

Geradezu ein Patentrezept zur Lösung von Problemen, die aus Macht und Ohnmacht erwachsen, kann man ebenfalls im Buch finden. An einer Stelle wird nämlich von den sogenannten «Wiener Geboten» berichtet, die keineswegs, wie es der Begriff suggeriert, eine Sammlung von Verordnungen waren, sondern ein im 18. Jahrhundert geläufiger Ausdruck für obrigkeitliche Anweisungen, die keinerlei Schaden anrichten konnten, weil sie schlicht und einfach unbeachtet blieben. Tantner empfiehlt eine solche Herangehensweise auch für (vermeintliche) Probleme der Gegenwart: «Vielleicht ließe sich ja Ähnliches mit der berüchtigten, 1985 beschlossenen Kampierverordnung bewerkstelligen: Wenn sie schon nicht abgeschafft oder entschärft wird, könnte sie doch zum ‹Wiener Gebot› deklariert werden, das nicht einmal ignoriert und schon gar nicht exekutiert wird.» Die Umkehrung des Salzamt-Prinzips ist also möglich.

Klaus Bonn

Von der Logik der Andersheit und ihren Tücken

Alexander García Düttmann: *Die Hoffnungslosen*. Berlin: August Verlag 2021

In der knapp gehaltenen Vorbemerkung zu dem Büchlein mit dem Titel *Die Hoffnungslosen* lotet A. G. Düttmann sein Für und Wider im Zeichen einer «Logik der Andersheit» aus, einem Denken, das er dann in den folgenden Haupt- und Nebenartikeln austrägt. Besagte Logik steht in «ständigem Bezug zur kritischen Theorie und zur Dekonstruktion»: Adorno vorrangig, Benjamin und Derrida. Einer Logik der Andersheit, die Düttmann als «eine Logik der Nichtidentität, der Nichtidentität des Begriffs» ausweist, eine «Logik des Zerfalls», um es mit Adorno zu sagen, bedarf als Grundlage einer Idee. Die Bedeutsamkeit der Idee wiederum durchzieht bei Düttmann nicht nur das vorliegende Bändchen. – Im ersten Text, überschrieben mit «Die Erben», geht es vorab um die Entfaltung dessen, was eine Idee ausmacht, in Relation zum geistigen Erbe, und was sie vermag. Eine Idee zu haben heißt, «auf die falsche Nähe des Gemeinplatzes» zu verzichten. Sie steht ein für eine «Verdichtung des Denkens», sie ist «wesentlich diskontinuierlich. Sie ist dringlich und abrupt.» Und direkt auf die Frage nach dem geistigen Erbe gemünzt: «Die Idee kommt an erster Stelle, und die Anrufung oder Beschwörung eines Vermächtnisses oder eines Erbes ist in Wahrheit nicht Treue oder Demut, sondern Frömmelei, die Vortäuschung eines Gedankens, ein Stück Ideologie.» Später, in dem Abschnitt über die «Unversöhnlichen», fasst Düttmann die Idee im Unterschied zu den Begriffen, «den Agenten oder den Instrumenten der Identifikation», als ein «ungreifbares [...] Zwischen oder ein Nichtidentisches». An einer einzigen Stelle allerdings lässt sich das so umsichtig herantastende, jener Logik verschriebene Denken zu einem Tropus hinreißen, als gelte es, der Logik der Andersheit ein Schnippchen zu schlagen und das, was ein Erbe sei, ein für allemal auf den Punkt zu bringen: «Ein Erbe ist in Wahrheit eine Nachricht in einer Flasche, die sich nicht entkorken lässt.» Noch dazu «in Wahrheit», eine Wendung übrigens, die öfter in dem Bändchen Verwendung findet. – Auffällig bei der Titelgebung der Haupttexte ist, dass ihre Überschriften durchweg uniformistisch daherkommen, als habe man es jeweils mit einem eingeschworenen Grüppchen zu tun, was doch einer Logik der Andersheit ausdrücklich zuwiderläuft. Weniger griffig, dafür aber treffender wäre es gewesen, etwa den Text «Die Erben» mit ‹Über Ideenlosigkeit in ihrem Verhältnis zum geistigen Erbe› zu betiteln. Hier zeigt sich eine plausible Differenz in der Praktik eines Autors und der eines Verlags. Eine Praktik, so Düttmann, «verweist auf sich, enthält die Anweisung: Tue es so, ohne in einer Dogmatik, die das Tun rechtfertigt, zu erstarren, ohne sich um ein Programm der Zeitgenossenschaft zu bemühen.» – Der von Benjamins Ausführungen zu Goethes *Wahlverwandtschaften* ausgehende Aufsatz über die «Hoffnungslosen» darf vielleicht als Kerntext bezeichnet werden, nicht, weil er in der Mitte steht und der Sammlung den Titel gibt, sondern dem zeitgenössischen Diskurs der gesättigten Phrase über die Hoffnung, die zuletzt stirbt, oder ihrer Alternativlosigkeit (Bernhard Pörksen) zu Leibe rückt und die Stirn bietet. Düttmann vermerkt: «Nur in dem Maße, in dem wir aufhören, Hoffnung zu hegen, hoffnungsvoll zu sein, für uns zu hoffen, [...] wird Hoffnung sich uns zusprechen, auf uns zukommen, wie von einem anderen für einen anderen [...].» – Das kleine Interludium «Nachtrag zum Affekt» kann als eine Art Brückentext zu dem abschließenden Komplex «Die Komplizen» gelesen werden, in dem sich Düttmann in einer Reihe von tagebuchähnlichen Einträgen zum pandemischen Geschehen äußert. Wenn irgend, dann ist es dieser Teil, der in seiner akuten Verschränkung von philosophischem und politischem Diskurs den Affekt am wenigsten ausklammert. Der «Nachtrag» bereitet dem «Anhang» das Feld. – Ich will nur zwei Sachverhalte herausgreifen aus dem letzten Teilstück, das ich für das schwächste des Büchleins halte. Düttmann spricht *pro domo* über die Bravheit, den Konformismus nicht nur an seiner Hochschule und die Kontrollierbarkeit und Sauberkeit des Digitalen. Sein Fazit lautet: «Der Virus, der in der Pandemie zirkuliert, wird zum Komplizen der Spitzentechnologie und der ideologischen Rechtfertigungen ihres Gebrauchs.» Ist das im Zuge einer Komplexität gedacht, deren Ausblendung, Verbannung aus der Theorie er zuvor beklagt hat? Ich erlaube mir an dieser Stelle, selber *pro domo* zu sprechen. Ich stelle sie mir vor, plumpe Leiber sogenannter Studierender auf harten Stühlen in einer als lästig empfundenen Pflichtveranstaltung. Schummeriger, überheizter Raum, in dem Ideenlosigkeit und Interesselosigkeit (im nicht-kantischen Sinn) vorherrschen. Das will so gar nicht passen zu der «anarchische(n) Kraft, die Grenzen überschreitet», die Düttmann der Jugend in einem früheren Buch attestierte. Die Geister befinden sich an anderem Ort, nur nicht im Geiste der von der obersten Leitung des Hauses beschworenen und uniformistisch verfügten ‹Präsenz› im Dienste des wissenschaftlichen Diskurses und der Begegnung. Ist nicht gerade das auch ein schnöder Konservativismus, eine Festlegung dogmatischer Puristen gegen das Digitale? Es ist nicht davon auszugehen, dass die Adepten solcher ‹Präsenz› sich vorab eingehend mit George Steiner und Martin Buber beschäftigt haben. – Der zweite Sachverhalt nimmt seinen Ausgang in einem *Spiegel*-Gespräch zu Corona-Maßnahmen mit dem Theaterregisseur Frank Castorf vom 28. April 2020, in dem dieser die Zeichen der Solidarität in Symptome des Konformismus umdeutet und sich wider eine Lebenserhaltung um jeden Preis wendet. Düttmann schreibt dazu: «Es mag wichtiger sein, den Wert dessen zu verteidigen, was sich nicht auf das bloße Leben reduzieren lässt, als am Leben zu bleiben.» Ich erinnere mich, dass im Oktober 2020, nicht weniger empört als Castorf, der AfD-Abgeordnete Alexander Gauland im Deutschen Bundestag sich gegen die geplanten Schutzmaßnahmen ereifert und, aus *Die Braut von Messina*, Schiller zitiert hat: «Das Leben ist der Güter höchstes nicht.» Unwissend oder auch bewusst hat er den Zusatz, dass die Schuld das größte Übel sei, außer Acht gelassen. Um diese Zeit herum hatte bereits das Gefasel von der Corona-Diktatur die Runde gemacht. – Gegen Ende des Bändchens steht die Frage: «Kann man eine Grenze ziehen und sie gleichzeitig verwischen?» Innerhalb einer Logik der Andersheit, der die «Herausforderung einer Unentscheidbarkeit» obliegt, dürfte es nahezu unmöglich erscheinen, Stellung zu beziehen. Vielleicht, sage ich mir, wäre es angebracht, wieder einmal Schopenhauer zu bemühen und zu bedenken, was er über die populäre Vorstellung von Freiheit, die Nichtigkeit und das Leiden des Lebens, die Schuld und das höchste Gut geschrieben hat. Eine Brücke zur kritischen Theorie jedenfalls ist nicht zuletzt von Horkheimer geschlagen worden.

SÖREN ALTSTAEDT studierte Soziologie an der Universität Hamburg, wo er als wissenschaftlicher Mitarbeiter in der DFG-Kolleg-Forschungsgruppe «Zukünfte der Nachhaltigkeit» tätig ist. Sein besonderes Interesse gilt den Wechselwirkungen zwischen wissenschaftlichen Umweltmodellierungen und gesellschaftlichen Zukunftshorizonten. Gastdoktorand am Massachusetts Institute of Technology in den USA, wo er die Entstehung der *Limits-to-Growth*-Studie in den 1970er-Jahren erforscht.

RUTH JOHANNA BENRATH schreibt Prosa, Lyrik, Theaterstücke und Hörspiele. Nach zwei Romanen, *Rosa Gott, wir loben dich* (Steidl 2009) und *Wimpern aus Gras* (Suhrkamp 2011), schrieb sie vor allem Hörspiele (zuletzt *Geh dicht dichtig* für den BR/ORF und *Blume Wolke Vogel Fisch* für den MDR) und Stücke fürs Kinder- und Jugendtheater. Ihre Lyrik veröffentlicht sie in *Sinn und Form*, in der *FAZ*, in den *manuskripten* und im *Jahrbuch der Lyrik*. Die hier vorgestellten Texte sind Teil eines größeren Zyklus, vgl. die Anthologie: *Lyrikpreis München 2021 Luthers Beitrag zur Mündigkeit des Menschen und das Krisenbewusstsein unserer Zeit* (Aphaia 2021).

KLAUS BONN, geb. 1958, Studium der Literaturwissenschaft, Anglistik und Philosophie in Mainz; war Lektor für deutschsprachige Literatur und Kulturgeschichte an der Universität Debrecen (Ungarn); derzeit Dozent an der htw saar sowie am Zentrum für lebenslanges Lernen der Universität des Saarlandes. Publikationen u.a. zu Handke, G.-A. Goldschmidt, W.G. Sebald. Jüngste Übersetzungen sind John Burroughs, *Von der Kunst, Dinge zu sehen* (Limbus 2019) und Harriet Taylor Mill, *Zur Erteilung des Frauenwahlrechts* (Limbus 2020).

PATRICIA BÜTTIKER, geb. 1968, lebt und arbeitet in Zürich. Sie wuchs in Frauenfeld auf, studierte an der Höheren Schule für Gestaltung Zürich (heutige ZHdK), Fachbereich Lehrerinnen und Lehrer für Bildnerische Gestaltung. Veröffentlichungen in Zeitschriften und Anthologien. 2020 erschien ihr Romandebüt *Nacht ohne Ufer* (edition bücherlese)

ALEXANDRU BULUCZ, geb. 1987 im rumänischen Weißenburg, wo er seine ersten 13 Jahre verbrachte, studierte Germanistik und Komparatistik in Frankfurt am Main. Er ist Lyriker, Herausgeber, Übersetzer und Kritiker. Sein Lyrikdebüt *Aus sein auf uns* erschien 2016. Für Gedichte aus *was Petersilie über die Seele weiß* (Schöffling 2020) erhielt er 2019 den Wolfgang-Weyrauch-Förderpreis. Er lebt in Berlin.

STEFAN GOSEPATH, geb. 1959, ist an der Freien Universität Berlin Professor für Praktische Philosophie am Institut für Philosophie und assoziiert am Otto-Suhr-Institut für Politikwissenschaften. Co-Direktor der Kollegforschungsgruppe «Justitia Amplificata: Erweiterte Gerechtigkeit - konkret und global» (www.justitia-amplificata.de) Seine Forschungsschwerpunkte sind u.a. lokale, globale und angewandte Gerechtigkeit, Menschenrechte und Moral. Weitere Informationen unter www.stefan-gosepath.de.

CHRISTINE DE GRANCY, geb. 1942 in Brno, Ausbildung zur Keramikerin und Grafikerin in Graz. Fotografische Arbeiten seit 1965, viele davon auf Reisen entstanden. Ausstellungen u.a. in Hamburg, Moskau, Passau, Perpignan, St. Petersburg, Torino und Wien. Zuletzt erschienen: *Über der Welt und den Zeiten* (2021).

DANA GRIGORCEA, geb. 1979 in Bukarest, schweizerisch-rumänische Schriftstellerin. Lebt in Zürich. Sie studierte Germanistik und Nederlandistik. Mit ihrem Mann, dem Schriftsteller Perikles Monioudis, leitet sie den Telegramme Verlag. Sie veröffentlicht Romane, Essays, Kolumnen sowie Kinderbücher, zuletzt *Marius. Ein Storch fliegt nach Afrika* (Baeschlin 2021) sowie ihren gesellschaftlichen Schauerroman *Die nicht sterben* (Penguin 2021).

ANDREAS GROSZ, geb. 1958, lebt in Wädenswil (Schweiz) und ist in verschiedenen Berufen tätig. Zusammen mit Beatrice Maritz betreibt er einen kleinen Buchverlag. Von ihm sind zuletzt erschienen: *Fahnenflucht mit der Lokalbahn* (2007), *Der Zwilling unter dem Kirschbaum* (2013) und *Zwei gottlos schöne Füchslein* (2 Teile, 2019/2021); alle in der Edition Pudelundpinscher.

HEIDI HARSIEBER, geb. 1948 in Gloggnitz, lebt und arbeitet in Wien. Fotografenlehre, 1968/69 Meisterklasse für Fotografie an der Graphischen Lehr- und Versuchsanstalt, Wien. Staatsstipendium für künstlerische Fotografie (2015), Einzelausstellungen und Ausstellungsbeteiligungen.

ANTON HOLZER, geb. 1964, Fotohistoriker, Publizist und Ausstellungskurator in Wien, seit 2001 Herausgeber der Zeitschrift *Fotogeschichte*, Forschungsprojekte und Publikationen zur Fotografie- und Mediengeschichte. Zuletzt: *Augenblick! Straßenfotografie in Wien*, Ausstellungskatalog Wien Museum, hg. von Anton Holzer und Frauke Kreutler. Heidelberg: Kehrer 2021. www.anton-holzer.at

KURT HÖRBST, geb. 1972, beschäftigt sich fotografisch vor allem mit Kunstprojekten und Architekturfotografie. Er ist seit 2014 für die Leitung der Prager Fotoschule mitverantwortlich und unterrichtet auch an der Fachhochschule St. Pölten.

PETER JUNGWIRTH, geb. 1962 in Neunkirchen, lebt als freier Autor und Fotograf in Wien.

ANDREAS F. KELLETAT, geb. 1954 in Hamburg, studierte in Köln Germanistik, Skandinavistik und Osteuropäische Geschichte. 1978 veröffentlichte er eine Studie über H.C.Artmanns *Mein Erbteil von Vater und Mutter. Überlieferungen und Mythen aus Lappland*, 1983 eine Arbeit über Herders Nachdichtungen lappischer bzw. samischer «Volkslieder». Er ist Initiator des digital frei zugänglichen *Germersheimer Übersetzerlexikons*. In der Edition Noack & Block (Berlin) sind bisher sechs Prosabände erschienen, zuletzt die Erzählung *Gutkinds frühe Jahre. Ein Stolperstein für Mannheim* (2020).

ANASTASIA KHOROSHILOVA, geb. 1978 in Moskau, Künstlerin, Fotografin, Ellen-Auerbach-Stipendiatin der Akademie der Künste Berlin und Mitglied der Deutschen Fotografischen Akademie. Einzel- und Gruppenausstellungen, u.a. Biennale in Venedig, Maison Européenne de la Photographie in Paris, Moscow Museum of Modern Art und Leopold Museum, Wien; Ihre Arbeit *Die Übrigen* (Texte von Annabel Gemmingen) erschien 2014 im Hatje Cantz Verlag.

HUGO KURT lebt in Wien. Literarische Publikationen unter verschiedenen Kryptonymen in österreichischen und deutschen Literaturzeitschriften seit 1982; Gedichte, Prosa, verschiedene Buchpublikationen. Hörspiel: *Gegen Weinen Gegen Klagen Gegen Hoffen Gegen Zagen - kein Sonntag Jubilate mehr. Oratorium für Sprechmedium* (WDR, 1986).

STEFAN LAUBE, geb. 1980, Soziologe. Studium an der Universität Graz, Promotion an der Universität Konstanz. Seit 2020 wissenschaftlicher Mitarbeiter am Institut für Soziologie der Johannes-Kepler-Universität Linz. Lehr- und Forschungstätigkeit im In- und Ausland (u. a. Internationales Forschungszentrum Kulturwissenschaften Wien, Goethe-Universität Frankfurt, Lancaster University). Zu seinen Schwerpunkten zählen die ethnographische und qualitative Erforschung von Lebens- und Arbeitswelten in der digitalen Gesellschaft.

MICHAEL LISSEK war zwei Jahrzehnte lang Autor und Produzent von Radiofeatures (www.michaellissek.com) und ist seit 2017 Redakteur bei SWR2, zuständig für Feature und Essay.

ELFIE MIKLAUTZ, Kultursoziologin und Professorin an der Wirtschaftsuniversität Wien, forscht an den Schnittstellen von Wissenschaft und Kunst, zur symbolischen Ökonomie und materiellen Kultur sowie zur Musikästhetik. Publikationen u.a.: *Neugier. mehr zeigen* (hg. gem. mit W. Berger; Wilhelm Fink 2017); «Illusionäre Gaben: Zur Logik des ‹als ob›». In: I. Hentschel (Hg.): *Die Kunst der Gabe. Theater zwischen Autonomie und sozialer Praxis* (Transcript 2019).

JOHANNA ÖTTL, Literaturwissenschaftlerin und -kritikerin, gestaltet seit 2018 das Literaturprogramm der Alten Schmiede Wien. Zuletzt erschien: *Körper, Kannibalen, Judenräte. Ästhetiken des Grotesken bei George Tabori und Robert Schindel*. Wien: Böhlau 2021.

THOMAS RAAB, geb. 1968 in Graz, versuchte sich früh am literarischen Ausdruck, studierte dann technische Geologie, in der er über Probleme der Datengewinnung und statistischen Darstellung halbquantitativer Daten diplomierte und dissertierte. Arbeitete von 1999 bis zu dessen Tod 2021 in einer informellen Forschungsgruppe mit Oswald Wiener über intrinsisch menschliche Merkmale des Denkens und Fühlens. Zahlreiche verstreute Veröffentlichungen literarischer, kunsttheoretischer und kritischer Natur. Bücher u.a.: *Verhalten* (Roman, Tropen 2002), *Nachbrenner* (Suhrkamp 2006), *Avantgarde-Routine* (Parodos 2008), *Die Netzwerk-Orange* (Roman, Luftschacht 2015), *Neue Anthologie des schwarzen Humors* (marix 2017). 2022 erscheint bei De Gruyter der mit Thomas Eder und Michael Schwarz herausgegebene Band *Oswald Wieners Denktheorie*.

ANGELA VON RAHDEN, geb. 1963 in Berlin, studierte Philosophie an der Freien Universität, lebt und arbeitet als freie Autorin in Berlin und Bremen. Arbeitsgebiete: Politische Philosophie, Sozialphilosophie, Medientheorie. Veröffentlichungen auch unter dem Namen Angela Spahr, unter anderen: *Medientheorien. Eine Einführung* (UTB 1997/2012, 4. Aufl.; mit D. Kloock); «Totengespräche. Wer sich in die Vergangenheit begibt, führt Unterhaltungen besonderer Art», in: *wespennest* 173 (2017), «Latimeria», in: *wespennest* 176 (2019).

MARTIN REITERER, geb. in Meran. Studium der Germanistik und Philosophie in Wien und Berlin, lebt in Wien. Publikation: «Comicland Österreich», in: *Literatur und Kritik*, Nr. 525/526 (Juli 2018).

PETER RIGAUD, geb. 1968 in Salzburg. Lebt als Fotograf und Filmemacher in Wien und Berlin, fotografiert für führende internationale Magazine und Zeitungen, Buchprojekte und Ausstellungen.

JAN RÖHNERT, geb. 1976 in Gera, lebt gegenwärtig in Leipzig und unterrichtet in Braunschweig. Veröffentlichungen u.a.: *Metropolen* (Hanser 2007), *Notes from Sofia* (Azur 2011), *Thrakisches Tagebuch* (Edition Faust 2013), *Wolkenformeln* (Edition Faust 2014); *Breughels Affen* (Elif 2019); *Vom Gehen im Karst* (Matthes & Seitz 2021) sowie die Übersetzungen der Gedichte Ron Padgetts, *Die schönsten Streichhölzer der Welt* (Dieterich'scheVerlagsbuchhandlung 2017).

HAZEL ROSENSTRAUCH, geb. 1945 in London, aufgewachsen in Wien, lebt und arbeitet als freie Autorin in Berlin. Studierte Germanistik, Soziologie und empirische Kulturwissenschaften in Berlin und Tübingen, forschte und lehrte an verschiedenen Universitäten und betreute u.a. an der Berlin-Brandenburgischen Akademie der Wissenschaften die Zeitschrift *Gegenworte*. Bücher u.a.: *Wahlverwandt und ebenbürtig. Caroline und Wilhelm von Humboldt* (Die Andere Bibliothek 2009; 2017), *Congress mit Damen. Europa zu Gast in Wien 1814/1815* (Czernin 2014), *Simon Veit. Der missachtete Mann einer berühmten Frau* (Persona 2019).

GERALD SCHMICKL, geb. 1961 in Wien, ist redaktioneller Leiter der Beilage «extra» der *Wiener Zeitung* und Autor von Romanen und Essays.

ELFIE SEMOTAN, geb. 1941 in Wels, lebt und arbeitet als Fotografin an der Schnittstelle von Kunst-, Mode- und Werbefotografie in New York, Wien und Jennersdorf. Unter dem Titel *Eine andere Art von Schönheit* erschien 2016 ihre Autobiografie (Brandstätter) und zuletzt der Katalog zur Retrospektive ihrer Arbeiten im Kunsthaus Wien (*Haltung und Pose*, Fotohof Edition 2021).

STEPHAN STEINER, Historiker, Essayist und Kritiker. Habilitiert an der Universität Wien (Venia für die Geschichte der Neuzeit). Professur an der Sigmund Freud PrivatUniversität Wien. Leiter des Instituts für transkulturelle und historische Forschung. Herausgeber der politischen Schriften von Jean Améry. Zahlreiche Monografien zur Gewaltgeschichte der Neuzeit. Nähere Informationen unter https://www.sfu.ac.at/de/person/univ-prof-dr-stephan-steiner/

GERHARD STREJCEK, geb. 1963 in Wien, ist Professor für öffentliches Recht und Leiter des Zentrums für Glücksspielforschung an der Universität Wien. Er verfasst biografische, kulturhistorische und feuilletonistische Beiträge sowie Sachbücher, darunter: *Erlerntes Recht. Zur Ausbildung von Juristinnen und Juristen an der Wiener Universität 1365-2013* (New Academic Press 2014) und *Franz Kafka und die Unfallversicherung* (Facultas 2005).

IMPRESSUM

Medieninhaber und Verleger:
Verein Gruppe Wespennest

Herausgeberinnen:
Andrea Roedig, Andrea Zederbauer
Redaktion:
Florian Baranyi, Thomas Eder (Buch), Walter Famler, Stefan Fuhrer (Foto), Jan Koneffke (Literatur), Reinhard Öhner (Foto), Ilija Trojanow (Reportage)
Ständige redaktionelle Mitarbeit:
George Blecher (New York)
György Dalos (Budapest/Berlin)
Jyoti Mistry (Johannesburg)
Franz Schuh (Wien)

Lektorat/Korrektur/Vertrieb/Marketing und Webbetreuung:
Ingrid Kaufmann, Lukas Meschik

Buchhandelsvertretungen:
Österreich: Thomas Rittig, Jürgen Sieberer
Südtirol: Thomas Rittig
Deutschland: Katharina Brons und Jens Müller (Bayern), Nicole Grabert (Baden-Württemberg), Peter Wolf Jastrow und Jan Reuter (Berlin, Brandenburg, Mecklenburg-Vorpommern), Torsten Spitta (Thüringen, Sachsen, Sachsen-Anhalt), Karl Halfpap (Nordrhein-Westfalen), Torsten Hornbostel und Michaela Wagner (Hamburg, Bremen, Niedersachsen, Schleswig-Holstein), Jochen Thomas-Schumann (Hessen, Rheinland-Pfalz, Saarland, Luxemburg)
Schweiz: Philippe Jauch c/o Buchzentrum AG

Auslieferungen:
A: Mohr Morawa Buchvertrieb
D: NV Nördlinger Verlagsauslieferung
CH: Buchzentrum

Pressevertrieb Kiosk, Bahnhofs- und Flughafenbuchhandel:
A/D: UMS Pressevertrieb Limited

Geschäftsführung: Andrea Zederbauer
Alle: A-1020 Wien, Rembrandtstraße 31/4
Tel.: +43-1-332 66 91, Fax: +43-1-333 29 70
E-mail: office@wespennest.at
Homepage: www.wespennest.at

Visuelle Gestaltung: fuhrer
Druck: Walla

ISBN 978-3-85458-182-6
ISSN: 1012-7313

Bezugsbedingungen:
Einzelheftpreis: € 12,-
Abonnement Inland: € 36,- / Ausland: € 40,- (für vier Ausgaben inkl. Porto / 2-Jahres-Abo)
Abonnements verlängern sich automatisch, sofern sie nicht vier Wochen vor Ablauf schriftlich gekündigt werden.

Bankverbindung:
BAWAG P.S.K. | BIC BAWAATWW
IBAN AT25 6000 0000 0718 0514

Erscheinungsweise: halbjährlich
Verlagsort: 1020 Wien

Die Deutsche Bibliothek - CIP-Einheitsaufnahme
Ein Titeldatensatz für diese Publikation ist bei der Deutschen Bibliothek erhältlich

Im Vertrieb von
C.H.BECK
www.chbeck.de

Wespennest ist Mitinitiator der internationalen Netzzeitschrift Eurozine. www.eurozine.com

Stadt Wien | Kultur
Bundesministerium Kunst, Kultur, öffentlicher Dienst und Sport
EUROZINE

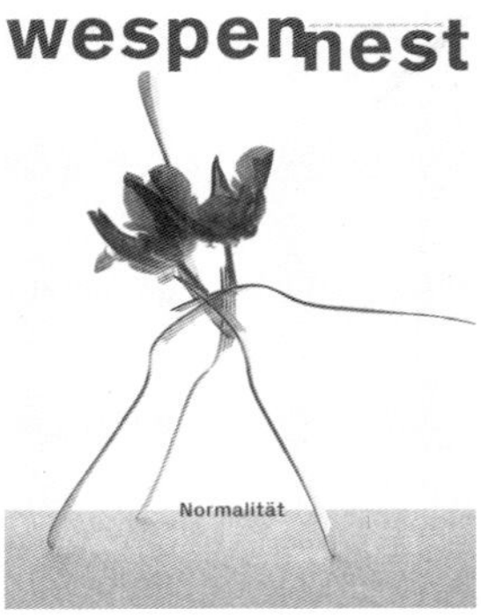

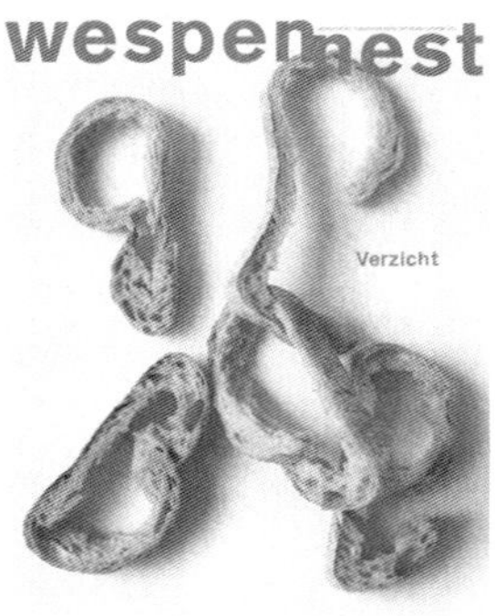

Wespennest-Thema im November 2022: Gefälscht

Wespennest 179

Viele Sprachen – eine Sprache?

Der biblische Turmbau und die Vielheit von Sprache(n) beschäftigen literarisch Schaffende ebenso wie die häufig populistisch vereinnahmte Vorstellung von Sprache als letzter Heimat. Und: Wie kommt es, dass nicht jede Mehrsprachigkeit gleich viel zählt?

112 Seiten/€12,-,
ISBN 978-3-85458-179-6

Wespennest 180

Normalität

Lange Zeit galt als «normal», was «natürlich» war, also der Ordnung der Natur entsprechend. Diesem immer schon ideologischen Richtmaß ist längst der Zahn gezogen. Doch was kommt jetzt? Wie wird sie sein, die «neue» Normalität nach der Krise?

112 Seiten/€12,-,
ISBN 978-3-85458-180-2

Wespennest 181

Verzicht

Verzicht - das klingt nach Entbehrung und Krisenjahren. Doch solange wir es uns leisten können, auf etwas zu verzichten, ist die große Katastrophe noch nicht eingetreten.

112 Seiten/€12,-,
ISBN 978-3-85458-181-9

Lieferbare Hefte früherer Jahrgänge: Nr. 9, 11-13, 15-18, 26-39, 41-46, 49, 53 € 3,70 / Nr. 54, 55, 60, 62, 65, 67 € 4,40 / Nr. 47, 50, 51, 71, 75-79 € 5,- / Nr. 48, 80, 83-87 € 5,80 / Nr. 88, 89, 91-93, 95 € 6,60 / Nr. 68, 72, 74, 81, 82, 97-99 € 7,90 / Nr. 90, 94, 100-106 € 9,40 / Nr. 107-123 € 10,- / ab Nr. 124 € 12,-. Vergriffen: Nr. 1, 2-8, 10, 14, 19-25, 40, 52, 56-59, 61, 63, 64, 66, 69, 70, 73, 96. Fordern Sie unseren kostenlosen Prospekt an!

WESPENNEST BEIM BUCHHÄNDLER – WESPENNEST BEI DER BUCHHÄNDLERIN

ÖSTERREICH:

Wien a.punkt, Frick, Hartliebs Bücher, Walther König im Museumsquartier, Leporello, Lhotzkys Literaturbuffet, Manz, Morawa Wollzeile, ÖBV, Oechsli Buch & Papier, Orlando, Posch, Riedl, Thalia/Kuppitsch, tiempo nuevo, Valora Retail Bahnhofsbuchhandlung Westbahnhof
Wiener Neustadt Hikade
Linz Alex, Morawa, Valora Retail
Gmunden Mythos - Film, Musik, Literatur
Salzburg Rupertus, Valora Retail
Innsbruck Studia Universitätsbuchhandlung, Tyrolia
Feldkirch Pröll
Klagenfurt Haid, Landhaus

DEUTSCHLAND:

Berlin Akademische Buchhandlung Werner, do you read me?!, Kisch & Co., Motzbuch, Marga Schoeller Bücherstube
Bonn buchLaden 46
Frankfurt Autorenbuchhandlung, Karl Marx
Köln Colonia Versandbuchhandlung
Konstanz Zur Schwarzen Geiß
Ludwigsburg Mörike
München Lehmkuhl
Norderstedt Buchhandlung am Rathaus
Potsdam Wist Literaturladen, Script Buchhandlung
Rostock andere buchhandlung
Saarbrücken Buchhandlung Hofstätter
Schwerin Littera et cetera
Simbach/Inn Anton Pfeiler jun.
Weilheim Buttner
Wiesbaden Wiederspahn

SCHWEIZ:

Baden Librium Bücher AG
Basel Labyrinth, Buchhandlung Stampa
Weinfelden Buchhandlung Klappentext
Wetzikon Buchhandlung und Antiquariat Erwin Kolb
Winterthur buch am platz
Zürich sec52, Buchhandlung Calligramme

SÜDTIROL:

Buch-Gemeinschaft Meran

Im Vertrieb von
C.H.BECK
www.chbeck.de